高质量发展建设共同富裕示范区研究丛书
中国社会科学院组织编写

浙江共同富裕研究
基础、监测与路径

李雪松　等著

中国社会科学出版社

图书在版编目（CIP）数据

浙江共同富裕研究：基础、监测与路径/李雪松等著.
——北京：中国社会科学出版社，2024.10
（高质量发展建设共同富裕示范区研究丛书）
ISBN 978-7-5227-2694-6

Ⅰ.①浙…　Ⅱ.①李…　Ⅲ.①共同富裕—研究—浙江　Ⅳ.①F127.55

中国国家版本馆CIP数据核字（2023）第195038号

出 版 人	赵剑英
责任编辑	黄　晗
责任校对	李　莉
责任印制	王　超
出　　版	中国社会科学出版社
社　　址	北京鼓楼西大街甲158号
邮　　编	100720
网　　址	http://www.csspw.cn
发 行 部	010-84083685
门 市 部	010-84029450
经　　销	新华书店及其他书店
印　　刷	北京君升印刷有限公司
装　　订	廊坊市广阳区广增装订厂
版　　次	2024年10月第1版
印　　次	2024年10月第1次印刷
开　　本	710×1000　1/16
印　　张	16.25
字　　数	219千字
定　　价	85.00元

凡购买中国社会科学出版社图书，如有质量问题请与本社营销中心联系调换
电话：010-84083683
版权所有　侵权必究

总　　序

2021年，在迎来建党百年华诞的历史性时刻，党中央对推进共同富裕作出了分阶段推进的重要部署。其中意义非同小可的一条：浙江被明确为全国首个高质量发展建设共同富裕示范区，要在推进以人为核心的现代化、实现全体人民全面发展和社会全面进步的伟大变革中发挥先行和示范作用。于浙江而言，这既是党中央赋予的重大政治责任和光荣历史使命，也是前所未有的重大发展机遇。浙江发展注入了新的强劲动力！

理论是实践的先导，高质量发展建设共同富裕示范区离不开理论创新。基于理论先行的工作思路，2021年5月，中共浙江省委与中国社会科学院联合启动了"浙江省高质量发展建设共同富裕示范区研究"重大课题研究工作。

两年多来，课题组在深入调查、潜心研究的基础上，形成了由13部著作组成、约260万字篇幅的课题成果——"高质量发展建设共同富裕示范区研究丛书"。这套丛书不仅全景式展现了浙江深入学习习近平总书记关于共同富裕的重要论述精神，扎实落实《中共中央　国务院关于支持浙江高质量发展建设共同富裕示范区的意见》的工作实践，而且展现了浙江在全域共富、绿色共富、对外开放、金融发展、产业体系、数字经济、公共服务、养老保障等共同富裕不同方面的特点和基础，也展现了浙江围绕示范区建设边学边谋边干、经济社会高质量发展取得的一系列新突破。

由 13 部著作组成的这套丛书，各有各的侧重点。其中，李雪松等著的《浙江共同富裕研究：基础、监测与路径》，从共同富裕的科学内涵出发，分析了浙江高质量发展建设共同富裕示范区的基础条件，提出了共同富裕的指标体系和目标标准。魏后凯、年猛、王瑜等著的《迈向全域共富的浙江探索》，从城乡协调、区域协调和乡村振兴角度，阐述了浙江打造城乡区域协调发展引领区的经验做法。张永生、庄贵阳、郑艳等著的《浙江绿色共富：理念、路径与案例》，由"绿水青山就是金山银山"发展理念在浙江诞生的历程入手，系统阐述了浙江践行绿色发展道路、打造美丽浙江，实现生态经济和生态富民的生动实践。姚枝仲等著的《高水平对外开放推动共同富裕的浙江实践》，重点阐述了浙江在高水平开放推动自主创新、建设具有国际竞争力的现代产业体系、提升经济循环效率、实施开放的人才政策、促进城乡和区域协调发展、发展文化产业和丰富人民精神文化生活、实现生态文明和绿色发展等方面的成效。王震等著的《基本公共服务均等化与高质量发展的浙江实践》，从公共财政、公共教育、医疗卫生、养老服务、住房保障等若干角度阐述了浙江公共服务高质量发展和均等化，进而构建激励相容的公共服务治理模式的前行轨迹。张翼等著的《共同富裕与养老保障体系建设的浙江探索》，在系统分析浙江人口老龄化的现状与前景的同时，阐述了浙江养老保障体系建设的总体情况。张晓晶、李广子、张珩著的《金融发展和共同富裕：理论与实证》，剖析了金融发展和共同富裕的关系，阐述了浙江金融发展支持共同富裕的主要经验做法，梳理了金融发展支持共同富裕的政策发力点。张树华、陈承新等著的《党建引领建设共同富裕示范区的浙江探索》，重点阐述了浙江坚持和加强党的全面领导，凝聚全社会共同奋斗推进共同富裕示范区建设的突出特色。冯颜利等著的《精神生活共同富裕的浙江探索》，阐述了浙江在探索精神生活共同富裕、公共文化服务优质均衡发展等方面的突出成绩。黄群慧、邓曲恒等著的《以现代化产业体系建设推进共同富裕的浙江探索》，在分析现代化产业体系对共同富裕的促进作用基础上，阐述了浙江产业体系相对完备、实体经济发展强劲对于推进共同富裕的重要保障作用。都阳等著的《人口老龄化背景下高质量就业与共同富裕的浙江探索》，从分析人口老龄化背景下浙江就业发展的态势入手，梳理了浙江促进高质量就业面临的挑战和路径举措。夏杰长、刘奕等著的《数字经济和服务业高质量发展的浙江探索》，聚焦浙江数字经济和服务业高质量发展，系统探究了浙江数字经济和服务业高质量发展促进共同富裕的机理逻辑、现实探索和困难挑战等问题。汪德华、鲁建坤等著的《共同富裕与财税政策体系构建的浙江探索》，围绕财税体制和财税政策，阐述了浙江在资金直达基层、"钱随人走"制度改革、市县财政收入激励奖补机制、"一事一议"财政奖补体制等方面取得的重要进展。

应当说，"高质量发展建设共同富裕示范区研究丛书"的撰写，也是中国社会科学院建设中国特色新型智库、发挥智库作用的一次重要探索。中国社会科学院始终坚持学术研究与对策研究相结合，理论研究服务于党中央和国家的需要。作为为党中央和国家决策服务的思想库，只有回应时代的呼唤，认真研究解决重大理论和现实问题，才能真正把握住历史脉络，找到发展规律，真正履行使命，推动理论创新。

中国社会科学院和浙江省有着长期良好的合作传统和合作基础，这套丛书是中国社会科学院和浙江省合作研究的又一结晶。在此前的两次合作研究中，2007年"浙江经验与中国发展——科学发展观与和谐社会建设在浙江"（6卷本）和2014年"中国梦与浙江实践"系列丛书，产生了广泛而深远的社会影响。

中共浙江省委始终高度重视此项工作，省委主要领导多次作出批示，对课题研究提供了大力支持。中国社会科学院抽调了12个研究所（院）的研究骨干组成13个子课题组，多次深入浙江省实地调研。调研期间，合作双方克服新冠疫情带来的种种困难，其间的线上线下交流讨论、会议沟通不计其数。在此，我们要向付出辛勤劳动的各位课题组专家表示衷心感谢！

站在新的更高历史起点上，让我们继续奋力前行，不断谱写高质量发展建设共同富裕示范区浙江实践、共同富裕全国实践的新篇章。

"高质量发展建设共同富裕
示范区研究丛书"课题组
2024 年 1 月 3 日

前　言

共同富裕是社会主义的本质要求，是中国式现代化的重要特征。回顾40多年的改革开放历程，我们党根据现实国情和发展阶段，先后制定了从总体小康到全面建成小康社会，再到扎实推进共同富裕的目标，并做出各阶段相应的部署安排。2021年10月，习近平总书记在《求是》杂志上发表重要文章，明确分阶段促进共同富裕的目标为："到'十四五'末，全体人民共同富裕迈出坚实步伐"，以及"到2035年，全体人民共同富裕取得更为明显的实质性进展"。同时，还强调实现共同富裕是一项长期任务，需要逐步实现，不可能一蹴而就，不同地区、不同群体的发展基础与条件存在差异，进而导致在富裕程度、时间与路径上存在一定差别是具有合理性的，而浙江共同富裕示范区建设则有助于为其他地区提供可复制、可推广的经验借鉴。

"八八战略"的擘画和实施，让浙江具备高质量发展建设共同富裕示范区的基础和优势。站在新起点上的浙江，承担起进一步丰富共同富裕的思想内涵、聚焦破解共同富裕普遍性难题新题、率先探索建设共同富裕美好社会的重任。《中共中央　国务院关于支持浙江高质量发展建设共同富裕示范区的意见》（2021年5月20日）中指出分阶段发展目标是，到2025年，浙江高质量发展建设共同富裕示范区要取得明显实质性进展；到2035年，浙江高质量发展要取得更大成就，基本实现共同富裕。此外，习近平总书记在《扎实推动共同富裕》中强调："要抓紧制定促进共同富裕行动纲要,提出科学可行、符合国情的指标体系和考核评估办法。"浙江作为建设共同富裕示范区,比全国提前15年完成基本实现共同富裕的目标,其先行先试、循序渐进推动共同富裕,并为全国探索有效路径、总结经验的任务目标,对共同富裕的指标体系构建、动态监测和路径研究提出了迫切要求。

本书以习近平新时代中国特色社会主义思想为指导,以习近平总书记关于扎实推动共同富裕的重要论述为遵循,理论联系实际,以现实基础为依托,以动态监测为核心,以实现路径为落脚点,既有助于社会各界了解浙江推动共同富裕的进展情况,又能够助力相关部门针对出现的问题及时谋划解决方案,稳步推进浙江高质量建设共同富裕目标的实现。全书分为三篇,共十二章。其中,基础条件篇包括第一章至第三章,首先阐释浙江高质量发展建设共同富裕示范区的科学内涵与重大意义,其次分析浙江具备的基础条件及面临的现实挑战,最后对国内外追求共同富裕发展的历史经验进行总结比较;动态监测篇包括第四章至第七章,在论述浙江高质量发展建设共同富裕示范区的关键指标的基础上,提出共同富裕指标体系构建的总体思路,并进一步围绕浙江共同富裕示范区建设思路进行目标值设定与指数创设分析;实现路径篇包括第八章至第十二章,主要围绕以人为本、科技创新、内外协同、改善分配四个方面分析浙江共同富裕示范区建设的实现路径,并提出了一系列重大标志性成果。各章的具体研究内容如下:

第一章的主题是浙江高质量发展建设共同富裕示范区的科学内涵与重大意义。通过梳理马克思主义、毛泽东思想、邓小平理论以及习近平新时代中国特色社会主义思想中关于共同富裕的重要阐释和论述,对分阶段推动共同富裕的理论内涵进行分析。在此基础上进一步围绕新发展阶段的历史方位、新发展理念的指导原则、新发展格局的路径选择和中国式现代化这一远大目标对推动共同富裕的必要性和紧迫性进行分析。最后详细论述扎实推动共同富裕与经济高质量发展、城乡区域协调发展、收入分配格局优化、公共服务优质共享、精神文明建设、全域美丽建设、社会和谐和睦这七项一级指标之间的理论逻辑。

第二章的主题是浙江高质量发展建设共同富裕示范区的基础条件与现实挑战。通过对浙江发展现状的全方位梳理发现，浙江在经济、协调、社会、精神文明、生态文明、体制机制等各方面发展上均具备良好基础。同时站在更高起点的浙江，还迎来了国家政策支持、双循环战略和长三角区域一体化战略深入实施、新一轮科技创新浪潮、国家教育改革等多方面历史机遇。另外，在国内外多重周期与结构性不利变化叠加背景下，浙江除了面临城乡融合难、精神文明建设和农村收入洼地尚需补短板等固有问题，还面临人口结构变化、经济降速等新增压力，以及作为共同富裕示范窗口在财政协调、对标国际高标准、做好形象宣传等方面的新挑战。

第三章的主题是浙江高质量发展建设共同富裕示范区的国内外历史经验。在对中国封建王朝时期、中国共产党、古代国外、马克思主义经典作家以及现代资本主义国家对共同富裕的探索经验和教训进行系统梳理的基础上，总结得出实现共同富裕的经验包括：一是要坚持以人为本，谋求经济持续发展；二是要重视民生建设，提升民众的福利水平；三是要杜绝平均主义和"大锅饭"；四是要稳扎稳打，杜绝"大干快上"；五是要不断完善公有制为主体、多种所有制形式共同发展的社会主义基本经济制度；六是要坚持马克思主义理论的科学指导，持续解放生产力推动高质量发展；七是要扩大中等收入群体占比，把"蛋糕"做大、提升初次收入分配占比。

第四章的主题是浙江高质量发展建设共同富裕示范区的关键指标问题。针对浙江建设共同富裕示范区需要解决的收入差距、城乡差距、地区差距问题，通过比较分析，选取基尼系数、家庭可支配收入、低收入农户人均可支配收入与农村人均可支配收入之比、劳动报酬占 GDP 的比重、房价与居民人均可支配收入之比反映收入差距；选取城乡居民收入倍差、城乡居民人均医疗保健消费支出之比、村级集体经济收入、常住人口城镇化率、县域义务教育学校校际优质均衡差异系数反映城乡差距；选取地区人均可支配收入最高最低倍差、山区海岛县人均可支配收入与全省平均之比、地区居民人均消费支出差异系数、城乡公交一体化率指标反映地区差距。此外，立足中国式现代化建设全局，提出推动供给结构、需求结构、效率结构、社会结构的"四重结构"变革，并对其关键指标及测度方法进行分析。

第五章的主题是共同富裕指标体系构建。在对共同富裕总体目标与指标体系设计依据和设计思路进行详细阐释的基础上，构建了浙江高质量发展建设共同富裕示范区评价指标体系，包括 7 个一级指标、21 个二级指标、56 个三级指标，分别为：经济高质量发展（下设 4 个二级指标：经济效益、创新驱动、产业升级、消费升级），城乡区域协调发展（下设 2 个二级指标：城乡协调、区域协调），收入分配格局优化（下设 3 个二级指标：劳动就业、收入财富、分配格局），公共服务优质共享（下设 4 个二级指标：托育服务、教育水平、医疗养老、社会保障），精神文明建设（下设 3 个二级指标：文化设施、文化生活、文明素质），全域美丽建设（下设 2 个二级指标：生产生活、环境治理），社会和谐和睦（下设 3 个二级指标：党的建设、法治建设、平安幸福）。

第六章的主题是浙江高质量发展建设共同富裕示范区的目标值设定。一方面结合党的二十大报告及习近平总书记关于共同富裕的重要论述，确定共同富裕设定目标值的基本原则、基本方略及认定标准；另一方面结合浙江实际，按照示范区比全国提前 15 年基本实现共同富裕的目标安排，以及分阶段促进共同富裕的总体安排来确定目标值。具体来说，一是深入研究"十四五"规划纲要，基于对中国经济社会发展总体趋势的分析，合理确定部分指标 2025 年和 2035

年的目标值；二是基于浙江有关指标的统计数据和科学研究方法，构建合理恰当的计量经济模型，预测出有关指标到2025年和2035年的目标值，并最终研究确定浙江共同富裕各分项指标到2025年和2035年的目标值，为如何统筹推进浙江共同富裕事业稳步前进提供可行的目标参考。

第七章的主题是浙江高质量发展建设共同富裕示范区的指数创设。在构建共同富裕指标体系的基础上，将相对庞杂的指标系统进行抽象处理，提炼出能够扼要反馈各指标合成信息的综合指标，以期更直观简明地呈现共同富裕示范区的建设进展，便于在时序上比较监测，也便于对不同地区进行横向比较管理。首先，基于现有指数的梳理，提出创设共同富裕指数的理论依据与基本原则。其次，基于浙江共同富裕指标体系的构建，采用恰当的方法逐层赋予指标权重，提出浙江共同富裕指数创设思路。最后，一方面利用目标实现型共同富裕指数站在未来一个特定的状态上回看当前；另一方面利用定基成长型共同富裕指数，立足于当前展望未来，并分别对"共同富裕指数—核心指数"加以试算。

第八章的主题是把以人为本作为浙江高质量发展建设共同富裕示范区的根本要求。以人民为中心是浙江建设共同富裕示范区的出发点和落脚点。为保障全体人民能够参与共同富裕建设，分享共同富裕成果，研究指出，一方面需要为大多数具有劳动能力的人创造勤劳致富的机会，从多方面入手提升劳动者的人力资本，这既是保障社会不同阶层之间具有合理的流动性、稳步提升居民收入、确保社会稳定发展的关键，也是提升全要素生产率，促进高质量发展的关键。另一方面要进一步优化人口发展战略，结合人口结构演变趋势，重点完善幼儿托育和养老保障，同时加大对弱势群体和特殊群体的保障能力，努力做到共同富裕"人人享有"。

第九章的主题是把科技创新作为浙江高质量发展建设共同富裕示范区的重要动力。首先，基于熊彼特创新、创新扩散和区域创新系统等理论,对科技创新促进共同富裕的理论基础和作用路径进行分析。其次,从实践层面分析浙江强化共同富裕示范区科技创新支撑的先进做法,包括强化顶层设计、发挥全域创新优势、有为政府和有效市场结合、推进科技体制改革等。最后,从坚持科技创新、强化政府主导、突出企业主体地位、把握区域协调和推动数字赋能五个方面,提出科技创新支撑共同富裕的实现路径。

第十章的主题是把内外协同作为浙江高质量发展建设共同富裕示范区的有效抓手。共同富裕是一项系统工程,不仅要加强地区内统筹,推动区域内均衡发展,还应扩大开放,借势外部资源,全面激发区域协调发展内生动力。该部分围绕推动省内城乡和区域协调发展,积极融入长三角区域一体化发展,以及推进高水平对外开放、深度融入全球产业链这三大领域,对浙江取得的进展和成绩进行梳理,并对面临的制约因素展开深入分析,总结出城乡融合发展体制机制不健全、地区间行政壁垒制约、对外开放不平衡不充分等问题和挑战,最后提出一系列具有针对性的政策建议。

第十一章的主题是把改善分配作为浙江高质量发展建设共同富裕示范区的关键保障。浙江作为收入分配制度改革试验区,需在不断提高城乡居民收入水平的同时,缩小收入分配差距,率先在优化收入分配格局上取得积极进展。首先,明晰推进共同富裕进程中三次分配各自的定位。其次,剖析规范初次分配秩序面临的挑战,并提出完善劳动力市场,促进就业公平;持续优化营商环境,激发民间投资活力;完善创新要素参与分配机制,激活各类要素潜能的建议。再次,针对再分配调节力度不足,提出通过优化个人所得税与财产税来充分发挥税收调节作用;强化社会保障的兜底保障与促进发展功能;加大转移支付力度,优化民生支出结构。最后,针对第三次分配规模过小的问题,提出全面打造"善行浙江",形成活跃的慈善参与体系。

第十二章的主题是浙江高质量发展建设共同富裕示范区的重大标

志性成果。首先，从理论层面阐释标志性成果确定的基本原则、必要条件；其次，重点围绕浙江"高质量发展高品质生活先行区、城乡区域协调发展引领区、收入分配制度改革试验区、文明和谐美丽家园展示区"四大战略定位形成的十项标志性成果，给出"关键性指标+标志性项目/模式"的双重认定方式，然后评估十项标志性成果的建设进展并提出相关的政策建议；最后，围绕"七个先行示范"即经济高质量发展、收入分配改革、公共服务优质共享、城乡区域协调、社会主义先进文化、生态文明建设以及社会治理先行示范，对现有十大标志性成果进行补充，聚焦关键，突出重点，攻坚突破，打造共同富裕先行示范标志性成果。

需要指出的是，随着经济社会发展与人类文明进步，推动共同富裕作为一个持续发展的螺旋式上升过程，其内涵在不断拓展和丰富，实践经验也在持续累积和更新。相应的，指标体系的构建及其动态监测是一个极其复杂的过程，涉及评价标准、设计原则、构建思路、指标遴选和测算方法等诸多环节，需要在实际工作中进一步探索，并根据现实情况进行动态调整完善，因此，本书的研究内容未来仍有完善空间。此外，受时间和精力等因素所限，书中不免有纰漏之处，恳请广大读者批评指正。

李雪松

2024 年 10 月

目 录

第一篇 基础条件篇

第一章 共同富裕的科学内涵与重大意义 …………… 3
 第一节 深刻理解共同富裕理论内涵 …………………… 3
 第二节 现阶段扎实推动共同富裕的必要性与紧迫性 …… 9
 第三节 扎实推动共同富裕与目标指标的理论逻辑 ……… 14

第二章 浙江共同富裕示范区建设的基础条件与现实挑战 …… 19
 第一节 基础条件 ………………………………………… 19
 第二节 发展机遇 ………………………………………… 26
 第三节 现实挑战 ………………………………………… 32

第三章 推动共同富裕的历史经验与国际比较 …………… 39
 第一节 中国人民追求共同富裕的历史经验 …………… 39
 第二节 国外追求共同富裕的历史经验 ………………… 48

第二篇 动态监测篇

第四章 浙江共同富裕"三大差距"及结构变革关键指标研究 …………………………………………… 57
第一节 衡量"三大差距"的关键指标遴选及测度方法 …… 57
第二节 衡量"四重结构"变革的关键指标遴选及测度方法 …………………………………………… 66
第三节 关键指标保留及备选情况总结 ………………………… 73

第五章 浙江共同富裕指标体系研究 …………………………… 77
第一节 共同富裕总体目标与指标体系设计依据 ………… 77
第二节 共同富裕指标体系设计思路 ……………………… 78
第三节 共同富裕指标体系构建 …………………………… 81

第六章 浙江共同富裕目标值设定研究 ………………………… 93
第一节 设定目标值的基本原则、基本方略及认定标准 …… 93
第二节 经济高质量发展指标目标界定 …………………… 96
第三节 城乡区域协调发展指标目标界定 ………………… 99
第四节 收入分配格局优化指标目标界定 ………………… 102
第五节 公共服务优质共享指标目标界定 ………………… 105
第六节 精神文明建设目标指标界定 ……………………… 109
第七节 全域美丽建设指标目标界定 ……………………… 112
第八节 社会和谐和睦目标指标界定 ……………………… 114

第七章 浙江共同富裕指数创设研究 …………………………… 119
第一节 创设共同富裕指数的目的和意义 ………………… 119
第二节 代表性发展指数的应用实践 ……………………… 120

  第三节 创设共同富裕指数的理论依据和基本原则 …………… 122

  第四节 创设共同富裕指数的现有尝试 …………………………… 124

  第五节 浙江共同富裕指数创设思路 ……………………………… 126

  第六节 共同富裕指数的数值测算过程 …………………………… 133

  第七节 共同富裕核心指数及其测算结果 ………………………… 135

  第八节 共同富裕指数及其核心指数应用前景展望 ……………… 138

第三篇 实现路径篇

第八章 把以人为本作为推动共同富裕的根本要求 ………………… 143

  第一节 以人为本建设共同富裕示范区的重要方向 ……………… 144

  第二节 浙江人力资本培育体系发展现状与问题 ………………… 147

  第三节 浙江人口健康发展保障体系现状与问题 ………………… 154

  第四节 以人为本建设共同富裕示范区的政策建议 ……………… 158

第九章 把科技创新作为推动共同富裕的重要动力 ………………… 161

  第一节 科技创新促进共同富裕的理论基础 ……………………… 162

  第二节 浙江科技创新支撑共同富裕的典型做法与成效 ………… 167

  第三节 科技创新支撑共同富裕的实现路径 ……………………… 173

第十章 把内外协同作为推动共同富裕的有效抓手 ………………… 178

  第一节 有序推动省内城乡和区域协调发展 ……………………… 179

  第二节 积极融入长三角区域一体化发展 ………………………… 184

  第三节 以开放之姿深度融入全球产业链 ………………………… 190

第十一章 把改善分配作为推动共同富裕的关键保障 ……………… 195

  第一节 三次分配的定位 ……………………………………………… 195

  第二节 规范初次分配秩序 …………………………………………… 198

第三节　增强再分配调节力度 …………………………… 202
　　第四节　合理发挥第三次分配补充作用 ………………… 207

第十二章　浙江推动共同富裕的重大标志性成果研究 ………… 213
　　第一节　标志性成果认定的基本条件 …………………… 213
　　第二节　标志性成果的认定方式 ………………………… 215
　　第三节　十大标志性成果的建设进展与政策建议 ……… 220
　　第四节　围绕七个先行示范补充重大标志性成果 ……… 227

参考文献 ……………………………………………………… 232

后　记 ………………………………………………………… 242

第一篇
基础条件篇

第一章 共同富裕的科学内涵与重大意义

共同富裕是社会主义的本质要求，是中国式现代化的重要特征。[①] 建设共同富裕示范区需要基于对共同富裕理论内涵的深刻认识。党的二十大报告指出，马克思主义是我们立党立国、兴党兴国的根本指导思想。马克思在论述资本主义发展规律以及人类社会演进规律的过程中，就曾对共同富裕相关概念进行过理论分析。中国共产党成立以来，始终将马克思主义作为重要指导思想，并不断将其与中国实际情况相结合，致力于马克思主义的中国化发展，共同富裕也是其中非常重要的一部分。

第一节 深刻理解共同富裕理论内涵

党的历代领导人对实现共同富裕都给予高度重视，毛泽东强调中国发展富强的目标是"共同的富"，是"共同的强"，全体人民都有份。[②] 邓小平指出，"社会主义最大的优越性就是共同富裕，这是体现社会主义本质的一个东西"[③]。江泽民强调，"实现共同富裕是社

[①] 习近平：《扎实推动共同富裕》，《求是》2021年第20期。
[②] 毛泽东：《在资本主义工商业社会主义改造问题座谈会上的讲话》，载《建国以来重要文献选编》第七册，中央文献出版社1993年版，第345页。
[③] 中共中央宣传部编：《邓小平同志建设有中国特色社会主义理论学习纲要》，学习出版社1995年版，第18页。

主义的根本原则和本质特征，绝不能动摇"①。胡锦涛强调，"使全体人民共享改革发展成果，使全体人民朝着共同富裕的方向稳步前进"②。习近平总书记指出，"共同富裕是中国特色社会主义的根本原则，实现共同富裕是我们党的重要使命"③。可见，实现共同富裕一直以来都是共产党初心和使命的重要组成部分。经过党多代领导人对共同富裕理论的不断发展和完善，已经形成了对共同富裕内涵、目标和实现路径等方面的深刻认识。结合理论演变和中国战略发展，本节将首先重点阐述马克思主义、毛泽东思想、邓小平理论中关于共同富裕的论述；其次根据共同富裕发展战略的历史进程，党的十八大以来，脱贫攻坚取得重大历史成就，中国进入扎实推动共同富裕的历史阶段。因此本节第四部分将进一步重点阐述习近平新时代中国特色社会主义思想中关于共同富裕的论述。

一　马克思主义共同富裕理论

马克思在论述资本主义积累的一般规律时，曾深刻分析资本主义积累是具有对抗性质的，而这种"对抗性质"体现在"资产阶级运动在其中进行的那些生产关系的性质绝不是一致的单纯的，而是两重的；在产生财富的那些关系中也产生贫困；在发展生产力的那些关系中也发展一种产生压迫的力量"④。这一论述的深刻之处在于指出了资本主义生产方式天然地在促进社会生产力极大发展和物质资料极大丰富的同时促使贫困也不断积累，社会两极分化程度不断加重，这种"压迫的力量"最终会导致社会再生产过程由于生产过剩和消费不足同时存在而难以为继。因此资本主义下的少数人将生产资料私有化的制度终将被社会主义所取代，生产资料的公有制将成

---

① 《十四大以来重要文献选编》（中），人民出版社1997年版，第466页。
② 《胡锦涛文选》第二卷，人民出版社2016年版，第291页。
③ 习近平：《扎实推动共同富裕》，《求是》2021年第20期。
④ 《资本论》第一卷，人民出版社1975年版，第708页。

为保障人类社会持续稳定发展的根本制度。随着生产力的高速发展，将实现"生产将以所有的人富裕为目的"①。

在生产资料公有制的情况下，社会生产方式将转变为"由社会全体成员组成的共同联合体来共同地和有计划地利用生产力；把生产发展到能够满足所有人的需要的规模；结束牺牲一些人的利益来满足另一些人的需要的状况；彻底消灭阶级和阶级对立；通过消除旧的分工，通过产业教育、变换工种、所有人共同享受大家创造出来的福利，通过城乡的融合，使社会全体成员的才能得到全面发展"②。因此，在马克思和恩格斯的生产资料公有制框架下，阶级差异将被消除，资本主义生产方式下的对抗形式也将被消除，随之而来的财富积累和贫困积累两极分化也随之消除，最终实现全体成员的全面发展，这无疑是共同富裕的高级形态。因此，马克思主义在创立之初就从理论层面深刻分析了社会不断发展过程中对共同富裕的追求及其实现的必然性。

二　毛泽东关于共同富裕的论述

以人民为中心，为全体人民谋幸福始终是中国共产党不断追求的目标。"共同富裕"这一概念早在毛泽东时期就已经被提出并加以阐述。1953年12月16日，《中共中央关于发展农业生产合作社的决议》中指出："为着进一步地提高农业生产力，党在农村中工作的最根本的任务，就是要善于用易懂而为农民所能够接受的道理和办法去教育和促进农民群众逐步联合组织起来，逐步实行农业的社会主义改造……并使农民能够逐步完全摆脱贫困的状况而取得共同富裕和普遍繁荣的生活。"③毛泽东在《关于农业合作化问题》中进一步对农村的社会主义改造进行论述，指出"逐步地实现对于整个农业

---

① 《马克思恩格斯全集》第四十六卷（下），人民出版社1980年版，第222页。
② 《马克思恩格斯文集》第一卷，人民出版社2009年版，第689页。
③ 《建国以来重要文献选编》第四册，中央文献出版社1993年版，第661—662页。

的社会主义改造，即实现合作化，在农村中消灭富农经济制度和个体经济制度，使全体农村人民共同富裕起来"①。因此，中国于1953年开始的社会主义三大改造，特别是在对农业社会主义改造实际上是在农村追求共同富裕的重要实践，也是马克思主义中国化的重要实践。只是限于当时的生产力条件，尚未达到马克思所阐述的生产力高速发展之后的情形。因此存在生产制度与生产力的阶段性不相匹配，导致农村地区的生产发展没有达到预期结果。

三 邓小平关于共同富裕的论述

中华人民共和国成立以来中国经济的曲折发展道路说明，尽管可以通过社会主义改造的方式快速实现生产资料的公有制，但正如马克思和恩格斯所指出的，生产力决定生产关系，生产关系会反作用于生产力。因此，在中华人民共和国成立初期积贫积弱的社会经济条件下，注定了实现共同富裕不可能一蹴而就。改革开放以来，邓小平多次对社会主义道路进行深入论述，最为重要的论断之一便是1992年年初南方谈话中，邓小平指出，"社会主义的本质，是解放生产力，发展生产力，消灭剥削，消除两极分化，最终达到共同富裕"②。这一论断将共同富裕上升到了社会主义本质的高度。此外，邓小平还指出，"共同富裕的构想是这样提出的：一部分地区有条件先发展起来，一部分地区发展慢点，先发展起来的地区带动后发展的地区，最终达到共同富裕"③。解决先富与后富之间两极分化的问题，邓小平认为"解决的办法之一，就是先富起来的地区多交点利税，支持贫困地区的发展"④。而关于解决先富与后富之间问题的时间点，邓小平设想"在本世纪末达到小康水平的时候，就要突出地

---

① 毛泽东：《关于农业合作化问题》，人民出版社1964年版，第32页。
② 《邓小平文选》第三卷，人民出版社1993年版，第373页。
③ 《邓小平文选》第三卷，人民出版社1993年版，第373—374页。
④ 《邓小平文选》第三卷，人民出版社1993年版，第374页。

提出和解决这个问题"①。总结分析邓小平关于社会主义道路以及实现共同富裕构想的诸多论述，可以发现几乎涵盖了共同富裕"是什么""为什么""怎么办"这些重大理论问题的思考，是党站在新发展阶段，扎实推动共同富裕的重要理论依据。

四　习近平关于共同富裕的重要论述

党的十八大以来，习近平总书记在多次公开场合讲话中强调实现共同富裕是党的责任和奋斗目标。2012年11月，习近平总书记在十八届中共中央政治局常委同中外记者见面时的讲话中说，"我们的责任，就是要团结带领全党全国各族人民，继续解放思想，坚持改革开放，不断解放和发展社会生产力，努力解决群众的生产生活困难，坚定不移走共同富裕的道路"。2017年10月，习近平总书记在十九届中共中央政治局常委同中外记者见面时强调，"我们要牢记人民对美好生活的向往就是我们的奋斗目标，坚持以人民为中心的发展思想，努力抓好保障和改善民生各项工作，不断增强人民的获得感、幸福感、安全感，不断推进全体人民共同富裕"。2022年1月，习近平总书记在世界经济论坛视频会议的演讲中强调，"中国明确提出要推动人的全面发展、全体人民共同富裕取得更为明显的实质性进展，将为此在各方面进行努力。中国要实现共同富裕，但不是搞平均主义，要把'蛋糕'做大，然后通过合理的制度安排把'蛋糕'分好，水涨船高、各得其所，让发展成果更多更公平惠及全体人民"。2022年10月16日，在党的二十大上，习近平总书记指出共同富裕是中国式现代化的重要特征，并再次强调"共同富裕是中国特色社会主义的本质要求，也是一个长期的历史过程"。习近平总书记多次在重要场合反复强调实现全体人民共同富裕是共产党人的初心和使命，是中国发展进入新时代必须要实现而且有能力逐步实现的目标。

---

① 《邓小平文选》第三卷，人民出版社1993年版，第374页。

2021年10月,《求是》发表了习近平总书记的重要理论文章《扎实推动共同富裕》。该文系统论述了在习近平新时代中国特色社会主义思想指导下,如何正确理解共同富裕和如何分阶段推进共同富裕。共同富裕不是整齐划一的平均主义这一论断,是对邓小平共同富裕理论的继承和延续,更重要的是这一论断有助于持续激发各类经济主体活力。同时,共同富裕不仅仅是物质生活富裕,而且要精神生活富裕,强调人的全面发展,这一论断对中国未来的发展道路选择具有重要影响,意味着中国不再走单纯追求高速增长的老路,而是要追求更具有包容性的增长模式,在物质水平提升的同时兼顾精神文明的发展。

在改革开放以来经济快速发展的基础上,尽管实现共同富裕仍然是一项长远目标,但同时也是一项需要逐步推进、扎实落地的近期任务。根据习近平总书记的指导思想,扎实推动共同富裕需要把握共建共享、科学客观、循序渐进等重要原则,即"鼓励勤劳创新致富""坚持基本经济制度""尽力而为量力而行""坚持循序渐进"四大原则。总体而言,中国的共同富裕道路并不是走西方福利性国家的道路,更不是发展脱离客观条件的政府保障措施,而是创造一个"人人参与的发展环境",保障"多种所有制经济共同发展",从而在更加广阔的范围内保障全体人民具有公平地增强发展能力的机会和依靠合法劳动创造财富的机会。此外还需要认识到共同富裕的"长期性、艰巨性、复杂性",追求共同富裕是中国特色发展道路,其他国家的发展经验和发展道路可能在局部领域对中国有借鉴意义,但是在全局道路层面需要依靠中国自身不断的实践经验去探索总结。总体而言,推动共同富裕既要有紧迫性,也要稳扎稳打、夯实基础,不能脱离实际,偏重追求具有显示度的工作。因此,为扎实推动共同富裕这项长期性、系统性重大任务寻找突破点非常重要,而将浙江作为共同富裕建设示范区则是基于现实物质条件和精神文明条件以及中长期发展规划确定的合理突破口。浙江的先行先试经验能够为下一步共同富裕在全国层面推开提供重要的参考价值。

立足于中国现阶段经济社会发展的实际情况,习近平总书记在论述共同富裕的实现思路中围绕未来的发展模式和分配模式提出了一系列重点思路。在发展模式方面,要更加强调发展在区域间的平衡性、行业间的协调性以及对不同类型经济主体的包容性;在实现人的全面发展的指导思想下,要大力促进人民精神生活的高质量发展;在重点任务领域,要大力促进农民和农村地区的发展建设。在分配模式方面,要以高校毕业生、技术工人、中小企业主和个体工商户、进城农民工等作为中等收入群体的重要来源,为他们的勤劳致富创造环境;要加强兜底性民生保障水平,促进基本公共服务均等化发展;通过合理的分配制度调节过高收入、打击非法收入,确保收入差距在合理范围内激发经济活力,防止两极分化。通过深入理解习近平总书记关于共同富裕的论述可以发现,共同富裕在现阶段作为一项必须要实现且一定会实现的长远目标,党已经建立了基于客观现实,且立足长远发展的重要理论框架,为共同富裕这项伟大事业的实现路径提供了根本性遵循。

第二节 现阶段扎实推动共同富裕的必要性与紧迫性

从理论逻辑角度来讲,实现共同富裕具有渐进性和阶段性。按照党对发展阶段的判断,小康社会的实现就是向共同富裕奋斗的开端。2020年,中国如期完成了新时代脱贫攻坚目标任务,实现了第一个百年奋斗目标,全面建成了小康社会。因此,在接下来的发展阶段中,扎实推动共同富裕将被提升到一个更加重要的战略高度,是中国全面完整贯彻新发展理念,构建新发展格局,以及实现中国式现代化等重大发展战略的必然要求。

一　推动共同富裕是迈入新发展阶段的必然要求

习近平总书记2020年8月24日在经济社会领域专家座谈会上强调,"十四五"时期是中国全面建成小康社会、实现第一个百年奋斗目标之后,乘势而上开启全面建设社会主义现代化国家新征程、向第二个百年奋斗目标进军的第一个五年,中国将进入新发展阶段。因此,新发展阶段的起点为2021年。从全面建设社会主义现代化国家这一目标来看,新发展阶段所涵盖的时期将持续至21世纪中叶。新发展阶段的一个重要特征是,通过中华人民共和国成立以来特别是改革开放40多年的快速发展,"我国的经济实力、科技实力、综合国力和人民生活水平跃上了新的大台阶……解决困扰中华民族几千年的绝对贫困问题取得历史性成就"[①]。这意味着中国站在更加坚实的经济基础上,面临人民群众对更加丰富多元的美好生活的向往与经济社会发展不平衡不充分的矛盾更加凸显,而中国传统的发展模式难以从根本上解决这一问题,因此,中国要转向以实现共同富裕为目标的发展道路。

新发展阶段为推动共同富裕奠定了经济基础,而推动共同富裕为新发展阶段面临的主要矛盾和将要实现的最终目标提供了可行的解决办法。在共同富裕的实现路径下,将重点解决过去经济发展过程中积累的不平衡、不协调等问题,保障全体人民享有平等的受教育机会和通过勤奋努力创造财富的机会,同时通过进一步的经济高质量发展和精神文明同步发展,日益满足人民群众对美好生活的多元化追求。

二　推动共同富裕是贯彻新发展理念的必然要求

2015年10月,在党的十八届五中全会上,习近平总书记提出了

[①] 习近平:《把握新发展阶段,贯彻新发展理念,构建新发展格局》,《求是》2021年第9期。

由"创新、协调、绿色、开放、共享"五大理念构成的新发展理念。新发展理念中,"创新发展注重的是解决发展动力问题,协调发展注重的是解决发展不平衡问题,绿色发展注重的是解决人与自然和谐问题,开放发展注重的是解决内外联动问题,共享发展注重的是解决社会公平正义问题"[1]。共同富裕与新发展理念均存在密切关系,其中关系最为直接和紧密的则是协调发展和共享发展。

协调发展的两大重点是城乡协调发展和区域协调发展。在城乡协调发展中,推动更多的农业转移人口在城镇落户,提高农业质量效益和竞争力,健全城乡融合发展,以及大力推动美丽乡村建设等政策措施实际上与实现共同富裕过程中,提高进城农民工的收入水平,促使其成为中等收入群体的重要来源,以及全面推进乡村振兴,增加农民财产性收入,加强农村基础设施建设等重要措施具有严格的内在一致性。在区域协调发展中,京津冀协同发展、粤港澳大湾区建设、长三角一体化发展以及西部大开发、东北振兴、中部崛起等重大区域战略都在不断提升过去增长较快的地区与周边地区的联动发展和增长溢出水平,这与推动共同富裕当中提升发达地区对欠发达地区的发展带动作用高度契合。

共享发展理念的重点是增进民生福祉,通过健全国家公共服务制度体系,实施就业优先原则,优化收入分配结构,以及健全多层次社会保障体系等重大战略实施方向与习近平总书记指出的共同富裕实现路径中扩大中等收入群体规模,加强高收入的规范和调节,以及促进基本公共服务均等化等重点方向同样是高度一致的。因此,推动共同富裕实际上在直接层面是持续深入贯彻落实新发展理念中的协调和共享发展理念,同时与其他三大理念也形成了间接联动发展,是新发展理念的必然要求。

---

[1] 习近平:《把握新发展阶段,贯彻新发展理念,构建新发展格局》,《求是》2021年第9期。

三 推动共同富裕是构建新发展格局的必然要求

2020年10月,党的十九届五中全会指出,要"坚持扩大内需这个战略基点,加快培育完整内需体系,把实施扩大内需战略同深化供给侧结构性改革有机结合起来,以创新驱动、高质量供给引领和创造新需求,加快构建以国内大循环为主体、国内国际双循环相互促进的新发展格局"①。新发展格局的关键是立足自身,畅通国内经济,稳住经济基本盘。构建新发展格局其本质特征是要实现高水平的自立自强。2021年1月11日,习近平总书记在省部级主要领导干部学习贯彻党的十九届五中全会精神专题研讨班上的讲话中明确指出,当前最稀缺的资源是市场,而市场资源正是中国的巨大优势,因此扩大内需是构建新发展格局的重要基点,其中扩大居民消费、提升消费层次则是培育完整内需体系的关键所在。

经济学理论已经证实,居民边际消费倾向会随着居民收入水平的提升而下降,贫富差距的扩大会对整体居民消费的增长带来显著的负向影响。因此,构建新发展格局中扩大居民消费,提升消费层次的发力重点在于提升居民收入水平,特别是大力提升低收入群体的收入水平,让在整个社会结构中占比较高的中低收入群体有能力有意愿去消费,从而形成大规模的有效需求。因此,构建新发展格局必然要求推动全体人民共同富裕。

构建新发展格局的另一个重要着力点是打破地方分割,形成全国统一大市场。在这一过程中,一方面需要各个地区之间依据各自的客观条件和比较优势积极融入统一大市场的循环;另一方面需要经济发达地区在产业转移、建设投资等方面发挥对经济欠发达地区的带动作用,实现不同发展水平地区间的协调发展。这一过程实际上也是推动共同富裕的重点,因此,在促进地区间协调发展、畅通地

---

① 《中华人民共和国国民经济和社会发展第十四个五年规划和2035年远景目标纲要》第四篇。

区间高水平循环方面，推动共同富裕同样是构建新发展格局的必然要求。

四 推动共同富裕是实现中国式现代化的必然要求

在党的十九届五中全会上，习近平总书记强调，中国式现代化"是人口规模巨大的现代化，是全体人民共同富裕的现代化，是物质文明和精神文明相协调的现代化，是人与自然和谐共生的现代化，是走和平发展道路的现代化"。因此，全体人民共同富裕是中国式现代化的重要特征，也是实现中国式现代化的必然要求。

世界上其他国家在追求现代化发展的过程中，多数以西方国家的现代化历程作为先进发展经验加以学习模仿，但近年来西方国家民族主义和保护主义的上升证明了西方以资本主义驱动的经济社会发展必然陷入马克思所指出的阶级对立和分裂。因此，中国作为一个人口众多和超大市场规模的社会主义国家，现阶段及未来一段时间，能够以"拿来主义"应用国际发展经验的领域将逐步减少，需要中国以自身实践去探索中国式现代化发展道路。但西方的发展经验仍然对我们有借鉴和警示意义。特别是近年来西方世界发展的割裂说明库兹涅茨倒"U"形假说并不是经济发展的一般规律，收入不平等这一问题并不会随着经济发展水平的提高而自然缓解，而是需要建立有效的社会保障体系，保障全体人民具有平等的受教育和人力资本提升的机会，人人都能拥有勤劳致富、向上流动的可能性，防止阶层固化。

因此，中国式现代化，无论是经济发展的现代化、城市发展的现代化，还是国家治理体系和治理能力的现代化，都要始终以全体人民为中心，保障全体人民都享有公平公正参与经济活动、保障自身权益、享受国家经济社会发展成果的权利。换言之，全体人民共同富裕是中国式现代化的必然要求。

第三节 扎实推动共同富裕与目标指标的理论逻辑

扎实推动共同富裕作为一项长期目标需要有一套完整准确反映共同富裕深刻内涵、可监测可落实的目标指标作为指引。根据习近平总书记在系统论述共同富裕中提出的六项推进思路，课题组认为，推动共同富裕的目标指标应当由七项一级指标构成，分别是：经济高质量发展、城乡区域协调发展、收入分配格局优化、公共服务优质共享、精神文明建设、全域美丽建设、社会和谐和睦。本节将重点分析扎实推动共同富裕与这七项目标指标之间的理论逻辑。

一 扎实推动共同富裕与经济高质量发展

进入新发展阶段，中国经济增长的显著特征是由过去的高速增长转变为中高速增长，从重视增长速度转向重视增长质量。共同富裕的重要基础是经济的高质量发展，没有经济高质量发展，共同富裕就可能会陷入"共同停滞"，甚至是"共同贫穷"。经济持续稳定的增长代表着国民经济始终有增量发生，而这部分增量能够创造更多的就业岗位，给更多人提供依靠劳动提升收入水平的机会。首先，结合中国国内经济发展基础、面临的资源约束条件以及国外经济发展环境，经济增量的突破需要更多依靠新技术、新业态、新模式来创造新的经济增长驱动力。因此，实施创新驱动发展是以经济高质量发展推动共同富裕的应有之义。其次，经济高质量发展需要从供需两侧同时发力，一方面持续进行供给侧结构性改革，加快产业升级，通过高水平的产业发展促进经济从粗放式的发展转向集约式的发展；另一方面需要持续加强需求侧管理，提升居民消费水平，不断推动消费升级。最后，在创新驱动、产业升级、消费升级等一系列具体战略推动下，还需要以经济效益来衡量经济高质量发展水平，以整体宏观经济发展的人均水平和劳均水平来体现经济的高质量发展。

二 扎实推动共同富裕与城乡区域协调发展

通过中华人民共和国成立以来，特别是改革开放 40 多年来党带领全国人民不懈奋斗，中国经济建设已经取得了举世瞩目的成就，在总量方面，成为世界第二大经济体、第一大工业国、第一大货物贸易国、第一大外汇储备国。但同时我们需要清醒认识到，中国发展不平衡不充分问题仍然非常突出，城乡差距和区域差距就是其中非常重要的两个方面。在中国过去的经济发展模式中，为了快速推动工业化发展，农业部门和农村地区做出了非常重要的贡献，但是受限于制度性的城乡分割，农村人口从经济高速发展中分享的收益与贡献并不相称。而不同地区之间则受到要素禀赋、地理位置、产业政策等的影响，发展水平也存在较大差异。尽管在推动全体人民共同富裕的过程中，无论是城乡差距还是区域差距，最终都将表现为全体居民收入水平和财富水平之间的差距，但是准确识别城乡差距和区域差距，有助于更加精准定位低收入群体集中的地区，抓住每个阶段需要给予重点关注的对象，从而有的放矢地制定相应政策促进居民收入水平和消费水平不断提升，扎实推动共同富裕。

三 扎实推动共同富裕与收入分配格局优化

公平和效率之间的平衡一直是经济学领域中的重点问题。在中华人民共和国成立初期，中国的发展模式过度强调"平均主义"，对经济发展效率形成了严重制约。而美国等西方发达国家更加信奉"自由市场"，将效率摆在了优先位置，随之而来的是社会不平等和两极分化问题在近年来不断凸显。在中国改革开放以来 40 多年的快速发展过程中，也伴随着收入不平等问题的加剧。因此，需要构建初次分配、再分配、第三次分配协调配套的制度性安排，实现"扩中"

"提低""调高",以形成中间大、两头小的橄榄形分配结构。党的二十大报告也强调,分配制度是促进共同富裕的基础性制度。在这一过程中,值得强调的是,收入分配格局的优化并不仅仅是通过对收入结果进行优化来实现,更重要的是保障更多劳动力和各类经济主体具有更加公平的参与经济活动的机会,通过自力更生实现收入提升,而非单纯依靠转移支付等分配调节手段。因此,在收入分配格局优化层面需要首先关注劳动力就业规模和质量,同时需考察居民收入水平和财富水平的均值变动趋势,以及不同群体之间的收入差距水平,从而实现对收入分配格局的全面监测。

四 扎实推动共同富裕与公共服务优质共享

公共服务涵盖了教育、医疗、养老、社会保障等多个方面,是覆盖居民全生命周期的重要保障机制。在中国户籍制度下,不同地区和不同户籍身份的居民享有的公共服务存在较大差距,而公共服务的差距会显著影响居民参与和分享经济社会发展成果的机会。具体而言,托育服务的优质化发展有助于缓解生育压力,降低生育成本,促进中国生育率的回升;高等教育优质发展有助于保障全体人民拥有更加充足的机会去提升人力资本,特别是伴随着产业结构不断升级,享有平等的提升技能水平的机会对于提升就业质量、提高收入水平至关重要;医疗和养老保障的普及普惠有助于缩小居民在身体素质和寿命方面的差距,保障全体人民拥有较为平等的健康生活的权利;社会保障水平的提升则有助于充分发挥政府对于特殊群体和困难群体基本生活的兜底作用,其中保障性住房覆盖范围的扩大有助于缓解大城市中新市民的住房问题,特别是对于财富水平较低,但具备经济发展所需专业技能的年轻群体而言,保障性住房有助于帮助他们建立为经济发展奋斗的"恒心"。因此,推动共同富裕的重要着力点之一就是大力促进公共服务的优质共享,从教育、医疗、养老、社会保障等方面全方位提升对全体居民的均衡性和可及性。

五 扎实推动共同富裕与精神文明建设

在马克思的哲学著作中曾对人的物质生活和精神生活之间的关系展开深刻分析，马克思认为人的精神生活由人的现实物质生活所塑造，并且对现实物质生产生活具有能动的反作用。卢卡奇在论述马克思关于物化现象的哲学观点时指出马克思还认为，"在资本主义发展过程中，物化结构越来越深入地、注定地、决定地沉浸入人的意识里"①，最终由于劳动力物化导致人的异化，而共产主义下，将充分尊重人的主观创造意识，实现物质生活与精神生活之间的良性互动。中国共产党始终注重物质文明和精神文明的协调发展，特别是党的十八大以来，习近平总书记强调，"只有物质文明建设和精神文明建设都搞好，国家物质力量和精神力量都增强，全国各族人民物质生活和精神生活都改善，中国特色社会主义事业才能顺利向前推进"②。因此，推动共同富裕不仅要注重全体人民物质水平的改善，也要注重精神文明与物质文明的同步改善，促进人的全面发展。具体而言，在精神文明建设方面，一方面要不断提升文化设施建设水平，为居民的精神生活提供充足的空间场所；另一方面要不断提升居民参与文化生活的规模和质量，从而提升国民体质和科学素养，最终实现全体居民精神文明水平的提升。

六 扎实推动共同富裕与全域美丽建设

习近平总书记在阐述共同富裕实现思路时指出，要"坚持以人民为中心的发展思想，在高质量发展中促进共同富裕"③。全体人民共同富裕作为中国式现代化的五大特征之一，意味着实现共同富裕

---

① ［匈］卢卡奇：《历史与阶级意识——关于马克思主义辩证法的研究》，杜章智、任立、燕宏远译，商务印书馆1992年版。
② 《习近平总书记系列重要讲话读本》，学习出版社、人民出版社2014年版。
③ 习近平：《扎实推动共同富裕》，《求是》2021年第20期。

的道路必然是与实现中国式现代化这一中长期目标一脉相承的。过去传统模式下高耗能、高污染的生产生活方式无法成为推动共同富裕的发力途径，未来的经济增长和发展模式需要逐渐转向低耗能、低污染，以更小的资源和环境代价换取更大的增长空间。因此，在以全域美丽建设衡量共同富裕发展水平方面，需要重点关注生产生活的耗能及污染水平和环境治理的改善水平，二者的结合一方面意味着要不断控制新的生产生活行为对能源和环境带来的压力，另一方面意味着要持续降低已经发生的生产生活行为对环境的污染水平。

七　扎实推动共同富裕与社会和谐和睦

扎实推动全体人民共同富裕是我们党为人民谋幸福的着力点，有助于实现社会的和谐安定，不断夯实党长期执政基础。因此，共同富裕必然需要社会发展和谐和睦，并且这种和谐和睦并非空中楼阁，而是需要不断提升法治建设水平和保障全体人民平安生产、幸福生活的能力，让广大群众能够从日常的生产生活当中获取更高的幸福感、安全感和满意度。具体而言，提高法治建设水平、增强法治管理的覆盖面，有助于为居民的生产生活创造一个较好的法治环境。相较于利用其他方式保障居民权益，法律具有长期稳定性、强制性和公开透明性，随着法律普及水平的提升，更为广泛的群体将通过学习掌握法律知识来建立基本共识，对社会运行机制形成一致稳定预期。这将有助于各类经济主体和个人更加关注长期发展，削弱短期行为的影响。同时，不断降低生产活动的风险、保障居民的生命财产安全不仅有助于提升整个社会的和谐发展水平，也是扎实推动共同富裕的重要监测指标。

第二章 浙江共同富裕示范区建设的基础条件与现实挑战

《中共中央 国务院关于支持浙江高质量发展建设共同富裕示范区的意见》（2021年5月20日），提出"支持浙江先行探索高质量发展建设共同富裕示范区，为全国推动共同富裕提供省域范例"，赋予浙江率先进行共同富裕示范改革的重要任务。之所以选中浙江，是因为浙江具备在高质量发展中推进实现共同富裕的良好基础条件。进行共同富裕示范区建设，浙江既迎来了多种机遇，也面临着多方挑战。

第一节 基础条件

鉴于高质量发展内涵的丰富性，实现共同富裕任务的艰巨性，在高质量发展中扎实推进共同富裕示范区建设需要在多方面具备较高的起点。浙江之所以被党中央、国务院选中，正是因为其在经济、协调、社会、精神文明、生态文明各方面发展上都具备了良好的基础，并具备了有利于在高质量发展中推进共同富裕建设的优良体制机制条件。

一 经济发展基础

一是浙江的经济总量和人均水平均处于全国前列。2021年浙江全省实现地区生产总值（GDP）7.35万亿元，占全国国内生产总值的6.58%，总量位居全国31个省级行政单位（不包括港、澳、台）第四，人均国内生产总值达11.3万元，位居全国第五和省区[①]第三，是全国人均国内生产总值8.1万元的1.4倍，按当年平均汇率折算为1.75万美元，已经达到世界银行认定的高收入国家水平[②]；规模以上工业增加值迈上2万亿元台阶，达到2.02万亿元，位居全国第四；全员劳动生产率达到19万元/人，是全国平均水平14.64万元/人的1.3倍。

二是浙江居民收入水平和消费水平均在全国省区独占鳌头。有"民富浙"美誉的浙江，2021年全体居民人均可支配收入与人均GDP之比为50.9%，位居全国第六，考虑到前五名均为接受中央财政转移支付比较高的省份，浙江藏富于民的特征更为明显。同年全体及城镇居民人均可支配收入分别为5.75万元和6.85万元，分别是全国平均水平的1.64倍和1.44倍，城镇居民人均可支配收入连续21年位居全国省区第一。不仅城市富裕，浙江农村相对全国而言更为富裕。2021年浙江农村居民人均可支配收入达到3.52万元，是全国平均水平的1.86倍，连续37年位居全国省区第一。根据中郡研究院发布的《2021年全国县域农村居民人均可支配收入监测报告》，在全国县域农村居民人均可支配收入前100名县市中，浙江不仅占据了39席以及前30强中的19强，还包揽了前11名。[③] 高收入支持了高水平消费，2021年浙江居民人均消费支出达到3.67万元，位居全国省区第一，是全国平均水平的1.52倍。

三是浙江财政收入增长量稳质优。2021年，浙江全省财政总收

---

① 省区指除了港、澳、台和四大直辖市的27个省级行政单位，下同。
② 按照世界银行标准，人均国民收入高于13205美元的国家为高收入国家。中国国民收入为国内生产总值的98.5%，按照此比例推算，浙江人均国民收入大约为1.72万美元，已经达到高收入国家水平。
③ 中郡研究所：《2021年全国县域农村居民人均可支配收入监测报告》，http://www.china-county.org/zhongjunbaogao/zjbg-zz01.htm。

入 1.45 万亿元，一般公共预算收入突破 8000 亿元，达到 8263 亿元，占全国地方一般公共预算本级收入的 7.44%，其中，税收收入 7172 亿元，非税收入 1091 亿元，税收收入占一般公共预算收入的 86.8%，税收收入成为财政收入的主体。浙江一般公共预算收入全国占比比浙江 GDP 全国占比高 0.86 个百分点，从侧面说明浙江的企业营收情况和个人收入情况好于全国平均水平，因此在累进税制下取得了更高的财政收入。

四是创新已经成为浙江产业升级的重要驱动力。2021 年浙江全年发明专利授权量 5.7 万件，占全国的 8.17%，全省研发投入强度（R&D 经费支出占 GDP 的比重）达 2.9%，比全国平均水平（2.44%）高 0.46 个百分点，其中企业 R&D 经费占比为 90.15%；高技术制造业增加值占规模以上工业的比重为 15.8%，超过全国平均水平 0.7 个百分点。此外，浙江拥有超千亿产业集群 14 个，数量位居全国第二，获批建设全国首个国家传统制造业改造升级示范区。浙江数字经济核心产业增加值占 GDP 的比重达 11.4%，产业数字化指数位居全国第一。

二 协调发展基础

一是浙江城乡发展差距较小。浙江城乡收入倍差自 2012 年以来连续九年保持缩小态势，到 2021 年降为 1.94，比全国城乡收入倍差（2.5）低 0.56 个百分点，位居全国第三、省区第二，在人均可支配收入迈入 5 万元台阶的较高收入的省级行政单位中，浙江城乡收入差距最小。此外，浙江城乡公共服务均等化程度较高。为破解乡村教育弱的问题，浙江全面组建城乡教育共同体，并获 2020 年度全国基础教育工作优秀案例。浙江通过将省级三甲医院和县级医院合作建设医联体、把县乡两级医疗卫生机构整合成医共体的方式，显著缓解了城乡医疗卫生资源配置的不均衡。通过优化城乡道路交通体系，浙江将城乡公交一体化率提升至 68%，3 个"1 小时交通圈"人口覆盖率达86.6%。此外，2021年浙江常住人口城镇化率和户籍人口城镇化率分别达到72.7%和54.9%，均处于全国前列。

二是浙江通过省级财政支持和省内地市对口帮扶缩小了地区收入差距。浙江省内各市的人均可支配收入差距显著低于人均GDP差距，下辖11市人均GDP最高最低倍差为2.26，而各市城镇和农村居民人均可支配收入最高最低倍差分别只有1.39和1.63，这主要是由于浙江通过强有力的省级财政支持和省内先富地市对后富地市的对口帮扶缩小了内部收入差距。不同于其他省内各市多收多支的财政收支特征，浙江省内人均一般预算支出最高的地级市反而是财政收入最低的衢州和丽水。浙江通过省财政支持和沿海发达城市的对口支持政策，保证了衢、丽两地虽然经济相对落后，但人均可支配收入增长率在全省前列，各项养老金也能在全省平均水平以上，乡村和基础建设有资金保障，从而保证了浙江在民生水平上能够更加均衡地发展。

三是浙江在率先实现高水平脱贫攻坚的基础上实现了高水平全面小康。早在1998年浙江就成为全国第一个消除贫困县的省份，2002年又在全国率先消除贫困乡镇。[①] 2012年，浙江确立了比2300元的国家标准高出一倍的4600元的省级脱贫标准，并在2015年成功全面消除这一高标准的绝对贫困现象，成为全国第一个完成脱贫攻坚任务的省份。在提前五年高水平打赢脱贫攻坚战后，浙江的扶贫目标从保障基本生活转向高水平全面小康，到2020年实现了人均可支配收入8000元以下农户全面清零，[②] 帮助低收入农户同步实现了高水平全面小康。

[①] 董碧水：《浙江在全国率先完成脱贫攻坚任务》，《中国青年报》2016年1月25日。

[②] 戴联英、吴联峰：《决战决胜脱贫攻坚 共同富裕再立新功——中国共产党成立100周年浙江经济社会发展系列报告》，http://tjj.zj.gov.cn/art/2021/6/16/art_1229129214_4664539.html。

三 社会发展基础

一是浙江公共教育和文化传播实现了广覆盖。浙江小学学龄儿童入学率、初中入学率、高等教育毛入学率分别高达99.99%、99.97%和64.8%。教育配套设施方面，小学生和初中生人均校舍建筑面积分别达10.4平方米和23.1平方米，人均图书分别为34.1册和57.2册，每百名学生拥有教学终端20.8台和35台，体育运动场（馆）面积达标的小学和初中的比例分别为99.7%和99.8%。此外，浙江县级文化馆和图书馆覆盖率、乡镇文化站和行政村文化活动室覆盖率均达100%，公共图书馆全部实现虚拟网络配置，广播和电视基本实现了省内人口的全覆盖。

二是浙江社保覆盖广且标准高。2021年浙江九大民生支出占一般公共预算支出的比例为70%，高于全国水平（66.14%）近4个百分点。同年年末全省参加基本养老保险和基本医疗保险人数分别达4423万人和5655万人，参加失业保险、工伤保险、生育保险人数分别达1793.5万人、2741.6万人和1811万人。浙江城乡居民养老保险基础养老金最低标准已经升至180元/月，接近国家标准的两倍，在全国省区位于前列，而且浙江实施城乡相同的居民最低生活保障平均标准，为平均每人每月941元，[①] 保障水平高居全国省区第一。

四 精神文明与生态文明基础

一是高水平公共文化建设塑造了文明浙江。2020年浙江每万人拥有公共文化设施面积3670平方米，为全国平均水平的8.3倍。2021年浙江人均接受文化场馆服务4.0次/年，人均公共图书馆藏书

---

① 浙江省统计局：《2021年浙江省国民经济和社会发展统计公报》，http://tjj.zj.gov.cn/art/2022/2/24/art_1229129205_4883213.html。

1.64 册,远高于全国人均 0.89 册①的水平。同年浙江年人均图书阅读量 13.4 本,居民综合阅读率 91.0%。通过"浙江有礼"品牌建设,浙江在文明程度上表现卓越。2020 年,浙江每万人活跃志愿者率为 12%,高于全国平均水平约 6 个百分点。截至 2022 年年中,浙江当年全省文明好习惯养成率达 83%,社会诚信度达 95% 左右,人均慈善捐款额达 90 元左右。②截至 2021 年,浙江下辖 11 市已经全部入选全国文明城市。③

二是浙江具备良好的生态环境和宜居的人居环境。一方面,浙江生态环境建设良好。2021 年,浙江省森林(含灌木林)覆盖率为 61.17%;全年霾平均日数 25 天,11 市 PM2.5 年平均浓度为 24 微克/立方米,比上年下降 4.0%,日空气质量优良天数比例为 84.4%—99.7%,平均为 94.4%;296 个省控断面中,Ⅲ类及以上水质断面占 95.2%,满足水环境功能区目标水质要求断面占 98.6%。另一方面,浙江城市和乡村人居环境均较好。县级以上城市饮用水全部达标,农村达标率超过 95%;城市生活垃圾实现全部无害化处理,农村生活垃圾基本实现分类处理,并基本实现农村无害化卫生厕所全覆盖。此外,截至 2021 年年底,浙江累计建成国家生态文明建设示范区 35 个,国家"绿水青山就是金山银山"实践创新基地 10 个,省级生态文明建设示范市 8 个,省级生态文明建设示范县(市、区)74 个。④

五 体制机制建设基础

一是浙江具有重视体制机制创新的历史沿革。通过体制机制创新

---

① 文化和旅游部:《全国公共图书馆建设取得积极进展》,https://www.mct.gov.cn/preview/special/xy20d/9672/202210/t20221013_936433.htm。
② 浙江省委宣传部:《共同富裕在浙江:在浙里看见文明中国》,http://tv.citv.com/vplay/1202464.html。
③ 中国文明网:《第六届全国文明城市(区)名单》,http://www.wenming.cn/wm-sjk/cjdx_53740/qgwmcsmd/202112/t20211227_6276499.shtml。
④ 浙江省统计局:《2021 年浙江省国民经济和社会发展统计公报》,http://tjj.zj.gov.cn/art/2022/2/24/art_1229129205_4883213.html。

推动发展是浙江克服"七山二水一分田"的资源禀赋劣势,摆脱中华人民共和国成立初期在全国处于落后局面获得跨越式发展的重要历史经验。中华人民共和国成立后,浙江在农业上第一个落实农业生产责任制,并成为首个超《全国农业发展纲要》亩产指标的省份;在工业上推进公私合营,实行手工业合作化,兴办全国最早的社队企业和乡镇企业①。2003年,时任浙江省委书记的习近平作出"发挥八个方面的优势""推进八个方面的举措"的决策部署(简称"八八战略")。"八八战略"奠定了浙江高质量发展的政策基础和实践基础,并取得了显著成效,构成了浙江在高质量发展中推进共同富裕的起点和优势。例如,作为"八八战略"重要内容的"最多跑一次"改革,以互联网和大数据为技术支撑,通过改革体制机制、流程再造倒逼政府做出改变,更好地服务群众和企业。目前浙江已实现省市县三级"最多跑一次"事项100%全覆盖,满意率达到96.5%。

二是浙江形成了鼓励民营经济发展的体制机制。浙江"民富"的重要原因之一是鼓励民营经济发展的环境较大程度激发了市场主体活力,民营经济获得了显著发展。改革开放伊始,浙江就探索逐步放宽政策,支持个体经济开始发展,并在1979年颁发了改革开放后中国第一份个体工商户营业执照②。"八八战略"继续确立了支持民营经济发展的政策。浙江根据"要保证各种所有制经济依法平等使用生产要素、公平参与市场竞争、同等受到法律保护"的党的十八大精神,落实"鼓励社会投资39条""促进民间投资26条""促进民营经济高质量发展31项举措"③等政策,为民营经济发展营

---

① 中国新闻网:《大省的"突围":体制机制成就浙江先发优势》,https://baijiahao.baidu.com/s?id=1647809368111001599&wfr=spider&for=pc。
② 赵静、杨群、吴敏力:《1979年!全国第一份个体户营业执照在浙江核发》,https://zjnews.zjol.com.cn/zjnews/wznews/201811/t20181126_8843496.shtml。
③ 《浙江出台31项举措促进民营经济高质量发展》,http://www.gov.cn/xinwen/2018-12/04/content_5345686.htm。

造了更加公平、开放、宽松的环境。2021年，浙江在册民营企业290.4万户，个体户549.2万户，合计占市场主体的96.7%。① 同年，浙江民营经济创造了全省67%的地区生产总值、73.4%的税收，还提供了87.5%的就业岗位。② 在全国工商联公布的《2022中国民营企业500强榜单》中，浙江共有107家企业上榜，在前100名中占据19席，③ 连续23年位居全国第一

三是浙江拥有良好的党建和法治建设基础。浙江在加强党的领导和党的建设上，最为突出的亮点是党建统领整体智治。浙江制定了《关于加强党建统领提高党的领导力组织力的若干意见》，建立了以"七张问题清单"为牵引的党建统领工作机制，打造了党建统领整体智治系统，推动党的领导横向到边纵向到底，实现了党建工作具象化可量化可评价。2017年6月召开的浙江省第十四次党代会提出努力建设"清廉浙江"、加强全面从严治党的新目标。浙江党建工作获得了人民群众的高度认可。根据国家统计局浙江调查总队的调查，2020年浙江全面从严治党的成效度为97.2%。④ 在加强党建的同时，浙江积极进行"法治浙江"和"平安浙江"建设，前者切实加强了浙江地方立法、依法行政、公正司法、普法教育等各项工作，完善了保障公民权益的体制机制；后者确保了浙江具有良好的治安、生产安全和社会公共安全。

第二节 发展机遇

在如期胜利全面建成小康社会、实现第一个百年奋斗目标后，中

---

① 浙江省统计局：《2021年浙江省国民经济和社会发展统计公报》，http://tjj.zj.gov.cn/art/2022/2/24/art_1229129205_4883213.html。
② 浙江省统计局：《2021年浙江省国民经济和社会发展统计公报》，http://tjj.zj.gov.cn/art/2022/2/24/art_1229129205_4883213.html。
③ 《2022中国民营企业500强榜单》，http://www.acfic.org.cn/ztzlhz/2022my5bq/2022my5bq_4/202209/t20220906_111965.html。
④ 央广网官方账号：《2020年浙江全面从严治党成效度为97.2%》，https://baijia-hao.baidu.com/s?id=1691014925729722953&wfr=spider&for=pc。

国进入了全面建设社会主义现代化国家、向第二个百年奋斗目标努力迈进的新阶段。站在更高起点的浙江，进行高质量发展建设共同富裕示范区迎来多方面历史机遇。

一　国家政策支持对浙江共同富裕示范区建设构成有力支持

2021年6月正式印发《中共中央　国务院关于支持浙江高质量发展建设共同富裕示范区的意见》（以下简称《意见》），赋予浙江重要示范改革任务，先行先试、作出示范，为全国推动共同富裕提供省域范例。《意见》印发后，为了配合和推进浙江共同富裕示范区建设，中央多部委和央企纷纷从各自负责领域推出对浙江的支持政策。2021年6月国家发改委率先行动牵头设立工作专班协调推进《意见》提出的任务措施，[1]并将围绕收入分配、公共服务、城乡融合、产业发展等领域陆续出台多个专项支持政策。同年11月，财政部印发《支持浙江省探索创新打造财政推动共同富裕省域范例的实施方案》，明确了对浙江共同富裕示范区建设的财政支持。[2] 2022年3月，中国人民银行、中国银监会、中国证监会、国家外汇管理局、浙江省人民政府联合发布《关于金融支持浙江高质量发展建设共同富裕示范区的意见》，提出31条举措推动建立与浙江共同富裕示范区建设相适应的金融体制机制。[3] 同年4月，国家统计局研究制定了《支持浙江省推进高质量发展建设共同富裕示范区统计重点改革的行动方案》，支持浙江省结合实际全方位开展统计制度方法改革

---

[1] 发改委：《加强统筹协调　扎实推动浙江示范区建设不断取得新成效》，http://finance.people.com.cn/gb/n1/2021/0617/c1004-32133129.html。

[2] 财政部：《关于印发〈支持浙江省探索创新打造财政推动共同富裕省域范例的实施方案〉的通知》（财预〔2021〕168号），http://www.mof.gov.cn/gkml/caizhengwengao/wg2021/wg202112/202204/t20220411_3802148.htm。

[3] 《中国人民银行　中国银行保险监督管理委员会　中国证券监督管理委员会　国家外汇管理局　浙江省人民政府关于金融支持浙江高质量发展建设共同富裕示范区的意见》（银发〔2022〕60号），http://www.pbc.gov.cn/zhengwugongkai/4081330/4081344/4081395/4081686/4511662/index.html。

创新试点。① 同年 5 月，最高检出台支持和服务保障浙江高质量发展建设共同富裕示范区 21 条意见。同年 9 月，国家税务总局与浙江省政府签订《共同推进浙江高质量发展建设共同富裕示范区合作协议》，推出 13 项税收助力共同富裕的新举措。② 此外，国家开发银行、中国农业银行、中国银行、国家电网等 13 家央企（金融机构）或出台行动方案或与浙江省签署战略合作框架协议。③

二 长三角区域一体化战略深入实施有助于缩小地区发展差距

2018 年长三角区域一体化上升为国家战略，按下了长三角一体化战略实施进程的加速键。2019 年 5 月，习近平总书记主持召开中央政治局会议，审议《长江三角洲区域一体化发展规划纲要》（以下简称《纲要》）。会议指出，长三角一体化发展具有极大的区域带动和示范作用，要紧扣"一体化"和"高质量"两个关键，带动整个长江经济带和华东地区发展，形成高质量发展的区域集群。在本次会议精神和《纲要》的指导下，长三角三省一市紧扣"一体化"和"高质量"两个关键词，深入探索跨省域合作，区域内基础设施建设互联互通，公共服务便利共享，生态环境共保联治，一体化发展取得了显著成效。④ 尤为重要的是，长三角区域一体化战略的深入实施，在促进人的全面发展、缩小区域发展差距方面取得了良好效果。根据清华大学区域发展研究院、清华大学中国发展规划研究院联合发布的《长三角地区人类发展进程报告（2010—2020 年）》，长三

---

① 金梁、周琳：《国家统计局支持浙江共同富裕示范区建设》，《浙江日报》2022 年 4 月 13 日。
② 《浙江：税收助力高质量发展建设共同富裕示范区》，http：//www. chinatax. gov. cn/chinatax/n810219/n810739/c5181787/content. html。
③ 索寒雪：《多项支持政策将出台推进浙江建设共同富裕示范区》，《中国经营报》2022 年 2 月 22 日。
④ 《长三角一体化发展战略实施三年来取得重大成果 一体化发展新局面正在形成》，http：//www. gov. cn/xinwen/2021-11/05/content_5648967. htm。

角地区内部人类发展差距持续缩小。上海和安徽是"三省一市"中人类发展水平最高和最低的省市，2010年人类发展指数（Human Development Index，HDI）分别为0.827和0.682，差距为0.145；2020年HDI分别为0.883和0.764，差距缩小为0.119。在长三角地区41个城市中，上海和阜阳是人类发展水平最高和最低的城市，HDI差距从2010年的0.202缩小到2020年的0.161。究其原因，得益于长三角中心区的快速发展及其辐射带动效应，推动了皖北、皖西、皖南等周边城市的跨越式发展，缩小了与发达城市之间的差距。[1]

三 科技创新突破迎来新机遇

在百年未有之大变局的世界格局中，虽然国家之间科技合作创新遭遇了挫折和阻碍，但是全球创新大潮并未因此减退，新的科技革命正在迅速展开。以信息技术革命为核心，大数据、云计算、移动互联、物联网等新一代信息技术正在被广泛应用，可再生能源、非常规能源、传统能源清洁高效利用等新能源技术正在改变动力结构，机器人、无人化工厂、3D打印等先进制造技术为生产、制造带来以智能、绿色、服务为主要特征的根本变革。在日益激烈的国际竞争中，中国更为重视科技兴国和创新驱动。党的二十大报告提出，要"坚持创新在中国现代化建设全局中的核心地位"，要求"以国家战略需求为导向，集聚力量进行原创性引领性科技攻关，坚决打赢关键核心技术攻坚战。加快实施一批具有战略性全局性前瞻性的国家重大科技项目，增强自主创新能力"。

浙江作为中国科技创新最为活跃的地区之一，在新一轮科技革命以及国家重视科技创新的大势之下，迎来创新突破的新的历史机遇。2021年6月之江实验室率先被成功纳入国家实验室体系，浙江实现

---

[1] 《〈长三角地区人类发展进程报告〉发布：区域内部差距缩小》，https://baijiahao.baidu.com/s?id=1715204144187250633&wfr=spider&for=pc。

国家实验室零的突破,之后西湖实验室也成功被纳入国家实验室。①此外,浙江余杭脑机交叉研究院正在加快加入国家实验室体系,海洋、能源等领域的省实验室也在积极争取加入国家实验室体系。2022年7月,浙江科技创新工作连续第四年获国务院督查激励,成为浙江塑造创新发展新优势取得成效的又一缩影。此外,数字经济自2017年以来连续四年被纳入政府工作报告,党的二十大报告提出要"加快发展数字经济,促进数字经济和实体经济深度融合,打造具有国际竞争力的数字产业集群"。作为数字经济强省大省的浙江也迎来巩固和壮大数字经济优势,推进数字科技创新的新机遇。

四 国家教育改革破局有利于切实实现以人为本

高质量发展和共同富裕的出发点和立足点是以人为本。在高质量发展和共同富裕中发挥重要作用的教育需要体现人本思想。中国近年来正在多方面推进实现以人为本的教育改革。一是国家确立了立德树人的教育导向,有利于人的知识素质和道德素质的同步提高。中共中央、国务院于2020年年底印发了新中国第一个关于教育评价系统改革的政策文件——《深化新时代教育评价改革总体方案》,来引导和推进中国教育领域的全方位变革。该方案带有强烈的人本主义价值导向,提出要发展素质教育,落实立德树人的根本任务,将立德树人的成效作为根本标准。这意味着把学生个体的德智体美劳全面与综合发展作为明确的教育目标和最重要的教育价值。② 二是促进教育公平,从机会公平上促进共同富裕。获得教育机会特别是优质教育机会的不公将拉大收入差距,不利于实现共同富裕。因此中国在基本实现了教育县域基本均衡发展的基础上,下一步将一手持

---

① 《"杭州这十年·西湖"新闻发布会举行》,http://www.hangzhou.gov.cn/art/2022/9/27/art_812262_59066083.html。
② 张志坤:《回归以人为本 落实"五育"并举——论新时代教育评价改革的价值取向与实践导向》,《北京教育》(普教版)2020年第12期。

续巩固基本均衡发展成果,一手大力推进优质均衡发展,力争到2035年全面实现义务教育优质均衡发展。[①] 三是教育"双减"有利于减轻教育负担,促进人的可持续发展。一方面,义务教育是公共品,接受义务教育是公民的权利,儿童获得义务教育不应成为家庭的负担。另一方面,教育是为了促进人的全面发展,而非培养考试机器。近年来,国家愈发重视规范教培,为学生和家庭进行教育减负。2018年年底,教育部等九部门印发《中小学生减负措施的通知》,提出严格管控校外培训。2021年7月,中共中央、国务院印发《关于进一步减轻义务教育阶段学生作业负担和校外培训负担的意见》,大刀阔斧地对校外教培进行整顿。

五 双循环战略深入贯彻实施有利于更好实现内外协同

内外协同是浙江高质量发展建设共同富裕示范区的有效抓手。浙江省内区域协调发展有利于缩小内部差距,而融入国内大市场和国际产业链有利于充分利用更广泛的市场和资源。党的十九届五中全会明确提出"加快构建以国内大循环为主体、国内国际双循环相互促进的新发展格局"。这意味着要发挥中国超大规模市场的潜力和优势,利用中国具有全球最完整、规模最大的工业体系、强大的生产能力、完善的配套能力,以及回旋空间大的特点,把发展的立足点更多放到国内,实施扩大内需战略,通过畅通国内大循环,更好联通国内市场和国际市场,更好利用国际国内两个市场、两种资源,培育新形势下中国参与国际合作和竞争新优势。[②] 浙江作为中国经济发展水平高、开放程度广、创新能力强的省,承担着率先形成新发展格局的重要使命。国内大循环对于浙江而言,既包括浙江省内的循环,也包括浙江与国内其他地区之间的循环。浙江省内循环有利

---

① 教育部:《确保到2035年实现优质均衡的义务教育》,《潇湘晨报》2022年9月10日。
② 《从长期大势把握当前形势 统筹短期应对和中长期发展》,《经济日报》2020年8月12日。

于缩小内部差距，而浙江与国内其他地区的循环则有利于消除地方壁垒，降低市场交易费用，提高社会主义市场经济体制运行效率，促进高质量发展。浙江深度融入国际循环则有利于继承和发展浙江的外贸优势，并打造新的国际竞争新优势。

第三节　现实挑战

建设共同富裕示范区，是时代赋予浙江的重任。在中国经济面临需求收缩、供给冲击、预期转弱"三重压力"，同时面临人口结构变化、绿色转型压力，外部面临百年未有之大变局等多重压力之下，浙江也面临着同样的压力，并在共同富裕示范区建设过程中需要应对新生挑战。

一　公共服务不足影响生育意愿

虽然从人均地区生产总值和人均收入的全国层面对比看，浙江已经实现"先富"，并且已经超过世界银行认定的高收入国家标准的门槛水平，但是尚未达到国际货币基金组织国家分类中的发达国家人均GDP最低水平和OECD国家平均水平，因此在国际上还不算富。然而从浙江省人口年龄结构金字塔看，浙江已经属于典型的老年型或者收缩型（如图2-1所示），进入了老龄化社会，即浙江已经面临"未富先老"的问题，亟须提高人口生育率来缓解。然而，根据浙江省嘉兴市在2021年国家放开"三孩"政策后进行的一项调研显示，嘉兴市民生育三孩意愿较弱，4.4%的调查对象不想生育，42.4%的调查对象理想孩子数为1个，仅4.4%的调查对象有生育三孩的意愿。影响生育意愿的主要因素是教育费用负担重、孩子无人照看等。[①] 女性生育三孩的意愿相对男性更低，主要是因为女性担心生育

---

① 国家统计局嘉兴调查队编：《嘉兴市生育三孩意愿调研报告》，2021年6月11日。

影响职业发展。这实际上反映出公共教育、育幼支持等公共服务投入不够，以及妇女育后就业支持政策缺失等问题对生育意愿造成了负面影响。生育意愿的下降将加剧人口年龄结构老龄化，一方面会引起劳动力数量和生产率下降，社会整体消费不足，导致经济增长后劲不足，影响高质量发展；另一方面老龄化社会难免会加剧财政负担，挤压支持共同富裕的财政空间。浙江目前的人口增长虽然位居全国前列，但是主要来自人口净流入而非自然增长。以2021年为例，虽然浙江以72万人的人口增量位居全国第一，但是新增净流入人口达65.5万人，自然增长人口仅有6.5万人。随着各地发起"抢人"大战，以及全国范围人口净增减少，浙江依靠人口净流入后劲不足，提高人口生育率亟待破题。

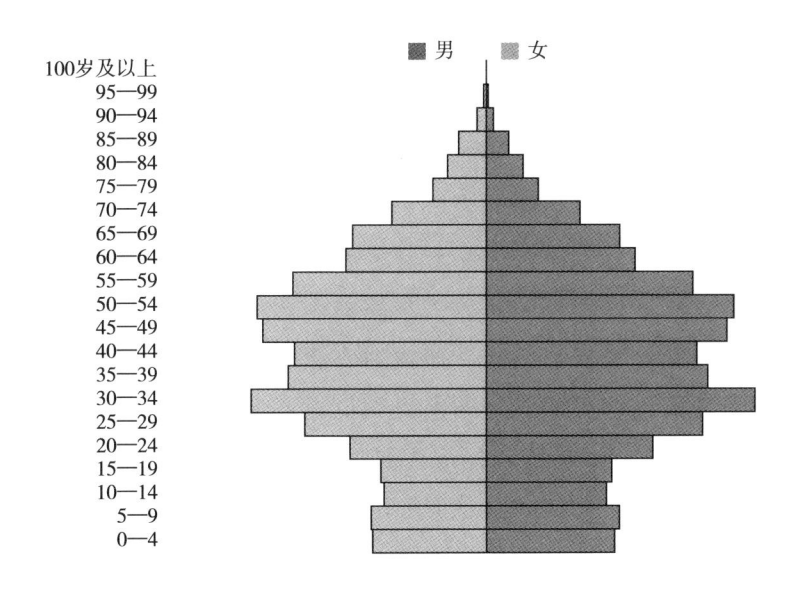

图2-1 浙江人口年龄结构金字塔（2021年）

资料来源：浙江省统计局。

二 城乡融合面临多方面挑战

2019年12月，国家发展和改革委员会等十八部委印发《关于开展国家城乡融合发展试验区工作的通知》，明确将浙江嘉湖两市全域纳入国家城乡融合发展试验区浙江嘉湖片区，并就建立进城落户农民依法自愿有偿转让退出农村权益制度、建立农村集体经营性建设用地入市制度等五项试验任务开展先试先行。在试验区推进城乡融合发展过程中发现在农地流转和农民落户进城上都存在一定的问题。一是进城落户农民退出农村宅基地的相关制度规定存在不足。2019年国家出台的《土地管理法》提出宅基地有偿使用和自愿有偿退出，倡导"三权分置"改革，但并未在资格权认定、使用权转让退出等方面做具体的实施规定。农村宅基地作为农村集体资产产权，以集体组织成员资格分配使用，仅限本集体经济组织内部分配和流转，具有较强的封闭性，国家尚未出台集体资产股权外部流转的相关规定。二是农村集体经营性建设用地入市制度有待完善。2019年《土地管理法》赋予集体经营性建设用地与国有建设用地同等入市、同等交易的权能，最新实施的《土地管理法实施条例》对集体经营性建设用地管理也做了规定。但实施中仍存在政府和村集体等多方参与而增值收益分配比例划分无明确规定、集体经营性建设用地不能直接入市需被征为国有土地后才能交易等问题，发展权能受到限制。三是本地农村进城和外来流入人员在城市落户的积极性不高。试验区已全面放宽城镇落户门槛，但本地农业转移人口离土不离乡、进城不落户现象比较普遍，外来进城人员到流入地落户的积极性也不高。关键原因在于农民可无偿取得农村"三权"，且认定仍以户籍为依据。试验区提出采用"双备案"登记管理办法，兼顾进城农民原有农村权益与城市居民权益的享有，但尚缺乏国家法律法规和政策支持。同时，由于各省政策不一，该办法无法解决省外农业转移人口在试验区落户的顾虑。[1]

---

[1] 浙江省发展改革委员会办公室：《国家城乡融合发展试验区浙江嘉湖片区设立以来的经验做法、主要成效和问题建议》，《两办专报信息》第487期，2021年10月21日。

三 精神文明建设尚需补短板

精神文明建设是高质量发展和中国式现代化的重要内容。马斯洛需求层次理论说明精神文明是比物质文明更高层次的需求，而精神文明消费占总消费支出的比重提高在一定程度上是生活质量提升的表现。2021年浙江人均教育文化娱乐消费支出为3769元，比全国平均水平2599元高出45%，如果不考虑不同地区间物价差异影响，并考虑到浙江政府提供了很多免费的公共精神文明设施与服务，那么从绝对支出上看浙江居民精神生活相比全国平均水平而言更为丰富，但是仍不能忽视浙江在精神文明建设上的短板。根据国家统计局数据，2020年和2021年全国人均教育文化娱乐消费支出占生活消费支出的比重分别为9.58%和10.8%，浙江省分别为9.23%和10.3%，均低于全国平均水平，说明浙江居民精神文明消费水平存在与经济发展水平不匹配的问题。从浙江居民消费八大类分类统计看，2014年以来浙江人均居住支出占比、人均交通和通信支出占比均显著高于全国平均水平，说明较高的住房价格和房租以及较高的交通成本在一定程度上挤压了浙江居民精神消费的空间，导致浙江虽然收入高以及以食品支出占比计算的狭义恩格尔系数在2014—2021年平均低于全国水平约1个百分点，但是在此期间，按照衣食住行四项刚性支出占全部消费支出的比重计算的广义恩格尔系数却显著高于全国水平约3个百分点。

四 农村收入洼地是浙江缩小城乡差距和区域收入差距的重点和难点

从地区差距看，以2021年数据为例，浙江省内11市人均地区生产总值最高的宁波市是最低的丽水市的2.26倍，一般公共预算赤字率最低的是杭州市，为0.03%，接近零赤字，而赤字率最高的是丽水市，为22.32%。由于浙江在省内进行了较大力度的财政转移支付，省内各市虽然人均地区生产总值倍差高达2.26倍，但是城镇人均可支配收入差距并不大，最高最低值倍差只有1.39，农村人均可支配收入差距相对高些，最高最低值倍差为1.63。浙江的城乡收入差距呈现逐渐下降的趋势，已经从1978年的2.37下降到2021年的1.94，人均消费支出城乡差距也从1978年的2.5倍下降到2021年的1.7倍，并且这一数值低于全国平均水平，说明浙江在缩小城乡差距方面取得了较好的成绩。在肯定成绩的同时依然要看到浙江城乡差距上的复杂性。如图2-2所示，浙江农村收入水平和城乡差距呈现负相关性，即农村收入越低的地方城乡收入差距越大，农村收入最高的嘉兴城乡收入差距最小，为1.61，农村收入最低的丽水城乡收入差距最高，为2.05，提示浙江缩小城乡差距和区域差距的重点工作在于提高农村收入洼地的收入水平。但是这并非易事。例如，丽水受制于"九山半水半分田"，农民基本依山而居，由于可供开发利用的土地有限和交通不便，教育、商业、医疗资源都集中在地势相对平整的县城，农村发展空间受限，加上增收能力相对较高的年轻人口不断流向城市，要实现农村居民收入更快增长以缩小城乡差距并不容易。

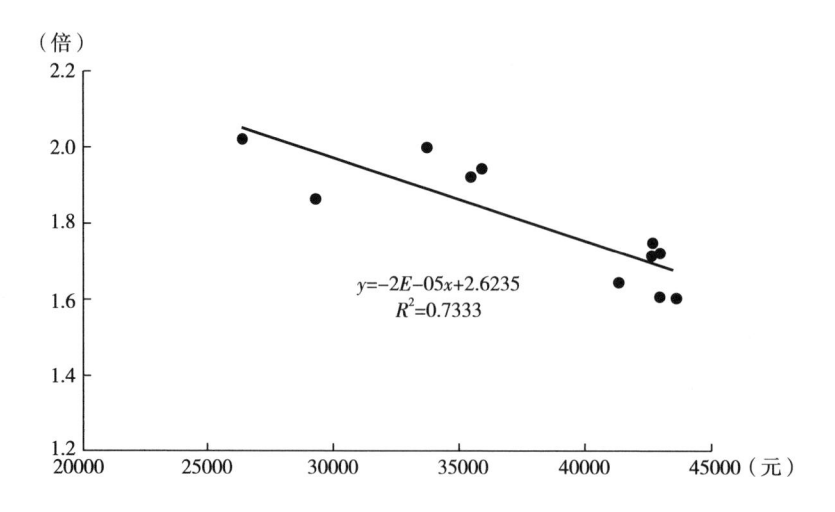

图 2-2 浙江11市农村人均可支配收入与城乡
收入倍差间线性关系（2021年）

资料来源：《浙江统计年鉴2022》。

五 经济降速不利于浙江高质量发展和实现共同富裕

经济增长质量提升和共同富裕的实现需要经济保持一定增速作为保障。如前所述，在"未富先老"的压力下，浙江更需要保持一定的增长来与人口结构变化竞跑。但是进入新常态之后，浙江经济增速逐渐下降，从2010年的10%以上下降到2019年的6.8%，相对全国GDP增长的增速差也逐步缩小，从2005年之前的2个百分点以上降低到2021年的0.4个百分点。从人均生产总值增速看，浙江在1976—2004年一直高于全国人均GDP增速，然而由于之后经济增速相对全国增速更快下行，从2005年开始，浙江人均地区生产总值增速转为低于全国GDP增速。如何在经济增速相对下降压力下做好高质量发展和共同富裕，对于浙江而言无疑是一场考验。

此外，日益复杂多变的内外环境造成了经济增长更大的不确定性。例如，突如其来的新冠疫情导致浙江"十三五"规划中地区生产总值、全员劳动生产率、居民人均可支配收入等关键经济指标未能如期实现。[①] 考虑到共同富裕不能毕其功于一役，是一个等不得也急不得的中长期过程，在推进的过程中难免面临种种"灰犀牛"或者"黑天鹅"事件。如何在变局中保持定力，推进共同富裕，也是一个艰巨的挑战。此外，在绿色转型过程中，作为经济大省和能源消耗大省的浙江面临更大的转型调整成本和压力。如何在绿色转型的过程中避免对经济增长造成较为明显的负面影响也是浙江面临的挑战。

六 做好中国共同富裕示范窗口面临多方面内外压力

一是浙江面临实现本地共同富裕与支持全国共同富裕的双重重任。浙江作为经济大省和纳税大省，通过中央财政转移支付对其他

[①] 《浙江省国民经济和社会发展第十四个五年规划和2035年远景目标纲要》。

地区进行了大量转移支付，因此也承担了推动全国共同富裕的任务。要推进实现本地共同富裕，浙江将需要更多的财政支出，如何在实现示范区共同富裕和协助推动全国共同富裕双重重任间进行协调也是一项挑战。二是作为示范区，浙江需要对标更高的国际标准，需要弥补与国际先进水平的差距。首先是科技创新力度上，2020年浙江 R&D 经费占 GDP 的比重为 2.8%，与韩国（4.81%）、美国（3.45%）、日本（3.27%）、德国（3.14%）相比差距仍然较大。其次是从"跨国公司总部""金融国际化""国际化品牌知名度"等几个国际化关键指标看，浙江国际化水平需要进一步加强。此外，浙江与发达国家碳达峰进程相比，在达成目标的时间上相对落后，绿色转型任务艰巨。三是浙江存在展现"窗口"形象方面的压力。在推进共同富裕示范区建设过程中，浙江越来越成为省内外乃至境外媒体和各界的聚焦点，展示浙江重大标志性成果的正向压力和化解消极不利影响的负向压力在同步增加。[①]

[①] 中共浙江省委党校编著：《忠实践行"八八战略"——习近平新时代中国特色社会主义思想在浙江的生动实践》，内部报告，2022年。

第三章 推动共同富裕的历史经验与国际比较

"共同富裕"是人类长期追求的美好理想,是驱使人类社会不断发展和进步的重要动力。从某种意义上来讲,人类发展的历史就是不懈地与贫困作斗争,努力减少和消除贫困的历史,在此过程中共同富裕思想也与时俱进,历久弥新,焕发出强大生命力。对于这一问题的认识与主张,中国古代先贤、中国共产党人、马克思主义经典作家以及西方资本主义社会均作了大量理论和实践上的探讨。

第一节 中国人民追求共同富裕的历史经验

中国人民的共同富裕思想源远流长。中国古代朴素的共同富裕观念源自中国古人对"天地之道"的探求。从《易经》的"哀多益寡,称物平施""损上益下,民说无疆。自上下下,其道大光"到《礼记》"黄帝正名百物,以明民共财",从管子"以天下之财,利天下之人"、老子"损有余而补不足"到孔子"不患寡而患不均",从孙中山先生"三民主义"到中国共产党的共同富裕理念,共同富裕的思想与实践与时俱进、不断发展,有着不同的表述方式。

一 封建王朝时期的共同富裕思想及实践

(一)封建王朝时期的共同富裕思想

"民亦劳止,汔可小康"是中国最早蕴含"共同富裕"思想的论述。春秋战国时期，齐国政治家管仲从"以民为本"出发，提出了"甚富不可使，甚贫不可耻""富能夺，贫能予""以天下之财，利天下之人"的治国理念，论述了"共同富裕"在治国理念中的重要性。《老子》中关于"天之道损有余而补不足"的哲思表达了老子对贫富平均美好社会的愿望。《论语·季氏篇·季氏将伐颛臾》中"丘也闻有国有家者，不患寡而患不均，不患贫而患不安"的表述以及《礼记·礼运》中"大同"与"小康"的社会理念表达了孔子对财富分配的"各得其分"问题的思考与理念。孟子强调"制民之产"的重要性，将"养生丧死无憾"视作王道的开端。《管子》一书集中吸收先秦各学派思想，在《治国》《牧民》诸篇中提出"治国之道，必先富民""仓廪实则知礼节，衣食足则知荣辱"，表明共同富裕的观点已突破儒家学术范围，上升为整个知识界的思想共识。自两汉以后，大量的思想家和政治家继承发扬了先秦的富民思想，如西汉贾谊说"民不足而可治者，自古及今，未之尝闻"，表达了富民在治国中的重要性。这些古代先贤的论述均在一定程度上蕴含了"共同富裕"的理念。

近代以来，受古代"大同"思想的启发，许多有为志士孜孜追求着国家富强、百姓富足的盛世图景。康有为在《大同书》中设想了一个没有差别、没有等级、没有剥削、各有所得所乐的理想社会。中国民主革命先行者孙中山先生也高扬"天下为公"的大旗，提出民族主义、民权主义、民生主义，追求财产公有，各尽所能，各取所需。其中，民生主义是孙中山的"社会革命纲领"，解决的就是中国的民富问题。

除思想家的观点以外，《诗经》中"适彼乐土""适彼乐国"的呼声，先秦时期农家的"并耕而食"理想，陈胜、吴广起义提出的"苟富贵，无相忘"，东汉黄巾起义提出的"致太平"，都包含着朴素的平均财富诉求。北宋王小波、李顺起义"吾疾贫富不均，今为汝均之"的号召，南宋钟相、杨幺领导的农民起义宣扬的"我行法，当等贵贱、均贫富",明末农民起义首领李自成公开打出的"均田免粮"旗号,集中反映了广大贫苦农民的愿望。晚清时期太平天国运动希望建立一个"有田同耕,有饭同食,有衣同穿,有钱同使,无处不均匀,无人不饱暖"的理想社会。这些中国历代农民起义提出的口号和纲领,均体现了中国古代社会对"共同富裕"的追求,也反映了中国传统文化的重要价值原则。

(二) 封建王朝时期的富民政策主张

古代思想家对关于如何"富民"与"均财富"也提出了独到的见解。孔子至卫国时提出安置百姓应先"富之"再"教之"的见解。《荀子·富国》中"足国之道:节用裕民,而善臧其余"以及"故明主必谨养其和;节其流;开其源;而时斟酌焉"的论述表达了荀子通过"开源节流""节用裕民"达到富国、富民目的的思想。《晏子春秋·内篇问上》中通过"〔古之盛君〕其取财也,权有无,均贫富,不以养嗜欲"表达了国君应根据负担能力,对穷人与富人合理征收赋税的观点。

除了思想家,古代统治阶级也出台了相关的"富民政策"。西周时期统治者吸取了商王朝灭亡的教训,采用了井田制加劳役地租的农奴制生产方式。农奴自此有了小块土地的使用权,有了一定的经济自由。这是中国富民思想萌芽的社会土壤。春秋时期,提出了"薄敛"的财政思想。汉初统治者为提升国力和民力实行了"轻徭薄赋"政策,通过"减赋"政策改善基层百姓生活,为西汉初年的经济发展以及提高国力做出了不朽的贡献。北魏时期,孝文帝实施了将无主土地按人口分配土地的"均田制",在一定程度上损害了旧地主阶级的利益,有助于改善农民的生活条件。北宋时期,王安石变法中的"青苗法"灵活地将常平仓、广惠仓的储粮折算为本钱贷给农民和城市手工业者,在增加了政府财政收入的同时也缓和了民间高利贷盘剥的现象,改善了北宋"积贫"的现象。清朝政府实施的"摊丁入亩"赋税制度减轻了无地、少地农民的经济负担,劳动者有了较大的人身自由,对当时的社会经济发展产生了积极的推动作用。

(三) 封建王朝时期富民政策的启示

中国古代的富民政策在一定情况下给予了人民一定程度的自我发展的条件,也暂时地缓解了社会阶级矛盾,促进了社会经济的恢复与发展。但这种富民政策多是作为历代统治者政治目的经济体现而被不断提出的,其本意是要维护地主阶级的统治,保证封建社会的长治久安。剥削阶级的本性常常会和它的本意相背离,而这便使富民只限于口头上的轻税政策在许多时候难以实现,只能是为历代思想家所不断重复的理想。中国封建王朝时期的富民政策对当下的启示主要在于,首先要坚持以人为本,谋求经济持续发展;其次要重视民生建设,提升民众的福利水平。

二 中国共产党关于共同富裕的思想及实践探索

(一) 党在新民主主义革命时期对共同富裕的探索

中国共产党关于"共同富裕"的表述最早出现在1953年《中共中央关于发展农业生产合作社的决议》之中。但中国共产党人早在党成立之初就已对共同富裕问题进行了初步思考。党的早期领导人陈独秀在《新青年》发表的《法兰西与近世文明》一文中提出"财产私有制虽不克因之遽废,然各国之执政及富豪,恍然于贫富之度过差,决非社会之福"的观点。李大钊在对未来社会主义进行构想时明确指出,"社会主义是要富的,不是要穷的"[1],要使"人人均能享受平均的供给,得最大的幸福"[2]。

在不断推进新民主主义革命的实践中,中国共产党人以马克思主义为指导,逐渐认识到只有通过暴力革命,才能改变国家积贫积弱的现状。土地革命战争时期,中国革命重心由城市转入农村,中国共产党人一方面继续探索人民长期贫困的根源,另一方面发动广大

---

[1] 中国李大钊研究会编注:《李大钊文集》第四卷,人民出版社1999年版,第334页。
[2] 中国李大钊研究会编注:《李大钊文集》第四卷,人民出版社1999年版,第22页。

农民"打土豪、分田地",通过土地所有制变革消除贫穷。中国共产党在中央苏区实行完全免费的儿童普及教育,开展社会救助工作。在陕甘宁边区,中国共产党将农业生产作为经济建设第一位的任务,通过合作社的形式把农民组织起来发展生产。在抗日战争时期,党在抗日革命根据地积极开展"发展经济,保障供给"的大生产运动,积极发展革命根据地经济。通过实行农业劳动互助发展合作经济,实行"地主减租减息、农民交租交息"的政策保障军队的给养和供给,改善百姓生活水平。解放战争时期,党在解放区领导开展土地改革运动,先后颁布《关于土地问题的指示》《中国土地法大纲》等,彻底实现了"耕者有其田"和农民翻身当家作主,从根本上消除了人民经济上受剥削和政治上受压迫的"总根源",为实现共同富裕创造了根本社会条件。

(二)党在社会主义革命和建设时期对共同富裕的探索

中华人民共和国成立后,在领导全党、全国人民进行社会主义建设的伟大进程中,毛泽东为实现全体人民大众的共同富裕而谋略全局,初步奠定了符合中国国情的社会主义共同富裕理论的基本架构。党在1953年通过的《中共中央关于发展农业生产合作社的决议》中首次提出"使农民能够逐步完全摆脱贫困的状况而取得共同富裕和普遍繁荣的生活"[1],开始了对共同富裕的初步探索实践。1955年,毛泽东在《关于农业合作化问题》的报告中第一次明确提出了"共同富裕"的概念。同年7月,在《农业合作化的一场辩论和当前的阶级斗争》的讲话中再次指出,要积极地领导农民走向社会主义道路,使每一位农民都要比以往的生活更富裕,并且要远远地超过现在的富裕。同年10月,在《在资本主义工商业社会主义改造座谈会上的讲话》中指出:"现在我们实行这么一种制度,这么一种计划,是可以一年一年走向更富更强的,一年一年可以看到更富更强些。

---

[1] 《建国以来重要文献选编》第四册,中央文献出版社1993年版,第662页。

而这个富,是共同的富,这个强,是共同的强,大家都有份。"① 毛泽东指出,只有依靠走社会主义道路,才能实现共同富裕,更重要的是要将农民的富裕放在共同富裕的首位。到 1956 年,党领导人民完成了社会主义"三大改造",确立了社会主义基本经济制度。公有制主体地位的确立,为消除贫困奠定了坚实的制度基础,为中国的经济发展建立了完整独立的工业体系、国防体系和国民经济体系,为加快国家发展、实现共同富裕奠定了坚实的制度基础。

从完成社会主义"三大改造"到改革开放期间,党在思想认识层面错误地将共同富裕等同于平均主义,强调绝对平均。1957 年反右派斗争扩大化后,党内出现了将按劳分配原则及差别工资制等同于"资产阶级法权"的错误认识,主张搞分配上的平均主义。收入分配呈现平均化倾向,严重弱化和扭曲了激励机制,挫伤了人民的生产积极性,导致产生了低水平的经济平等,收入增长缓慢。当公平与效率发生冲突的时候,往往以公平优先,导致"共同有余、富裕不足"。

(三)党在改革开放和社会主义现代化建设新时期对共同富裕的探索

党的十一届三中全会之后,中国进入了改革开放和社会主义现代化建设新时期。以邓小平为主要代表的中国共产党人继续在中国特色社会主义道路上砥砺前行,对党的共同富裕思想展开了广泛深刻的探索。1978 年 12 月,邓小平在《解放思想,实事求是,团结一致向前看》中提到"在经济政策上,我认为要允许一部分地区、一部分企业、一部分工人农民,由于辛勤努力成绩大而收入先多一些,生活先好起来"②,提出了"允许一部分人先富起来"的战略构想。1984 年 10 月,党的十二届三中全会首次将"先富""后富"的政策写进党的正式文件,提倡以先富产生的示范效应促进后富。在开创

---

① 《毛泽东文集》第六卷,人民出版社 1999 年版,第 495 页。
② 《邓小平同志论改革开放》,人民出版社 1989 年版,第 12 页。

中国特色社会主义过程中，邓小平在总结社会主义建设经验的基础上，于1990年12月提出了实现共同富裕的目标要求，指出"社会主义最大的优越性就是共同富裕，这是体现社会主义本质的一个东西"。1992年年初，邓小平南方谈话提出"社会主义的本质，是解放生产力，发展生产力，消灭剥削，消除两极分化，最终达到共同富裕"①，揭示了社会主义的本质。邓小平对共同富裕的阐释，不仅承接了毛泽东和我们党的一贯主张，而且把共同富裕提到了社会主义本质要求的高度，进一步明确了实现共同富裕是社会主义制度优越性的重要体现。

在改革开放、不断拓展中国特色社会主义事业过程中，我们党始终坚持共同富裕的发展方向和目标要求。为进一步解放和发展生产力，在促进经济发展的基础上走向共同富裕，江泽民明确强调，实现共同富裕是绝不能动摇的社会主义原则，提出了"兼顾效率与公平"的思想，强调"既鼓励先进，促进效率，合理拉开收入差距，又防止两极分化，逐步实现共同富裕"②。21世纪以来，中国经济社会发展出现了新的特点，胡锦涛对此提出了"妥善处理效率和公平的关系，更加注重社会公平"的思想，强调"在促进发展的同时，把维护社会公平放到更加突出的位置，综合运用多种手段，依法逐步建立以权利公平、机会公平、规则公平、分配公平为主要内容的社会公平保障体系，使全体人民共享改革发展成果，使全体人民朝着共同富裕的方向稳步前进"③。改革开放以来，党的主要领导人都为实现共同富裕提供了符合社会发展实际的方针政策，为实现共同富裕起到了强大的推动作用。

（四）进入新时代以来党对共同富裕的探索

进入新时代以来，以习近平同志为核心的党中央团结带领全国各

---

① 《邓小平文选》第三卷，人民出版社1993年版，第373页。
② 《十四大以来重要文献选编》，人民出版社1996年版，第19页。
③ 《胡锦涛文选》第二卷，人民出版社2016年版，第291页。

族人民朝着共同富裕的目标不断迈进。习近平总书记立足于新的发展起点，多次阐述和强调实现共同富裕的原则和要求。2012年11月，习近平总书记指出"共同富裕是中国特色社会主义的根本原则，所以必须使发展成果更多更公平惠及全体人民，朝着共同富裕方向稳步前进"[1]。2013年11月，习近平总书记在湖南考察时提出了"精准扶贫"的战略。2014年10月又提出"消除贫困，改善民生，逐步实现全体人民共同富裕，是社会主义的本质要求"[2]。2015年8月提出"广大人民群众共享改革发展成果，是社会主义的本质要求，是我们党坚持全心全意为人民服务根本宗旨的重要体现。我们追求的发展是造福人民的发展，我们追求的富裕是全体人民共同富裕"[3]。同年10月提出"中国特色社会主义就是要建设社会主义市场经济、民主政治、先进文化、和谐社会、生态文明，促进人的全面发展，促进社会公平正义，逐步实现全体人民共同富裕"[4]。2017年1月提出"消除贫困、改善民生、实现共同富裕，是社会主义本质要求，是我们党矢志不渝的奋斗目标。打好脱贫攻坚战，是全面建成小康社会的底线任务"[5]。在打赢"脱贫攻坚战"之后，习近平总书记于2021年2月提出"推动改革发展成果更多更公平惠及全体人民，推动共同富裕取得更为明显的实质性进展"[6]。2022年1月，进一步指出"中国要实现共同富裕，但不是搞平均主义，而是要先把蛋糕做大，然后通过合理的制度安排把蛋糕分好，水涨船高、各得其所，

---

[1] 习近平：《紧紧围绕坚持和发展中国特色社会主义 学习宣传贯彻党的十八大精神——在十八届中共中央政治局第一次集体学习时的讲话》（2012年11月17日），人民出版社2012年版，第9页。

[2] 习近平：《全党全社会继续共同努力 形成扶贫开发工作强大合力》，《人民日报》2014年10月18日第1版。

[3] 《习近平关于社会主义社会建设论述摘编》，中央文献出版社2017年版，第34—35页。

[4] 《习近平关于社会主义社会建设论述摘编》，中央文献出版社2017年版，第6页。

[5] 《习近平春节前夕赴河北张家口看望慰问基层干部群众》，《人民日报》2017年1月25日第1版。

[6] 习近平：《在党史学习教育动员大会上的讲话》，《求是》2021年第7期。

让发展成果更多更公平惠及全体人民"①。2022年10月，习近平总书记在党的二十大报告中指出，中国式现代化是全体人民共同富裕的现代化。共同富裕是中国特色社会主义的本质要求，也是一个长期的历史过程。我们坚持把实现人民对美好生活的向往作为现代化建设的出发点和落脚点，着力维护和促进社会公平正义，着力促进全体人民共同富裕，坚决防止两极分化。这一系列关于共同富裕的重要表述和战略部署，完整勾勒了促进全体人民共同富裕的时间表、路线图，既体现了历史发展的延续性、连贯性，又顺应了新时代人民群众不断增长的美好生活需要。

（五）党在共同富裕探索过程中的教训总结

平均主义、大锅饭阻碍走好共同富裕道路。在社会主义发展的初期，由于我们在什么是共同富裕、怎样实现共同富裕问题上认识还不成熟，在实践中实行单一的分配制度，过于强调"一大二公"，一度陷入吃"大锅饭"、搞平均主义的泥潭，严重挫伤了人们的积极性，也制约了生产力的发展。中华人民共和国成立后的几十年间，人民群众的生活水平虽然不断有所改善，但直到1978年还处在温饱不足状态，仍有2.5亿农村居民的生活水平处于绝对贫困线以下。实践证明，超越发展阶段、搞平均主义，企图消灭一切差别，让所有社会成员同步富裕、同等富裕，势必导致共同落后、共同贫穷。历史教训警醒我们，共同富裕不等于平均主义，要在发展生产力和合理分配的基础上，分步实现共同富裕。

急于求成走不好共同富裕道路。中华人民共和国成立之初积贫积弱，人民群众迫切想改变生活，缩小与发达国家的差距，使得他们在行动上"大干快上"，导致了资源的严重浪费。人口多、底子薄决定了中国不可能只靠人民群众的满腔热情在短时期内改变现状。当前，中国仍处于社会主义初级阶段，共同富裕不能通过无条件、无

---

① 习近平：《坚定信心 勇毅前行 共创后疫情时代美好世界——在2022年世界经济论坛视频会议的演讲》（2022年1月17日），人民出版社2022年版，第9页。

差别、无步骤的整齐划一的绝对同步来实现，急于求成或一蹴而就实现共同富裕的想法和做法，既不符合经济社会发展的规律，也不符合中国处于社会主义初级阶段的国情，更不符合当前中国发展不平衡不充分的实际。扎实推进共同富裕，必须把按照经济社会发展规律办事的要求落到实处。

不能超越历史阶段推行单一社会主义公有制。中国在探索社会主义基本经济制度历程中，受理论与历史的限制，曾经将单一公有制当作社会主义经济制度的本质特征，建立了相对单一的包括全民所有制和集体所有制的公有制经济。相对单一的社会主义公有制经济结构，为实行计划经济体制打下了基础。然而，单一公有制基础上的计划经济体制管理化，对企业和劳动者缺乏激励机制，严重影响了劳动者的生产积极性，生产效率低下，不利于创造社会财富。改革开放后的实践证明，公有制经济控制国民经济命脉，维护着国计民生，保障着国家的经济安全，是提高人民生活水平的中坚力量；非公有制经济在繁荣经济、促进增长、推进创新、增加就业、改善民生等方面起到了不可替代的作用。实现共同富裕，必须不断完善公有制为主体、多种所有制形式共同发展的社会主义基本经济制度。

第二节　国外追求共同富裕的历史经验

贫困是一个世界性难题，消除贫困实现共同富裕是人类的共同理想。虽然西方社会与中国社会在"共同富裕"这一术语使用方面存在显著差异，但西方国家在其社会发展过程中也对"共同富裕"这一话题进行了长期的探索。

一　古代国外对共同富裕的探索

（一）古代国外对共同富裕的探索经验

从古代希伯来先知构想的"天堂"到柏拉图提出的"理想国"，

都体现出西方社会的"共同富裕"思想。柏拉图认为,一个正义的国家不是以达成某个阶级的特殊幸福为目标,而是为了实现全体公民的最大幸福。在柏拉图的理想国中,人们不但房子同住,吃饭同吃,甚至连家庭婚姻都由国家操办。纵观古代国外的"理想国"思想,究其根本也是一种我们人类至今所追求的"乌托邦"或"桃花源"式的自由、公正的理想国度,这种设想对我们关于共同富裕的理解有很好的启示作用。

随着人们对于美好社会生活的不断追求,西方的一些知识分子开始用理性来思考,从社会制度上去设计美好生活,产生和形成了空想社会主义思想。16世纪和17世纪,以欧洲为代表的西方世界产生了早期空想社会主义思想。托马斯·莫尔在其代表作《乌托邦》中第一次完整地描述了空想社会主义的图景,提出了以组织生产、普遍劳动为基础的公有制和平等的原则,奠定了空想社会主义的根基。托马斯·康帕内拉在《太阳城》中猛烈抨击了私有制产生的各种罪恶,主张废除私有制,实行财产公有制,以实现共同富裕。托马斯·闵采尔提出通过宗教改革的形式传播以暴力推翻封建制度,建立一个没有阶级差别、没有剥削和没有私有财产的社会。

18世纪和19世纪,西方世界又涌现出了蒲鲁东小资产阶级的社会主义、以傅里叶为代表的空想社会主义、以巴贝夫为代表的平均社会主义、德国空想社会主义和费边社会主义等各种空想社会主义。欧洲的空想主义者对资本主义制度作出了深刻的批判,并提出了按劳和按需分配的主张,体现了空想主义者对共同富裕理想的追求。

古典经济学家也对共同富裕进行了早期的探索。亚当·斯密在《国富论》中描绘了一幅不断提高人类整体福利水平的经济图景。大卫·李嘉图对土地私有制进行了反思,认为社会进步及人口增长的结果是社会财富越来越多地被地主所获得,导致分配比例严重失衡。约翰·穆勒从人类发展的状况出发,认为土地私有制等制度因素会造成不同个体之间的不平等,主张国家通过土地重新分配等再分配政策调整收入分配，极大地丰富了共同富裕的理论内涵。

（二）古代国外探索共同富裕的经验启示

古代国外探索共同富裕的经验构成了共同富裕理论的早期探索成果，同时也成为马克思共同富裕思想的重要理论来源。但空想主义者只集中在个别人身上，看不到无产阶级的力量，最终未能找到改造社会的动力。坚持唯物史观和唯物辩证法的立场、观点和方法是无产阶级政党进行革命与建设的重要方法指南，也是科学社会主义区别于空想社会主义的主要方面。因此，我们要始终坚持马克思主义理论的科学指导，持续解放生产力推动高质量发展，始终尊重与维护最广大劳动人民的利益，同时坚持和完善中国共产党的全面领导。

二　马克思主义经典作家对共同富裕的探索

（一）马克思和恩格斯的共同富裕思想

随着工业革命的发展，资本主义社会的基本矛盾也日益暴露。19世纪中叶，马克思、恩格斯在唯物史观和剩余价值学说的基础上，通过对前人思想特别是空想社会主义进行了批判和继承，创建了科学社会主义学说。马克思认为，人类社会历史形态的演进有客观规律，以共同富裕为基本特征的社会主义取代贫富极为悬殊的资本主义是历史发展的必然。马克思和恩格斯的共同富裕思想科学回答了共同富裕的基本特征与内涵、实现共同富裕的制度基础以及物质基础等多方面的问题。

（二）列宁和斯大林的共同富裕探索

19世纪末20世纪初，俄国的资本主义发展形式发生了重大变化，由自由资本主义发展成了帝国资本主义。面对资本主义带来的更深重的迫害，俄国变得越发贫穷。列宁指出工人阶级要获得解放，必须进行社会革命，将私有制变为公有制。只有依靠社会主义才能使全体人民过上富足的、衣食无忧的生活，也只有依靠社会主义才能实行真正的社会生产和产品分配。列宁看出了社会主义与资本主义致富的方法在本质上的差别,与资本主义使少数人富裕不同,社会主义是要全体人民在平等、合理分配的情况下都富裕起来。同时,列宁反对平均主义思想,指出"按照平均分配的原则来分配粮食会产生平均主义,这往往不利于提高生产"[①]。关于共同富裕问题,列宁很好地继承和坚持了马克思和恩格斯的思想理念,同时对马克思和恩格斯的共同富裕思想在实践中进行了创造性的丰富和发展。在如何建设共同富裕的社会主义方面,斯大林作了进一步探索,指出社会主义生产的目的是最大限度地满足人民日益增长的物质和文化需要。

(三) 马克思主义经典作家探索共同富裕的经验启示

马克思、恩格斯创建了科学社会主义学说,找到了无产阶级这一改造社会的根本动力,指出了实现共同富裕的根本路径,为社会主义革命指引了方向。在第一次推动社会主义建设的实践中,列宁基于对社会主义制度的认识以及当时的历史条件,就社会主义制度建成后如何推动共同富裕进程,开展了具有重要意义的探索。

三 现代资本主义国家的实践与探索

第二次世界大战之前,受所有制形态、经济运行方式和社会价值观念限制,体现"共同富裕"这一社会目标与社会追求的术语一般表达为"公共福利""公共幸福"和"社会公平"等。第二次世界大战以来,资本主义经济制度发生较大变化,生产资料所有权明显扩散,资本主义经济的计划性也开始发展。"福利国家"在西方国家普遍建立,"共同富裕"甚至成为一些西方国家政党的政治术语。

在实践层面,美国虽然是世界上最发达的国家,但财产和收入不平等引致的相对贫困问题也一直存在。自20世纪60年代开始,美国

---

① 《列宁全集》第四十一卷,人民出版社1986年版,第351页。

就立志解决这个问题。1964年，时任美国总统林登·约翰逊描述了创建"伟大社会"的愿景，发出了"向贫困无条件开战"的号召。此后，政府有关扶贫的大动作不断增加。1964年，美国《经济机会法案》建立并资助了各种帮助穷人寻找工作的计划。1965年，美国颁布《小学和中学教育法案》，为中小学提供更多的联邦资金，并为弱势儿童创建教育项目。同年签署《高等教育法》，增加对高校的联邦资助，为穷人提供奖学金和低息贷款，并成立了一支教师队伍为贫困地区的学校提供服务。1965年《住房和城市发展法案》中提供赠款以改善城市住房，并为穷人提供租金补贴。同时，约翰逊政府意识到美国的老年人是最贫穷和最弱势的公民之一，并通过《社会保障法》，开启为60岁以上老人支付医疗费用的计划。1968年进一步出台《民权法案》，禁止基于种族、肤色、国籍或宗教的住房歧视。尽管"伟大社会"未能完全消除苦难或增加公民权利，但它对人们的生活产生了重大影响。到约翰逊任期结束时，生活在贫困线以下的人口比例几乎减少了一半。虽然更多的有色人种继续生活在贫困之中，但贫困的非裔美国人的比例却急剧下降。

经历战败后，日本用了接近十年的时间实现了稳步的经济复苏和国际环境改善。与经济高增长相比，年均工资增速仅有5%，低工资使得劳资关系紧张，同时国民收入增长的滞后也抑制了内需，导致日本国民没能分享经济增长的红利，贫富差距日益拉大，地区发展极不平衡。1960年，池田勇人政府公布了"国民收入倍增计划"，希望借此解决该问题。根据国民收入倍增计划，日本计划在1961—1970年，通过提高国民经济各部门生产效率和效益，同时健全政府收入分配和社会保障机制等方式缩小收入差距，实现国民收入翻番和充分就业的目标。该计划强调缩小地区间的收入差距和发展不平衡问题的关键手段不在于转移支付，而是破除劳动力等要素流动的壁垒，使初次收入分配更加合理。10年之后，日本的经济结构持续优化，超预期完成了计划所提出的几乎所有经济目标。随着人口在地区间的自由流动，日本的地区收入差距也大幅下降。

瑞典、挪威、丹麦、冰岛和芬兰五国不仅是经济高度发达的国家，也是当今世界上收入差距最小的国家，是当今世界上平衡社会的典范，这很大程度上归功于这些国家强大的合作社部门。北欧合作社运动是在市场经济背景下兴起的，在市场竞争中处于弱势地位的一些北欧雇佣劳动者、小生产者和中低收入消费者等为了更好地满足自身的基本需求，选择通过合作社这种组织形式取得合力以同垄断市场谈判权力的强者相抗衡。一方面，北欧合作社通过满足生产、销售、消费、融资创造与维持生产性就业创造巨大财富，也较为平等地分配财富。另一方面，通过满足就业社会融入，体面或有尊严地劳动以及居住，男女平等与民族平等，环保，人身和财产安全保障，儿童、老年人、残疾人、疾病患者等的照护等多方面需求来提升人民群众的幸福感，较好地体现了共同富裕的理论内涵。

美国和日本在中等收入群体扩大过程中积累了丰富的经验和教训，值得中国研究。第一，中等收入倍增需要把"蛋糕"做大、提升初次收入分配占比，所以较高的经济增长、稳定的国内国际环境是实现中等收入倍增的前提。第二，大力发展制造业是充分就业的重要保障、合理的产业结构是保障充分就业的必要条件。根据美国和日本的经验，随着制造业的发展，两个国家的失业率都降至历史低位，中等收入群体占比不断提升。第三，不断提升人力资本是改善初次收入分配的必要条件。无论是美国约翰逊政府的"伟大社会"，还是日本的"国民收入倍增计划"，均强调加大对教育培训的支持力度。第四，政府主导的二次、三次收入分配虽然不应成为影响全社会收入分配的决定因素，但要有助于缓解社会差距的拉大。

第二篇
动态监测篇

第四章 浙江共同富裕"三大差距"及结构变革关键指标研究

根据《中共中央 国务院关于支持浙江高质量发展建设共同富裕示范区的意见》，浙江建设共同富裕示范区，要以解决地区差距、城乡差距、收入差距问题为主攻方向。此外，还要立足中国式现代化建设全局，推动社会结构、供给结构、需求结构、效率结构"四重结构"变革，在高质量发展中实现共同富裕。当前，锁定"三大差距"及"四重结构"变革的关键指标之锚，是深入开展共同富裕评价以及推动浙江高质量发展建设共同富裕示范区的关键。

第一节 衡量"三大差距"的关键指标遴选及测度方法

习近平总书记在《求是》发表《扎实推动共同富裕》一文，明确了中国推动共同富裕的阶段性目标：到"十四五"末，全体人民共同富裕迈出坚实步伐，居民收入和实际消费水平差距逐步缩小；到2035年，全体人民共同富裕取得更为明显的实质性进展，基本公共服务实现均等化；到本世纪中叶，全体人民共同富裕基本实现，居民收入和实际消费水平差距缩小到合理区间。其中，"收入""消费"和"基本公共服务"被视为关键领域，也应成为考察浙江"三大差距"的重要内容范畴。

一 收入差距

收入差距反映的是收入分配不公问题。对于收入差距的指标测度，常用的方法有基尼系数、库兹涅茨比率、普通离散系数测度法等。

一是基尼系数。基尼系数也称洛伦兹系数，是国际公认的衡量收入差距与社会分配不公的指标，[①] 可根据美国统计学家洛伦兹所提出的洛伦兹曲线计算。洛伦兹曲线的原理是，根据收入从低到高排序得出人口累计百分比和收入累计百分比的对应关系图，坐标系横轴是人口累计比例（%），纵轴是收入累计比例（%），如图4-1所示。基尼系数为洛伦兹曲线与45°对角线围成的面积和45°对角线以下的三角形面积之比，计算公式为：基尼系数 Gini = $S_1/(S_1+S_2)$。基尼系数的取值范围为 [0，1]，若不存在收入差距、收入分配完全公平时，基尼系数为0；若所有收入集中于一人或家庭时，则基尼系数为1，现实中大都处于0和1之间。根据公认的国际标准：基尼系数在0.2—0.3，收入分配相对平均，在0.3—0.4为相对合理，0.4为

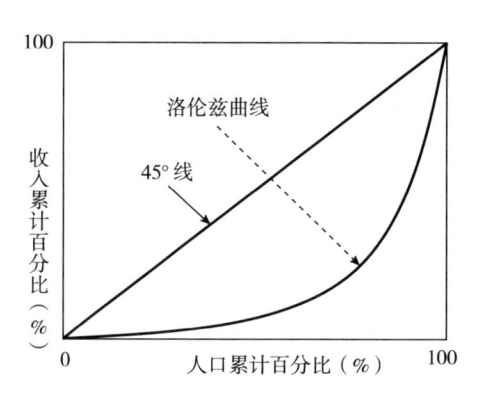

图4-1 基尼系数

[①] 刘培林、钱滔、黄先海、董雪兵：《共同富裕的内涵、实现路径与测度方法》，《管理世界》2021年第8期。

国际警戒线，若基尼系数大于 0.4，则说明收入差距较大。基尼系数是衡量收入差距的核心基础指标，但对微观数据要求较高，需要得到个体或者家庭收入分布调查数据，而且数据规模、数据来源不同也往往使得基尼系数测度结果存在较大差异。好在省级层面统计部门基本会发布这一指标，可根据基尼系数在浙江的可得性情况对其进行选择。

二是家庭收入离散指数。可通过计算家庭收入数据分布离散程度，将其作为收入分配不公平的测度指数。一是极差系数测度指数，利用地区家庭最高收入与最低收入之间的极差与算术平均值之比作为收入分配不公平程度测定指数，计算公式为：最高最低收入极差指数 =（地区家庭最高收入 - 地区家庭最低收入）/ 地区家庭收入平均值；二是标准差系数测度指数，即利用地区家庭收入标准差与收入的算术平均值之比，计算公式为：地区家庭收入标准差系数指数 = 地区家庭收入标准差 / 地区家庭收入平均值。对于上述两个指标而言，离散系数越大，收入差距越高。同基尼系数计算方法类似，这类指标计算同样对数据要求较高，需要全面调查或抽样调查个体微观数据。

三是中等收入群体规模占比。实现共同富裕必须努力扩大中等收入群体。[1] 根据《中华人民共和国国民经济和社会发展第十四个五年规划和 2035 年远景目标纲要》，在"十四五"时期"持续提高低收入群体收入，扩大中等收入群体"，到 2035 年"中等收入群体显著扩大"。根据国家统计局的 10 万—50 万元为中等收入群体的标准，可利用绝对份额比例法，计算浙江中等收入（50 分位数）群体规模占比，可构建"家庭年可支配收入 10 万—50 万元群体比例"和"家庭年可支配收入 20 万—60 万元群体比例"两个指标，分别作为"中等收入群体"及"中等偏上收入群体"规模的衡量指标。

---

[1] 蔡昉：《实现共同富裕必须努力扩大中等收入群体》，《经济日报》2020 年 12 月 7 日第 1 版。

四是收入五等分分组相对比率指数。可根据份额比例测度法（又称为库兹涅茨比率）进行计算，首先将收入从低到高进行排序，以某高分位点收入绝对数除以某低分位点收入绝对数可计算一个比率测度指数。常见的是对居民收入进行五等分分组，即将所有调查户按人均收入水平从低到高顺序排列，平均分为五个等份，处于最低20%的收入家庭为低收入组，以此类推依次为中间偏下收入组、中间收入组、中间偏上收入组、高收入组，计算不同分组相对比率指数，如"高收入组/低收入组""中间收入组/低收入组"等。这一方法的优点是无须获得全部的个体微观层面数据，即便仅有分组数据或部分数据残缺时，也可以利用此类方法描述收入分配不公平程度，以及进行静态、动态比较分析。除了对全体样本进行五等分分组，若数据可得，也可进一步对城市及农村人均可支配收入进行分组，考察城市或农村不同收入分组人均可支配收入占比情况，如"低收入城市人均可支配收入与城市人均可支配收入之比"和"低收入农户人均可支配收入与农村人均可支配收入之比"等。考虑到共同富裕最繁重的任务依然在农村，因此，此类方法中保留"低收入农户人均可支配收入与农村人均可支配收入之比"指标。

五是劳动报酬占GDP的比重，即劳动收入份额指标。劳动收入份额指的是劳动这一生产要素报酬在中国经济增长过程中所占的比重，通过劳动者工资总额或占GDP的比重或劳动者所得报酬占国民生产总值的比例计算，反映的是中国国民收入初次分配情况。近年来，劳动收入份额不断下降已成为共识，通过营造良好的市场环境，采取适当措施提高劳动在收入中所占的比例，是发挥初次分配作用、促进共同富裕目标实现的关键。[1] 因此，需要对"劳动报酬占GDP的比重"这一指标进行保留处理。但在应用中，需要注意缓解一些

---

[1] 白重恩、钱震杰：《国民收入的要素分配：统计数据背后的故事》，《经济研究》2009年第3期；李军鹏：《共同富裕：概念辨析、百年探索与现代化目标》，《改革》2021年第10期。

潜在统计问题，即中国收入法 GDP 中的劳动报酬指标包含了非公司业主的混合收入，采用了宽口径的概念，而联合国所推荐的 SNA1993 中的雇员报酬概念却并不包括混合收入，是窄口径的概念，并且 2004 年中国收入法 GDP 的统计口径本身也发生了变动。

六是财富差距，衡量指标为户均财富水平。财富差距体现了收入差距的累积效应，一般比收入差距更大。[1] 衡量家庭财富的常见指标有房产、金融资产、家庭耐用消费品等，而且房产、金融资产价值与资产价格密切相关。本书从家庭耐用品及房产两个角度，分别构造了"每百户家用汽车拥有量""人均住房面积"和"房价与居民人均可支配收入之比"的财富度量指标，与汽车拥有量相比，家庭房产相关指标更能反映居民的生活水平及财富水平，还剔除了资产价格变动因素，更为科学，考虑到"人均住房面积"无法反映居民收入与房价的匹配关系，本书最终保留了"房价与居民人均可支配收入之比"指标。

二 城乡差距

衡量城乡差距的关键指标除了城乡收入差距、消费差距、财产差距和享有基本公共服务差距，[2] 在城乡融合发展背景下，还应当包含部分影响城乡收入差距的重要因素，如反映农村剩余劳动力转移的城镇化率指标等。

一是城乡收入差距指标，包括城乡居民收入倍差和村级集体经济收入两个核心指标。一方面，对于城乡居民收入倍差指标，采用城市人均可支配收入与农村人均可支配收入比值计算。作为衡量城乡差距的基础性指标，这一指标在学术研究以及国家统计信息发布中

---

[1] 易行健、李家山、张凌霜：《财富不平等问题研究新进展》，《经济学动态》2021 年第 12 期。

[2] 李实、杨一心：《面向共同富裕的基本公共服务均等化：行动逻辑与路径选择》，《中国工业经济》2022 年第 2 期。

的应用较为成熟，①因此，本书对这一指标予以保留。需要说明的是，2013年之后统计口径有所变动，农村居民家庭人均纯收入统计口径变为人均可支配收入指标，因此需要在分析城乡收入差距变动趋势或者预测进程中考虑这一因素。另一方面，对于村级集体经济收入指标，采用集体经济年收入30万元以上且经营性收入15万元以上行政村占比、集体经济年经营性收入50万元以上行政村占比两个指标衡量。壮大村级集体经济，是农村走共同富裕路、实现乡村振兴的根本保障。2021年10月29日，浙江省农业农村厅出台的《关于加强农村集体资产管理的意见》提出，到2025年，要全面建成浙江省农村集体资产规范管理体系，基本消除浙江省集体经济年收入30万元且经营性收入15万元以下行政村，力争年经营性收入50万元以上行政村占比达到50%以上的重要目标。因此，在升级后指标体系中新增"集体经济年收入30万元以上且经营性收入15万元以上行政村占比"和"集体经济年经营性收入50万元以上行政村占比"两个指标。

二是城乡消费差距，衡量指标为城乡居民人均消费支出之比和城乡居民人均医疗保健消费支出之比两个指标。消费作为收入的函数，与收入存在较大相关性，在构建新发展格局的过程中，从消费视角审视城乡差距的缩小有着独特的意义，乡村消费水平的提升以及消费结构升级，有助于促进城乡融合发展，②扩大内需市场，促进形成国内大循环为主体的新发展格局。③鉴于此，从收入或消费维度考察城乡差距都具有可行性、数据也易得，但考虑到城乡收入差距和城乡消费差距两者的高度相关性，指标体系同时包含两者会造成指标

---

① 蔡昉：《城乡收入差距与制度变革的临界点》，《中国社会科学》2003年第5期；王少平、欧阳志刚：《我国城乡收入差距的度量及其对经济增长的效应》，《经济研究》2007年第10期。

② 周建、杨秀祯：《我国农村消费行为变迁及城乡联动机制研究》，《经济研究》2009年第1期。

③ 江小涓、孟丽君：《内循环为主、外循环赋能与更高水平双循环——国际经验与中国实践》，《管理世界》2021年第1期。

权重高估，本书未保留"城乡居民人均消费支出之比"这一整体性指标。然而，随着居民收入水平提高和消费领域不断拓展，全民对于健康消费的意识已经越来越强，考虑到城乡医疗保健消费支出存在隐含的不平等现象，有必要着力强化农村居民健康理念以及健康投资意愿。为此，在升级后指标体系中新增"城乡居民人均医疗保健消费支出之比"指标。

三是城乡基本公共服务差距。城乡基本公共服务存在较大差距，已成为共同富裕的短板与薄弱环节。[①] 鉴于基本公共服务的内容复杂性，其涉及教育、就业、社会保障、医疗卫生、住房保障、文化体育等诸多领域，计算城乡基本公共服务差距综合指数面临现实困难，可对重点基本公共服务供给领域的城乡差距进行测度。可以分别从基础教育、医疗、社会保障、基础设施建设四个方面构造"城乡基本公共服务均等化"指标：（1）基础教育方面，可构造的指标有"城乡教学硬件设施投入之比""城乡师生比之比"和"县域义务教育学校校际优质均衡差异系数"；（2）医疗方面，有"城乡每千农村人口乡镇卫生院床位数之比""城乡千人卫生技术人员之比""城乡每千人口拥有执业（助理）医师数之比"；（3）社会保障方面，有"农村基本医保覆盖率""城乡居民基本养老保险覆盖率"和"城乡每千名老人拥有社会养老床位数之比"等；（4）基础设施建设方面，有"城乡同质化供水覆盖率（普及率）""三级以上公路乡镇覆盖率"等。

浙江省第十五次党代会上明确提出，要深化"两进两回"，促进城乡要素双向自由流动和公共资源合理配置，加快实现城乡基础设施一体化、公共服务均等化等。其中，城乡教育优质均衡发展作为短板所在，应得到突出体现。浙江省教育厅等多部门共同发布的《关于新时代城乡义务教育共同体建设的指导意见》提出，各地要不

[①] 罗楚亮、李实、岳希明：《中国居民收入差距变动分析（2013—2018）》，《中国社会科学》2021 年第 1 期。

断完善适合区域实际的教共体模式和运行机制，合力打造全省域"城乡教共体、均衡又优质"的浙江方案、浙江样板。因此，为突出强调以及更好推进县域义务教育优质均衡发展，在升级后指标体系中新增"县域义务教育学校校际优质均衡差异系数"指标。

四是城镇化率，包括常住人口城镇化率和户籍人口城镇化率。城镇化率是国际通用的衡量城镇化水平的重要指标，虽然它从数字上表现为城镇人口占总人口的比重，但实质上反映的是一个经济体的要素空间结构、产业结构、就业结构等深层次经济、社会结构的演变状况，是促进居民收入增加和城乡差距缩小的主导因素。[①] 中国客观上存在着两个城镇化率：常住人口城镇化率和户籍人口城镇化率，计算方式与经济含义存在差别。常住人口城镇化率等于城镇常住人口数除以总人口数，反映的是一个地区的总人口中城镇常住人口所占的比例，主要来自农业剩余劳动力向城镇转移产生的流动人口；户籍人口城镇化率等于城镇户籍人口除以总人口数，反映的是一个地区的总人口中城镇户籍人口所占的比例。因此，常住人口城镇化率与户籍人口城镇化率的变动实质上分别反映了农业剩余劳动力向城镇流动"转移"和农村户籍人口到城镇"落户"的情况。[②] 受城乡二元体制影响，户口与基本公共服务供给高度挂钩，因此"户籍人口城镇化率"更强调城乡基本公共服务均等化和农业转移人口市民化质量问题。相比而言，"常住人口城镇化率"强调城乡要素流动和劳动资源的空间优化配置，更能从就业增收的视角体现乡村发展的内生动力特征，是缩小城乡差距的长期动力源泉。综上，两个指标皆可选择，考虑到"常住人口城镇化率"或"户籍人口城镇化率"两个指标的高度相关性及内容侧重，本书采用"常住人口城镇化率"进行度量。

[①] 蔡昉：《以农民工市民化推进城镇化》，《经济研究》2013年第3期。
[②] 李春生：《中国两个城镇化率之差的内涵、演变、原因及对策》，《城市问题》2018年第1期。

三 地区差距

衡量地区差距指标的选择，要着重注意避免与城乡差距的重复性。类似于"城乡"差距的度量指标，"地区"差距也从"空间"视角反映了共同富裕的差距来源。在具体内容范畴上，为避免同"城乡差距"的内容范畴重复，可进一步重点从 GDP、收入、消费的视角构造指标，比如区域人均 GDP 差异、区域人均可支配收入差异、区域人均消费支出差异等。但总体上，对于地区差距的衡量，首先要确保指标的选择具有区域间的可比性，由于不同地区存在显著的地理范围和人口规模差异，地区可比指标都应该是"人均"意义上的。

一是地区 GDP 与收入差距，衡量指标有"山区海岛县人均可支配收入与全省平均之比"和"地区人均 GDP 与全省平均之比""地区人均可支配收入最高最低倍差"。"山区海岛县人均可支配收入与全省平均之比"用于测算全省指数，可与全国层面其他同级行政区进行对比，后两者则计算了各市县人均 GDP 和人均可支配收入与全省均值之比，反映了浙江省内各地区差距情况，以上两类指标分别从浙江省整体、省内差距层面反映了地区差距缩小和共同富裕推进情况。考虑到"地区人均 GDP 与全省平均之比"与"地区人均可支配收入最高最低倍差"存在较大相关性，升级后的指标体系选取"地区人均可支配收入最高最低倍差"。最终，本书对"山区海岛县人均可支配收入与全省平均之比"和"地区人均可支配收入最高最低倍差"两个指标予以保留。

二是地区人均消费支出差异系数。利用变异系数法，分析地区变量的全局离散趋势，系数值越大，表明地区之间差异越大。因此，最终保留了"地区居民人均消费支出差异系数"这一指标。各地区的人均消费支出变异系数公式如下：

$$CV = \frac{1}{\bar{x}} \sqrt{\frac{\sum_{i=1}^{n}(x_i - \bar{x})^2}{n-1}}$$

其中，CV 表示地区人均消费支出差异系数，$\bar{x}$ 表示各地区人均消费支出值，x_i 表示第 i 个城市人均消费支出值，$n-1$ 表示自由度。

三是区域协调发展，采用区域交通一体化指标。较为科学的指标有"'1小时交通圈'人口覆盖率"及"城乡公交一体化率"等，均能从交通一体化视角反映区域平衡、协调发展水平。[①] 考虑到城乡交通一体化是短板所在，本书保留"城乡公交一体化率"指标。

第二节 衡量"四重结构"变革的关键指标遴选及测度方法

共同富裕是一场深刻的社会结构变革，要求不断扩大中等收入群体规模、逐渐形成橄榄型社会结构，体现了社会主义现代化建设的重要奋斗目标。与此同时，积极推动供给结构、需求结构、效率结构的"三重结构"升级，[②] 促进高质量发展以及构建新发展格局，则为社会主义现代化建设提供了实施路径。这意味着，共同富裕目标的实现与新发展格局构建、社会主义现代化建设是高度契合的，深刻体现了社会结构、供给结构、需求结构、效率结构"四重结构"变革的进程。

一 社会结构变革

衡量社会结构变革的有收入分配结构、人口结构、政府支出结构以及人口空间结构四类指标。

---

① 颜银根、倪鹏飞、刘学良：《高铁开通、地区特定要素与边缘地区的发展》，《中国工业经济》2020年第8期。
② 李雪松：《贯彻新发展理念，构建新发展格局》，《改革》2022年第6期。

一是收入分配结构指标，采用基尼系数衡量。鉴于相关指标内涵及测度方法已在前文"收入差距"关键指标部分充分阐释，在此不再赘述。

二是人口结构指标，衡量指标为劳动年龄人口占总人口的比重。这一指标能够衡量人口红利的释放潜力以及社会人口老龄化程度，劳动年龄人口比重越高，其对经济增长的贡献越大，社会老龄化程度也越低。这一指标更多地用于宏观层面，考虑到劳动力的流动以及空间转移，这一指标不宜用在浙江各城市区县层面。

三是政府支出结构，衡量指标为民生支出占一般公共预算支出的比例。民生是人民幸福之基、社会和谐之本。这一指标反映了政府在医疗、就业、教育、社会保障等重点领域的财政支出水平和倾斜力度，有助于为加快补齐基本公共服务供给短板、实现基本公共服务均等化提供稳定持续财力支持。围绕共同富裕示范区建设，2021年年底，财政部印发《支持浙江省探索创新打造财政推动共同富裕省域范例的实施方案》，为全国地方财政事业高质量发展提供浙江路径。在此背景下，这一指标应该得到充分重视和保留。

四是人口空间结构，采用城镇化率指标衡量。常见的指标有常住人口城镇化率以及户籍人口城镇化率，鉴于前文"城乡差距"部分已就城镇化率指标的内涵及测度方法进行了详细讨论，并保留了"常住人口城镇化率"指标，在此不再赘述。

二 供给结构变革

衡量供给结构变革的有产业结构、人力资本结构、研发创新结构和能源供给结构四类指标。

一是产业结构，衡量指标有数字经济核心产业增加值占 GDP 的比重、数字经济产值规模占 GDP 的比重、高技术制造业增加值占规模以上工业的比重、高新技术产业产值占 GDP 的比重等指标。国务院印发的《"十四五"数字经济发展规划》，对数字产业发展的阶段目标提出了预期，常用的反映数字经济发展的指标有"数字经济核心产业增加值占 GDP 的比重""数字经济产值规模占 GDP 的比重"两个指标，前者界定范围更为清晰。根据国家统计局《数字经济及其核心产业统计分类（2021）》，数字经济核心产业是指为产业数字化发展提供数字技术、产品、服务、基础设施和解决方案，以及完全依赖于数字技术、数据要素的各类经济活动，可分为数字产品制造业、数字产品服务业、数字技术应用业和数字要素驱动业四个大类。后者范围界定存在争议，故采用"数字经济核心产业增加值占 GDP 的比重"反映数字经济发展指标。另外，在高技术产业相关指标的选择中，高技术制造业增加值占规模以上工业的比重、高新技术产业产值占 GDP 的比重两者统计范畴不同，从统计口径看，前者偏重制造业，后者侧重于制造业、服务业的全口径统计；从统计标准看，高新技术产业是省级分类，各省份有自己的分类标准，全国不统一，而高技术产业是全国统一的分类标准。考虑到指标的全国可比性，研究采用"高技术制造业增加值占规模以上工业的比重"这一指标。

二是人力资本结构，衡量指标有高新技术产业就业人数占比、技能人才占从业人员的比重、每十万人中拥有大专及以上文化程度人数。三者分别反映了高技术产业就业规模、技能人才需求、平均受教育程度，浙江省是中国制造业最为发达的省份之一，对技能人才需求较大，因此有必要保留"技能人才占从业人员的比重"这一指标。另外，考虑到高新技术产业划分各省标准不统一，相关产业的就业类指标暂不考虑。地区平均受教育水平反映了人力资本积累的情况，是未来"新人口红利"的重要来源，这一指标也可以保留，与技能人才指标相辅相成。

三是研发创新结构，衡量指标有 R&D 人员投入总量、R&D 经费支出占 GDP 的比重、每亿元 GDP 发明专利授权量、每万人口高价值发明专利拥有量、新产品总产值。前两者反映了创新投入，后三者则表示创新产出。一方面，从创新投入看，研究与试验发展（R&D）人员及经费投入是衡量地区核心竞争力、社会经济发展和技术进步的关键指标，[①] 不过，R&D人员投入总量反映了投入的总量，与地区经济发展和人口规模相关，R&D经费支出占GDP的比重则剔除了经济规模因素的影响，使得指标区域可比。另一方面，从创新产出看，采用专利衡量创新产出水平是通行做法，而在其中发明专利价值也被认为大于实用新型、外观设计专利。[②] 另外，地区新产品总产值能够更直接衡量创新产值水平，但相关指标缺乏直接统计，需要微观企业新产品产值加总计算，数据获取较为困难，缺乏操作性。为避免重复，本书基于创新投入视角保留"R&D经费支出占GDP的比重"指标，其他指标备选。

四是能源供给结构，衡量指标有煤炭占一次能源供给的比重、非化石能源占一次能源供给的比重、煤电占装机总容量的比重、新能源发电占装机总容量的比重等。根据中国碳达峰碳中和"1+N"政策体系以及"十四五"现代能源体系规划要求，稳步推动煤炭消费比重下降、大力提升风电光伏等新能源发电利用率，不断优化能源结构，这是实现减污降碳协同增效，统筹推进生态环境保护与高质量发展的必由之路。[③] 考虑到能源结构以煤为主是中国的基本国情，因此，在推动能源结构转型和碳达峰、碳中和目标实现进程中，坚决避免"一刀切"、千方百计保障能源供应安全应属长期政策，短期内很难取得实效，因此未保留能源结构转型方面的指标。

三 需求结构变革

衡量需求结构变革的有投资结构、消费结构与对外贸易结构三类

[①] 白俊红等：《研发要素流动、空间知识溢出与经济增长》，《经济研究》2017年第7期。

[②] 龙小宁、王俊：《中国专利激增的动因及其质量效应》，《世界经济》2015年第6期。

[③] 张希良、黄晓丹、张达等：《碳中和目标下的能源经济转型路径与政策研究》，《管理世界》2022年第1期。

指标。

一是投资结构，衡量指标有房地产投资占总投资的比重、新基建投资占总投资的比重、高技术制造业投资占制造业投资的比重等。作为"三驾马车"的重要组成和促进经济增长的"投入"型指标，投资是促进 GDP 稳定增长的重要动力支撑，但这一指标与宏观调控政策密切相关，而且受国内外环境影响在不同年份波动较大，各地区也会根据自身经济社会发展情况制订短期投资计划，[①] 因此不适宜作为一个长期观察指标纳入共同富裕评价指标体系，仅将 GDP 相关"结果"型指标纳入便可。故本书未保留投资结构类相关指标，将人均 GDP 指标纳入便能反映真实的做大"蛋糕"的情况。

二是消费结构，衡量指标有恩格尔系数、人均文教娱乐消费支出占比、人均服务性消费支出占比、居民人均教育文化娱乐消费支出占生活消费支出的比重等。消费类指标是民生的重要反映。其中，"恩格尔系数"是食品支出总额占个人消费支出总额的比重，恩格尔系数的提升意味着消费升级步伐加快，居民消费品质要求不断提高，消费方式也由实物消费更多地转向服务消费。进一步，在服务类消费中，"人均文教娱乐消费支出占比""人均服务性消费支出占比"以及"居民人均教育文化娱乐消费支出占生活消费支出的比重"指标从文教娱乐消费、整体性服务消费支出方面，反映了家庭居民消费转型升级情况，不仅体现了物质生活水平的改善，还有助于反映精神富裕的改观。考虑到不同地区服务性消费支出差距较大，以及"人均文化娱乐消费支出占比"无统一规范的统计口径和计算方法，且目前仅能算至省级层面，相比而言，指标"居民人均教育文化娱乐消费支出占生活消费支出的比重"数据来源于国家统计局浙江调查总队，该指标有统一规范的口径和调查方法，数据具有权威性和可获取性，作为目标指标具备可操作性。因此，消费结构类指标仅

---

① 林毅夫、巫和懋、邢亦青：《"潮涌现象"与产能过剩的形成机制》，《经济研究》2010 年第 10 期。

保留了"恩格尔系数"和"居民人均教育文化娱乐消费支出占生活消费支出的比重"两个指标。

三是对外贸易结构，衡量指标有服务贸易占贸易总额的比重、具体商品贸易占货物贸易总额的比重。贸易结构是指某一时期贸易的构成情况，广义的贸易结构是指贸易中货物贸易和服务贸易的构成情况，而狭义的贸易结构主要是指一定时期内货物贸易中各种商品的构成情况。这一指标不仅在浙江各地区差别较大，而且在全国层面，中国出口贸易区域结构分布也极不均衡，而且具有长期稳定性，主要集中于东南沿海地区。考虑到指标的可比性以及未来全国复制推广的价值，故本书未保留贸易类指标。

四　效率结构变革

衡量效率结构变革的有资源能源利用效率、劳动生产率、全要素生产率和绿色全要素生产率四类指标。

一是资源能源利用效率，衡量指标有单位 GDP 水耗、单位 GDP 能耗和单位 GDP 二氧化碳排放。单位 GDP 水耗指标用以测度水资源利用效率，体现了地区经济活动中对水资源的利用程度，反映水资源消费水平和节水降耗状况，计算公式：单位 GDP 水耗＝总用水量/国内生产总值。单位 GDP 能耗用以测度能源利用效率，体现了对能源的利用程度，反映能源消费水平和节能降耗状况，计算公式：单位 GDP 能耗＝能源消费总量/地区生产总值。单位 GDP 二氧化碳排放反映了碳排放效率水平，计算公式：单位 GDP 二氧化碳排放＝碳排放总量/地区生产总值。碳达峰、碳中和背景下，为分别反映"能耗双控"及"碳排放双控"的目标要求，本书重点保留了"单位 GDP 能耗"和"单位 GDP 二氧化碳排放"两个关键指标。

二是劳动生产率，衡量指标有全员劳动生产率。全员劳动生产率，反映了一个地区所有从业者在一定时期内创造的劳动成果与其相适应的劳动消耗量的比值，用以衡量劳动力要素的投入产出效率。

计算公式为：全员劳动生产率＝GDP/年平均从业人员数。本书保留了这一指标，但在具体的应用中，可根据需要对不同地区、行业、企业全员劳动生产率进行测算。

三是全要素生产率。全要素生产率是宏观经济学的重要概念，也是分析经济增长源泉的重要工具，尤其是政府制定长期可持续增长政策的重要依据。[①] 常见的全要素生产率的测算方法有索洛残差法、经济计量法、基于非参数估计数据包络分析（DEA）的 Malmqusit 指数分解等。但各类测算方法存在较大差异，可能导致测算结果不一致，比如，全要素生产率的测算方法不统一，而且各有自身的约束条件，现实中往往难以满足。例如，索洛残差法用所谓的"残差"来度量全要素生产率，从而无法剔除掉测算误差的影响；经济计量法不再将全要素生产率视为残差，而是将其视为一个独立的状态变量进行回归分析，但系数估计面临着诸多内生偏误问题；非参数估计法只适合于面板数据，并不能单独估算出某一主体的全要素生产率增长，不利于对相关指标的动态追踪和比较。基于以上分析，本书暂未将全要素生产率指标纳入评价体系。

四是绿色全要素生产率，衡量指标有环境全要素生产率、碳全要素生产率。绿色全要素生产率能够反映地区生态环境保护与高质量协同发展的情况，[②] 对这一指标的测度通常采用非参数估计下的 Malmquist-Lenberger 指数，但指标的测度面临着没有考虑评估单位的异质性、存在不可行解、缺乏统计推论等问题。此外，碳全要素生产率主要反映单位能源（主要是煤炭）利用下的发电水平，[③] 是衡量能源利用效率和安全供应的重要指标，但这一指标的数据通常来自

---

① 郭庆旺、贾俊雪：《中国全要素生产率的估算：1979—2004》，《经济研究》2005年第6期。

② 王兵、吴延瑞、颜鹏飞：《中国区域环境效率与环境全要素生产率增长》，《经济研究》2010年第5期。

③ 张宁：《碳全要素生产率、低碳技术创新和节能减排效率追赶——来自中国火力发电企业的证据》，《经济研究》2022年第2期。

微观火电企业。综上,以上两个综合指标虽然在反映能源利用效率、高质量协同发展方面具有代表性,但与全要素生产率、能源利用效率指标内涵重合,而且限于数据以及方法假设条件过多,容易导致结果缺乏可比性,因此暂不考虑将其纳入评价体系。

第三节 关键指标保留及备选情况总结

一 "三大差距"关键指标保留及备选情况

根据本章对"三大差距"关键指标的分析,研究最终选择的指标有:一是衡量收入及财富差距关键指标,保留了"基尼系数""家庭年可支配收入(10万—50万元群体比例、20万—60万元群体比例)""低收入农户人均可支配收入与农村人均可支配收入之比""劳动报酬占GDP的比重"和"房价与居民人均可支配收入之比"等指标;二是衡量城乡差距关键指标,保留了"城乡居民收入倍差""城乡居民人均医疗保健消费支出之比""村级集体经济收入(集体经济年收入30万元以上且经营性收入15万元以上行政村占比、集体经济年经营性收入50万元以上行政村占比)""常住人口城镇化率"和"县域义务教育学校校际优质均衡差异系数"等指标;三是衡量区域差距关键指标,保留了"地区人均可支配收入最高最低倍差""山区海岛县人均可支配收入与全省平均之比""地区居民人均消费支出差异系数"和"城乡公交一体化率"等指标。

当然,本书所讨论的其他相关"三大差距"指标,可作为储备指标,为未来浙江共同富裕评价指标体系动态调整提供替代备选。发达地区价格水平和生活成本高于欠发达地区,导致地区之间实际差距低于名义差距,存在低估倾向。对浙江省而言,为避免地区差距被不当低估以及预留政策改善空间,本书重点考虑名义差距指标。当然,也可根据实际需要设定价格修正系数进行地区差距测度调整。

综上,衡量"三大差距"关键指标及保留情况见表4-1。

表 4-1　　　　　衡量"三大差距"关键指标及保留情况

"三大差距"	衡量"三大差距"关键指标		保留情况
收入差距	基尼系数	基尼系数	保留
	家庭收入离散指数	极差系数测度指数	备选
		标准差系数测度指数	备选
	中等收入群体规模占比	家庭年可支配收入10万—50万元群体比例	保留
		家庭年可支配收入20万—60万元群体比例	保留
	收入五等分分组相对比率指数	高收入组/低收入组	备选
		中间收入组/低收入组	备选
		低收入农户人均可支配收入与农村人均可支配收入之比	保留
	劳动收入份额	劳动报酬占GDP的比重	保留
	家庭财富差距	人均住房面积	备选
		房价与居民人均可支配收入之比	保留
		每百户家用汽车拥有量	备选
城乡差距	城乡收入差距	城乡居民收入倍差	保留
		村级集体经济收入（集体经济年收入30万元以上且经营性收入15万元以上行政村占比、集体经济年经营性收入50万元以上行政村占比）	保留
	城乡消费差距	城乡居民人均消费支出之比	备选
		城乡居民人均医疗保健消费支出之比	保留
	城乡基本公共服务差距	城乡教学硬件设施投入之比	备选
		城乡师生比之比	备选
		县域义务教育学校校际优质均衡差异系数	保留
		城乡每千人口拥有执业（助理）医师数之比	备选
		城乡每千农村人口乡镇卫生院床位数之比	备选
		城乡千人卫生技术人员之比	备选
		城乡每千名老人拥有社会养老床位数之比	备选
		农村基本医保覆盖率	备选
		城乡居民基本养老保险覆盖率	备选
		城乡同质化供水覆盖率（普及率）	备选
		三级以上公路乡镇覆盖率	备选
		城乡基本公共服务均等化满意度（主观）	备选
	城镇化率	常住人口城镇化率	保留
		户籍人口城镇化率	备选

续表

"三大差距"	衡量"三大差距"关键指标		保留情况
地区差距	地区GDP与收入差距	山区海岛县人均可支配收入与全省平均之比	保留
		地区人均可支配收入最高最低倍差	保留
		地区人均GDP与全省平均之比	备选
	消费支出差异	地区居民人均消费支出差异系数	保留
	区域协调发展	"1小时交通圈"人口覆盖率	备选
		城乡公交一体化率	保留

资料来源：笔者整理。

二 "四重结构"变革关键指标保留及备选情况

根据本章对结构性变革关键指标的分析，通过综合比较，最终保留的关键指标有：一是社会结构变革关键指标，保留了"基尼系数""民生支出占一般公共预算支出的比例"和"常住人口城镇化率"；二是供给结构变革关键指标，保留了"数字经济核心产业增加值占GDP的比重""高技术制造业增加值占规模以上工业的比重""技能人才占从业人员的比重""R&D经费支出占GDP的比重"；三是需求结构变革关键指标，保留了"恩格尔系数"和"居民人均教育文化娱乐消费支出占生活消费支出的比重"；四是效率结构变革关键指标，保留了"单位GDP能耗""单位GDP二氧化碳排放"和"全员劳动生产率"。

当然，本书所讨论的其他相关结构性变革指标，亦可作为储备指标，为未来浙江共同富裕评价指标体系动态调整提供替代备选。

综上，衡量结构变革关键指标及保留情况见表4-2。

表4-2 衡量结构变革关键指标及保留情况

结构变革		衡量结构变革关键指标	保留情况
社会结构	收入分配结构	基尼系数	保留
	人口结构	劳动年龄人口占总人口的比重	备选
	政府支出结构	民生支出占一般公共预算支出的比例	保留
	人口空间结构	常住人口城镇化率	保留

续表

结构变革		衡量结构变革关键指标	保留情况
供给结构	产业结构	**数字经济核心产业增加值占 GDP 的比重**	保留
		数字经济产值规模占 GDP 的比重	备选
		高技术制造业增加值占规模以上工业的比重	保留
		高新技术产业产值占 GDP 的比重	备选
	人力资本结构	高新技术产业就业人数占比	备选
		技能人才占从业人员的比重	保留
		每十万人中拥有大专及以上文化程度人数	备选
	研发创新结构	R&D 人员投入总量	备选
		R&D 经费支出占 GDP 的比重	保留
		每亿元 GDP 发明专利授权量	备选
		每万人口高价值发明专利拥有量	备选
		新产品总产值	备选
	能源供给结构	煤炭占一次能源供给的比重	备选
		非化石能源占一次能源供给的比重	备选
		煤电占装机总容量的比重	备选
		新能源发电占装机总容量的比重	备选
需求结构	投资结构	房地产投资占总投资的比重	备选
		新基建投资占总投资的比重	备选
		高技术制造业投资占制造业投资的比重	备选
	消费结构	**恩格尔系数**	保留
		人均文教娱乐消费支出占比	备选
		居民人均教育文化娱乐消费支出占生活消费支出的比重	保留
		人均服务性消费支出占比	备选
	对外贸易结构	服务贸易占贸易总额的比重	备选
		具体商品贸易占货物贸易总额的比重	备选
效率结构	资源能源利用效率	单位 GDP 水耗	备选
		单位 GDP 能耗	保留
		单位 GDP 二氧化碳排放	保留
	劳动生产率	全员劳动生产率	保留
	全要素生产率	全要素生产率指数	备选
	绿色全要素生产率	环境全要素生产率	备选
		碳全要素生产率	备选

资料来源：笔者整理。

第五章 浙江共同富裕指标体系研究

共同富裕是社会主义的本质要求。党的十九届五中全会对扎实推动共同富裕作出了重大战略部署,《中华人民共和国国民经济和社会发展第十四个五年规划和2035年远景目标纲要》提出,支持浙江高质量发展建设共同富裕示范区。本书研究的指标体系以习近平新时代中国特色社会主义思想为指导,以习近平总书记关于共同富裕的重要论述为根本遵循,以全面落实《中共中央 国务院关于支持浙江高质量发展建设共同富裕示范区的意见》《浙江高质量发展建设共同富裕示范区实施方案(2021—2025年)》为指引,构建浙江高质量发展建设共同富裕示范区评价指标体系。

第一节 共同富裕总体目标与指标体系设计依据

党的十九大报告从两个阶段明确提出了全体人民共同富裕的目标:第一个阶段,从2020年到2035年,人民生活更为宽裕,中等收入群体比例明显提高,城乡区域发展差距和居民生活水平差距显著缩小,基本公共服务均等化基本实现,全体人民共同富裕迈出坚实步伐;第二个阶段,从2035年到本世纪中叶,全体人民共同富裕基本实现。《中共中央关于制定国民经济和社会发展第十四个五年规划和二〇三五年远景目标的建议》提出,展望2035年,人民生活更加美好,人的全面发展、全体人民共同富裕取得更为明显的实质性进展。

党的二十大报告明确指出，我们要实现好、维护好、发展好最广大人民根本利益，紧紧抓住人民最关心最直接最现实的利益问题，坚持尽力而为、量力而行，深入群众、深入基层，采取更多惠民生、暖民心举措，着力解决好人民群众急难愁盼问题，健全基本公共服务体系，提高公共服务水平，增强均衡性和可及性，扎实推进共同富裕。

《中共中央　国务院关于支持浙江高质量发展建设共同富裕示范区的意见》明确指出，浙江作为率先建设共同富裕示范区的省份，要建设成高质量发展高品质生活先行区、城乡区域协调发展引领区、收入分配制度改革试验区、文明和谐美丽家园展示区。到2025年，浙江高质量发展建设共同富裕示范区要取得明显实质性进展；到2035年，浙江高质量发展要取得更大成就，基本实现共同富裕。同年7月，《浙江高质量发展建设共同富裕示范区实施方案（2021—2025年）》提出了"四率先三美"的细化落实发展目标，旨在推动共同富裕理论创新、实践创新、制度创新、文化创新，构建共同富裕目标体系、工作体系、政策体系、评价体系，形成高质量发展建设共同富裕示范区的"四梁八柱"。2022年6月，浙江省第十五次党代会报告中强调，要忠实践行"八八战略"、在高质量发展中推进共同富裕和现代化。

第二节　共同富裕指标体系设计思路

根据党的二十大报告及习近平总书记关于"全体人民共同富裕"的一系列重要论述，实现共同富裕，既要做大"蛋糕"，又要分好"蛋糕"，要让全体人民切实感受到经济社会发展的各项成果，让全体人民有更多、更直接、更实在的获得感、幸福感、安全感，不断促进人的全面发展和社会文明进步。

共同富裕指标体系基本延续《浙江高质量发展建设共同富裕示

范区实施方案（2021—2025年）》中的一级指标框架，将经济高质量发展、城乡区域协调发展、收入分配格局优化、公共服务优质共享、精神文明建设、全域美丽建设、社会和谐和睦作为共同富裕评价指标体系的七个维度。

第一，经济高质量发展是实现共同富裕的根本。经济高质量发展是逐步实现共同富裕的基础和关键，实现共同富裕必须依靠高质量发展。党的二十大报告指出，经济高质量发展取得新突破是未来五年主要目标任务之一，并明确高质量发展是全面建设社会主义现代化国家的首要任务。实现共同富裕需要坚定不移地把发展作为第一要务，不断解放和发展社会生产力，在高质量发展中促进共同富裕，实现更平衡、更充分的发展。建设共同富裕示范区，要不断提高经济发展质量效益，充分发挥创新驱动作用，促使产业结构和消费结构升级。

第二，城乡区域协调发展是实现共同富裕的必由之路。促进城乡区域协调发展，缩小城乡差距、区域差距是促进共同富裕的重要途径。党的二十大报告明确提出，要着力推进城乡融合和区域协调发展。当前发展不平衡不充分问题仍然突出，建设共同富裕示范区，打造城乡区域协调发展引领区，要以协调发展战略为引领，推动新型城镇化与乡村振兴协同发展，加快补齐区域发展短板，推进落后地区奋起追赶，促使其发展进入"快车道"，进一步缩小区域差距。

第三，收入分配格局优化是实现共同富裕的主攻方向。共同富裕不是"杀富济贫"，而是一项畅通向上流动通道、优化收入分配结构的系统工程。党的二十大报告指出，分配制度是促进共同富裕的基础性制度。优化收入分配结构，是正确发挥人民群众的主观能动性，激发人民群众积极主动地通过奋斗实现共同富裕，形成共建共富动力的重要机制。建设共同富裕示范区，打造收入分配制度改革试验区，要发挥分配的功能和作用，注重完善分配制度、优化分配结构、理顺分配格局，提升劳动者技能，增加居民可支配收入，完善就业保障体系，扩大中等收入群体规模，提高中等收入群体的收入和财富水平。同时，增加低收入群体收入，改善收入差距，形成"中间大、两头小的橄榄型分配结构"。

第四，公共服务优质共享是实现共同富裕的条件。公共服务优质共享与人民群众生活密切相关，紧紧围绕"人民对美好生活的向往"，着力解决人民群众最关心、最直接、最现实的社会问题，可以不断增强人民群众的获得感、幸福感、安全感、认同感。党的二十大报告指出，必须坚持在发展中保障和改善民生，鼓励共同奋斗创造美好生活，不断实现人民对美好生活的向往。建设共同富裕示范区，要始终把人民利益摆在至高无上的地位，构建优质均衡的公共服务体系，促进基本公共服务均等化。同时，要建立科学的公共政策体系，重点加强基础性、普惠性、兜底性民生保障建设，在教育、医疗、养老、住房等人民群众最关心的领域精准提供基本公共服务，着力提高保障和改善民生水平，解决人民群众关心的现实利益问题。

第五，精神文明建设是实现共同富裕的灵魂。精神共富是共同富裕不可或缺的关键指标。习近平总书记曾指出，共同富裕是全体人民共同富裕，是人民群众物质生活和精神生活都富裕。随着人民生活水平不断提高，人民群众的精神文化需求迅速增长，呈现多样化、多层次、多方面的特点。实现共同富裕的目标，文化已经成为不可或缺的重要因素，而丰富人民群众的精神文化生活成为人们的热切愿望。精神文明是社会进步的显著标志，也是示范区建设成效的重要衡量标准。建设共同富裕示范区，推动文化高质量发展是促进精神共富的题中应有之义，要深刻把握精神文明建设新形势新要求，充分发挥博物馆、美术馆、体育馆等文体场馆的职能，搭建更丰富多样的文化实践平台和活动载体，满足人民精神文化生活新期待。

第六，全域美丽建设是实现共同富裕的基础。全域美丽建设是实现共同富裕的底色，洁净美丽的生态环境是美好生活的重要内容。习近平总书记指出，"良好生态环境是最公平的公共产品，是最普惠的民生福祉"①，"绿水青山不仅是金山银山，也是人民群众健康的重要保障"②。建设共同富裕示范区，要把生态环境保护作为发展之基，推动产业绿色转型，建立健全绿色生产体系，增强全社会节约意识、环保意识、生态意识，形成人人享有清新空气、洁净水体、人与自然和谐共生的共同富裕局面。

第七，社会和谐和睦是共同富裕实现的保障。社会和谐和睦是人类自古以来的梦想，体现了人民群众的普遍心声，为共同富裕的实现营造了良好的发展环境。面对高质量发展建设共同富裕示范区，各级党组织要深入践行新时代党的建设总要求和新时代党的组织路线，坚持统筹发展和安全，一体推进法治国家、法治政府、法治社会建设，加大风险管控力度，维护社会和谐稳定。

第三节　共同富裕指标体系构建

按照经济高质量发展、城乡区域协调发展、收入分配格局优化、公共服务优质共享、精神文明建设、全域美丽建设、社会和谐和睦的设计思路，围绕实现全体人民共同富裕的发展要求，本书构建了浙江高质量发展建设共同富裕示范区评价指标体系。其中，经济高质量发展是实现共同富裕的基础性指标，城乡区域协调发展、收入分配格局优化、公共服务优质共享三个维度是实现共同富裕的关键性指标，精神文明建设、全域美丽建设、社会和谐和睦三个维度是实现共同富裕的支撑性指标。该指标体系包括7个一级指标、21个二级指标、56个三级指标（见表5-1）。

---

① 中共中央宣传部、中华人民共和国生态环境部编：《习近平生态文明思想学习纲要》，学习出版社、人民出版社2022年版，第35页。
② 中共中央党史和文献研究院编：《习近平关于防范风险挑战、应对突发事件论述摘编》，中央文献出版社2020年版，第238页。

表 5-1　　　　　　　　　　浙江共同富裕指标体系

一级指标	二级指标	序号	三级指标	
经济高质量发展	经济效益	1	人均 GDP（万元）	
		2	全员劳动生产率（万元/人）	
		3	规模以上工业亩均税收（万元）	
	创新驱动	4	R&D 经费支出占 GDP 的比重（%）	
	产业升级	5	高技术制造业增加值占规模以上工业的比重（%）	
		6	数字经济核心产业增加值占 GDP 的比重（%）	
	消费升级	7	居民人均消费支出（元）	
		8	恩格尔系数（%）	
城乡区域协调发展	城乡协调	9	城乡居民收入倍差	
		10	常住人口城镇化率（%）	
		11	城乡公交一体化率（%）	
		12	城乡居民人均医疗保健消费支出之比	
		13	县域义务教育学校校际优质均衡差异系数	
		14	村级集体经济收入	集体经济年收入 30 万元以上且经营性收入 15 万元以上行政村占比（%）
				集体经济年经营性收入 50 万元以上行政村占比（%）
	区域协调	15	山区海岛县人均可支配收入与全省平均之比	测算全省指数时使用
			地区人均可支配收入最高最低倍差	测算地市指数时使用
		16	地区居民人均消费支出差异系数	
收入分配格局优化	劳动就业	17	劳动报酬占 GDP 的比重（%）	
		18	城镇调查失业率（%）	
		19	技能人才占从业人员的比重（%）	
	收入财富	20	居民人均可支配收入（万元）	
		21	房价与居民人均可支配收入之比	

续表

一级指标	二级指标	序号	三级指标	
收入分配格局优化	分配格局	22	居民人均可支配收入与人均 GDP 之比	
		23	家庭年可支配收入（家庭人口系数按普查结果确定）	10万—50万元群体比例（%）
				20万—60万元群体比例（%）
		24	基尼系数（%）	
		25	低收入农户人均可支配收入与农村人均可支配收入之比	
公共服务优质共享	托育服务	26	每千人口拥有3岁以下婴幼儿托位数（个）	
		27	普惠性幼儿园在园幼儿占比（%）	
	教育水平	28	儿童平均预期受教育年限（年）	
		29	高等教育毛入学率（%）	
	医疗养老	30	人均预期寿命（岁）	
		31	重大慢性病过早死亡率（%）	
		32	每千人口拥有执业（助理）医师数（人）	
		33	每千名老人拥有社会养老床位数（张）	
	社会保障	34	城镇住房保障受益覆盖率（%）	
		35	民生支出占一般公共预算支出的比例（%）	
		36	城乡居民最低生活保障平均标准（元/年）	
精神文明建设	文化设施	37	每万人拥有公共文化设施面积（平方米）	
		38	人均体育场地面积（平方米）	
	文化生活	39	每万人活跃志愿者率（%）	
		40	居民人均教育文化娱乐消费支出占生活消费支出的比重（%）	
	文明素质	41	社会诚信度（%）	
		42	国民体质合格率（%）	
		43	有礼指数	
全域美丽建设	生产生活	44	单位 GDP 能耗（吨标准煤/万元）	
		45	单位 GDP 二氧化碳排放（吨/万元）	
		46	生活垃圾分类处理率（%）	
		47	县级以上城市公园绿地服务半径覆盖率（%）	
	环境治理	48	PM2.5 平均浓度（微克/立方米）	
		49	地表水达到或好于Ⅲ类水体比例（%）	

续表

一级指标	二级指标	序号	三级指标
社会和谐和睦	党的建设	50	全面从严治党成效度（%）
		51	整体智治实现率（%）
	法治建设	52	万人成讼率（件/万人）
		53	律师万人比
	平安幸福	54	亿元生产总值生产安全事故死亡率（人/亿元）
		55	公众食品和药品安全满意度（%）：公众食品安全满意度（%）／公众药品安全满意度（%）
		56	群众获得感幸福感安全感满意度（%）

一 经济高质量发展维度

该指标包括经济效益、创新驱动、产业升级、消费升级4个二级指标。其中，经济效益是经济高质量发展的关键；创新驱动是经济高质量发展的重要动力；产业升级是推动经济高质量发展的重点；消费是拉动经济增长的第一动力，以消费升级引领经济高质量发展。下设8个三级指标。

经济效益主要从提升经济发展水平和产出效率等方面衡量。提升经济效益是确保经济高质量发展的关键，也是做大"蛋糕"的内在要求。因此，经济效益维度主要选取人均GDP、全员劳动生产率、规模以上工业亩均税收3个指标。

创新驱动主要从创新投入方面衡量。党的二十大报告强调，加快实施创新驱动发展战略。通过持续加大研发投入增强创新驱动力，有助于打造高质量发展示范区。因此，创新驱动维度主要选取R&D经费支出占GDP的比重1个指标。

产业升级主要以高技术产业、经济数字化推动产业结构升级，可以做实做强做优实体经济，夯实共同富裕的物质基础。因此，产业升级维度主要选取高技术制造业增加值占规模以上工业的比重、数字经济核心产业增加值占GDP的比重2个指标。

消费升级为经济高质量发展提供强大内生动力，主要从居民消费水平及消费结构方面衡量。党的二十大报告指出，着力扩大内需，增强消费对经济发展的基础性作用和投资对优化供给结构的关键作用。实施扩大内需战略，需要进一步促进消费升级，将其转化为推动经济高质量发展的动能和服务人民美好生活的实践。居民人均消费支出是体现居民生活水平和质量的重要指标。恩格尔系数是食品支出总额占个人消费支出总额的比重，恩格尔系数下降说明居民收入增加、生活品质及消费水平不断提高，同时也说明居民消费中非食物性支出在总体上升，消费结构逐步改善，消费逐步升级。因此，消费升级维度主要选取居民人均消费支出、恩格尔系数2个指标。

二 城乡区域协调发展维度

该指标包括城乡协调、区域协调2个二级指标。其中，突出城乡之间、区域之间居民收入水平及经济水平差距方面的指标。下设8个三级指标。

城乡协调发展是促进共同富裕的主要路径之一，其关键任务是缩小城乡收入差距、推进新型城镇化建设以及提升城乡一体化水平。同时，补齐农村地区医疗、教育等方面的短板以及促进农村经济发展也是促进城乡协调发展的重要任务。随着居民收入水平提高和消费领域不断拓展，居民消费结构持续优化升级，同时也刺激了医疗领域的消费，从健康体检到康养度假、从健康运动到健康保健品，全民对于健康消费的意识已经越来越强。然而，在当前城乡收入差距仍然存在的前提下，城乡医疗保健消费支出存在隐含的不平等现象，尤其需要着力强化农村居民健康理念以及健康投资意愿。中共中央、国务院印发的《中国教育现代化2035》对县域义务教育优质均衡发展提出了具体要求。浙江省教育厅等多部门共同发布的《关于新时代城乡义务教育共同体建设的指导意见》提出，各地要不断完善适合区域实际的教育共同体模式和运行机制，合力打造全省域

"城乡教育共同体、均衡又优质"的浙江方案、浙江样板。村级集体经济是社会主义公有制经济在农村的重要体现，是中国农村的基本经济形态。壮大村级集体经济，也是农村走共同富裕路、实现乡村振兴的根本保障。2021年10月29日，浙江省农业农村厅出台的《关于加强农村集体资产管理的意见》提出，到2025年，要全面建成浙江省农村集体资产规范管理体系，基本消除浙江省集体经济年收入30万元且经营性收入15万元以下行政村，力争年经营性收入50万元以上行政村占比达到50%以上的重要目标。因此，城乡协调维度主要选取城乡居民收入倍差、常住人口城镇化率、城乡公交一体化率、城乡居民人均医疗保健消费支出之比、县域义务教育学校校际优质均衡差异系数、村级集体经济收入（集体经济年收入30万元以上且经营性收入15万元以上行政村占比、集体经济年经营性收入50万元以上行政村占比）6个指标。

区域协调发展同样是促进共同富裕的主要路径之一，其关键任务是推动山海协作，缩小地区发展差距。习近平总书记在中央财经委员会第十次会议上提出了促进共同富裕的时间表：到"十四五"末，全体人民共同富裕迈出坚实步伐，居民收入和实际消费水平差距逐步缩小；到本世纪中叶，全体人民共同富裕基本实现，居民收入和实际消费水平差距缩小到合理区间。根据习近平总书记关于分阶段促进共同富裕的重要论述，居民消费支出和消费差距十分重要，因此在指标体系中选取了地区居民人均消费支出差异系数与居民人均消费支出两个指标。这两个指标所反映的情况也有所不同：前者主要衡量的是地区之间居民消费水平的差距，而后者主要是直接反映居民消费能力。因此，区域协调维度主要选取山区海岛县人均可支配收入与全省平均之比、地区人均可支配收入最高最低倍差、地区居民人均消费支出差异系数3个指标。

需要说明的是：在测算浙江省的指数时，使用山区海岛县人均可支配收入与全省平均之比指标，主要是考虑选取浙江省实施山海协作进而缩小区域发展差距的指标;在测算地市指数时,使用地区人均可支配收入最高最低倍差。

三 收入分配格局优化维度

该指标包括劳动就业、收入财富、分配格局3个二级指标。其中,劳动就业是实现收入分配格局优化的必要前提;收入财富是实现收入分配格局优化的关键变量;分配格局优化是实现共同富裕和改善民生的必然要求。下设9个三级指标。

劳动就业主要衡量劳动者技能水平及就业情况。党的二十大报告指出,要努力提高居民收入在国民收入分配中的比重,提高劳动报酬在初次分配中的比重。同时,还提出实施就业优先战略,健全终身职业技能培训制度,推动解决结构性就业矛盾。因此,劳动就业维度主要选取劳动报酬占GDP的比重、城镇调查失业率、技能人才占从业人员的比重3个指标。

收入财富主要从居民收入及拥有财富水平方面衡量,重点衡量居民收入水平以及居民收入和住房支出之间的匹配关系。因此,收入财富维度主要选取居民人均可支配收入、房价与居民人均可支配收入之比2个指标。

分配格局主要考虑的是家庭可支配收入群体占比。党的二十大报告指出,坚持多劳多得,鼓励勤劳致富,促进机会公平,增加低收入者收入,扩大中等收入群体。"扩中提低"是实现共同富裕的关键,浙江省第十五次党代会明确提出,要推动更多低收入群体进入中等收入群体行列。实现共同富裕,关键看农村,短板在低收入农户。因此,将增加低收入农户收入作为"扩中提低"的重要任务之一。分配格局维度主要选取居民人均可支配收入与人均GDP之比、家庭年可支配收入(10万—50万元群体比例、20万—60万元群体比例)、基尼系数、低收入农户人均可支配收入与农村人均可支配收入之比4个指标。

四 公共服务优质共享维度

该指标包括托育服务、教育水平、医疗养老、社会保障 4 个二级指标。统筹做好扶幼、教育、医疗、养老、住房、社保等各方面工作，满足人民群众的"幼有所育、学有所教、病有所医、老有所养、住有所居、弱有所扶"（"民生七有"中劳有所得方面的指标体现在收入分配格局优化维度）等方面的需求，这也是推进公共服务优质共享的基本要求。下设 11 个三级指标。

托育服务主要从"幼有所育"方面衡量。"幼有所育"是实现共同富裕的奠基工程，关键在于着力破解婴幼儿入托难题，推进学前教育均衡和公平。因此，托育服务维度主要选取每千人口拥有 3 岁以下婴幼儿托位数、普惠性幼儿园在园幼儿占比 2 个指标。

教育水平主要从"学有所教"方面衡量。教育是国之大计、党之大计。优先发展教育事业，促进教育公平，提升人民群众受教育水平，为共同富裕提供坚实保障。因此，教育水平维度主要选取儿童平均预期受教育年限、高等教育毛入学率 2 个指标。

医疗养老主要从"病有所医、老有所养"方面衡量。党的十八大以来，以习近平同志为核心的党中央把建设"健康中国"上升为国家战略。党的二十大报告指出，推进健康中国建设，把保障人民健康放在优先发展的战略位置，同时提出，促进优质医疗资源扩容和区域均衡布局，坚持预防为主，加强重大慢性病健康管理，提高基层防病治病和健康管理能力。其中，慢性病作为常见病，是影响中国人民群众健康的主要疾病，《"健康中国 2030"规划纲要》将"降低重大慢性病过早死亡率"作为中国慢性病防控工作的重要发展指标。《中共中央关于制定国民经济和社会发展第十四个五年规划和二〇三五年远景目标的建议》要求，必须针对老年人最迫切的需求，逐步建立以失能照护为主要内容的基本养老服务体系。随着人口老龄化不断加剧，养老服务需求快速增长，养老服务机构仍是当前社会化养老的重要方式。因此,医疗养老维度主要选取人均预期寿命、重大慢性病过早死亡率、每千人口拥有执业(助理)医师数、每千名老人拥有社会养老床位数 4 个指标。

社会保障体系是人民生活的安全网和社会运行的稳定器,也是实现共同富裕的制度保障,主要从"住有所居、弱有所扶"方面衡量。因此,社会保障维度主要选取城镇住房保障受益覆盖率、民生支出占一般公共预算支出的比例、城乡居民最低生活保障平均标准 3 个指标。

五 精神文明建设维度

该指标包括文化设施、文化生活、文明素质 3 个二级指标。其中,完善文化设施建设是推进精神文明建设的基础,文化生活体现人民群众对精神文明建设的直观感受,提高全民文明素质是推动精神文明建设的重要途径。下设 7 个三级指标。

文化设施主要从加强公共文化设施建设方面展开,做好面向人民群众开放的公共文化设施建设,尤其是配套完善高品质的文体设施,更好满足人民精神文化需求。因此,文化设施维度主要选取每万人拥有公共文化设施面积、人均体育场地面积 2 个指标。

文化生活需求是人民日益增长的美好生活需要的重要组成部分,推进人民群众精神文化生活不断丰富,不断增强人民群众的获得感和幸福感,促进文化供给稳步提质增效,是精神文明建设的出发点和落脚点。党的二十大报告明确提出"人民精神文化生活更加丰富,中华民族凝聚力和中华文化影响力不断增强"是未来五年主要任务之一。志愿服务是社会文明进步的重要标志,构建志愿服务精准触达机制被列入浙江省委高质量发展建设共同富裕示范区"1+5+N"重点改革清单和社会主义先进文化发展先行示范跑道五大重点任务之一,浙江省第十五次党代会明确要求"构建志愿服务精准触达机制",为科学考核评价各地各部门志愿服务领域发展不平衡不充分问题。同时，文化消费意识的不断增强，既是经济社会发展的必然结果，也是精神文明建设取得显著成就的重要体现。因此，文化生活维度主要选取每万人活跃志愿者率、居民人均教育文化娱乐消费支出占生活消费支出的比重2个指标。

文明素质水平是衡量一个地区乃至一个国家精神文明建设的重要指标。党的十九届五中全会明确提出了中国到2035年建成文化强国的战略目标。党的二十大报告提出了要提高全社会文明程度。精神文明建设离不开诚信这一道德基石，弘扬诚信文化、健全诚信建设长效机制，是提高社会文明程度的主要内容。人民群众的体质和心理素质增强是社会文明进步的重要标志，也是提升国民素质的重要工作。"有礼指数"为宣传部在全国首创的指标，是较为综合的指标，旨在推动"浙江有礼"标志性成果。这一指标主要是对省域或区域"有礼"状况的综合评价，也是"浙江有礼"省域文明新实践推进情况的工作评价。突出以人的现代化为核心，对区域推动形成适应新时代要求、彰显浙江特质、符合高质量发展建设共同富裕示范区之义的思想观念、精神面貌、文明风尚、行为规范的状况作出评价。因此，文明素质维度主要选取社会诚信度、国民体质合格率、有礼指数3个指标。

六 全域美丽建设维度

该指标包括生产生活、环境治理2个二级指标，强调促进绿色生产，提高生活环境品质，以及改善空气、水等生态环境综合质量的指标。下设6个三级指标。

生产生活主要从工业生产节能减排、人民生活绿色低碳等方面衡量。绿色是共同富裕的底色，践行"绿水青山就是金山银山"理念，促进生产生活方式绿色转型，高水平推进全域美丽建设，打造美丽共同富裕样板。因此，生产生活维度主要选取单位GDP能耗、单位GDP二氧化碳排放、生活垃圾分类处理率、县级以上城市公园绿地服务半径覆盖率4个指标。

环境治理主要从空气、水等重点领域污染治理衡量，加快解决突出环境问题，改善生态环境质量，是全域美丽建设的前提条件，为加快共同富裕示范区建设奠定扎实的基础。因此，环境治理维度主要选取PM2.5平均浓度、地表水达到或好于Ⅲ类水体比例2个指标。

七 社会和谐和睦维度

该指标包括党的建设、法治建设、平安幸福3个二级指标。其中，党的建设是构建社会主义和谐社会的关键，也是引领推动共同富裕的重要路径；法治建设是社会和谐和睦的保障防线和基石，也是确保发展成果更多更公平惠及全体人民的关键；平安幸福是衡量群众获得感幸福感安全感的最直观指标。下设7个三级指标。

党的建设主要从全面从严治党、党建提升等方面衡量，深化政治监督，营造风清气正的政治生态，实现党建工作智能化管理，提升党建整体智治水平。党的二十大报告指出，"全党必须牢记，全面从严治党永远在路上，党的自我革命永远在路上，决不能有松劲歇脚、疲劳厌战的情绪，必须持之以恒推进全面从严治党，深入推进新时代党的建设新的伟大工程，以党的自我革命引领社会革命"。因此，党的建设维度主要选取全面从严治党成效度、整体智治实现率2个指标。

法治建设主要从民主法治社会建设方面考虑，广泛汇集律师、人民调解员等化解纠纷力量，完善公共法律服务体系建设，推进多元化矛盾纠纷解决机制建设，营造良好的民主法治氛围，切实维护社会和谐稳定。其中，万人成讼率能直接反映地区社会治理效果和社会矛盾化解程度。律师是社会主义法制建设不可或缺的职业，也是推进法制建设的积极参与者和有力推动者，为促进社会和谐和睦提供了优质高效的法律保障。因此，法治建设维度主要选取万人成讼率、律师万人比2个指标。

平安幸福主要围绕切实增强人民群众获得感幸福感安全感，统筹发展和安全，切实强化安全意识，提升风险防范化解能力，推进安全生产、生活形势持续向好，以高水平安全护航社会和谐和睦。对于反映居民幸福感的指标，不能单纯用经济发展水平来评价或反映居民幸福感，因为可能会出现"经济发展水平提升，而人民群众幸福感却下降"的现象。通常，不同特征的群体由于面对的生活环境、条件能力以及对幸福的感受和期望不同，会在各种主客观因素的复合作用下形成对幸福的不同认知和判断。幸福没有一个统一标准，是一个比较级，其中人们"不患寡而患不均"的心理，可能会影响幸福感的认知和判断。因此，平安幸福维度主要选取亿元生产总值生产安全事故死亡率、公众食品和药品安全满意度（公众食品安全满意度、公众药品安全满意度）、群众获得感幸福感安全感满意度3个指标。

第六章　浙江共同富裕目标值设定研究

党的二十大报告提出"中国式现代化是全体人民共同富裕的现代化。共同富裕是中国特色社会主义的本质要求，也是一个长期的历史过程。我们坚持把实现人民对美好生活的向往作为现代化建设的出发点和落脚点，着力维护和促进社会公平正义，着力促进全体人民共同富裕，坚决防止两极分化"，对共同富裕的基本特征、实现共同富裕的长期性以及实现共同富裕的根本路径进行了重要的论述。同时提出，中国到2035年的总体目标要实现"人民生活更加幸福美好，居民人均可支配收入再上新台阶，中等收入群体比重明显提高，基本公共服务实现均等化，农村基本具备现代生活条件，社会保持长期稳定，人的全面发展、全体人民共同富裕取得更为明显的实质性进展"，指出了共同富裕的阶段性发展目标。在此背景下，如何统筹推进中国共同富裕事业稳步前进需要做好实现共同富裕的顶层设计，设定更加合理可行的目标和路径。

第一节　设定目标值的基本原则、基本方略及认定标准

一　基本原则

——坚持党的全面领导。坚持党总揽全局、协调各方的全面领导地位，在党的领导下对涉及经济社会发展的相关重大问题和工作部

署进行顶层设计、总体布局、统筹协调、整体推进,把党的领导贯穿推动共同富裕的全过程、各领域、各环节,形成人人享有的合理分配格局,人人共享高质量发展成果,最终实现共同富裕。

——坚持定量与定性、客观与主观评价相结合原则。科学建立共同富裕实现度测度标准,定量指标要能够准确定义、精确衡量且能反映工作的关键业绩,定性指标要根据地方实际适当划分,客观指标要全面反映共同富裕示范区建设工作成效,主观指标要更好反映人民群众满意度和认同感。

——坚持立足实际、分类推进原则。充分认识到全面实现共同富裕这一艰巨任务具有长期性和复杂性,坚持实事求是、理性务实的态度,不急于求成,不搞大冒进,稳扎稳打。同时,要结合浙江实际,坚持问题导向、加强分类指导、破解瓶颈问题、补齐核心短板,按照小步调整、弹性实施、分类推进、统筹兼顾等原则扎实推进共同富裕。

二 基本方略

如何设定共同富裕目标是推进共同富裕首先要考虑的问题。在设定共同富裕的目标之前,最重要的是要对共同富裕的标准形成共识。共同富裕的标准是相对的,不是绝对的。绝对标准是指相对于中国过去的富裕程度和共享程度而言的标准,如果采用这种绝对标准,可以认为中国已经达到了高度富裕程度。在这种认识下,推动共同富裕就应该把重心放在如何实现共享上,放在分配与再分配上。相对标准是指与世界其他国家相比的标准,即实现共同富裕意味着在富裕程度与共享程度上达到世界先进水平。按照相对标准,中国在富裕方面和共享方面都需要继续追赶世界先进水平国家。

2021年6月,《中共中央 国务院关于支持浙江高质量发展建设共同富裕示范区的意见》发布,提出了共同富裕的总体要求和工作原则。按照示范区比全国提前15年基本实现共同富裕的目标安排,本章从经济高质量发展、城乡区域协调发展、收入分配格局优化、公共服务优质共享、精神文明建设、全域美丽建设以及社会和谐和睦七个维度构建了在理论上立得住、实践中可操作可评价的浙江高质量发展建设共同富裕示范区目标指标体系。

在目标设定上，在对浙江省推进共同富裕的进程进行系统而深入研究的基础上，按照示范区比全国提前15年基本实现共同富裕的目标安排，以及分阶段促进共同富裕的总体安排，深入研究各项指标的目标值如何界定，确定2025年和2035年浙江省各项指标的目标值。对于客观指标，考虑两种方法确定目标值。一是深入研究"十四五"规划，基于对中国经济社会发展总体趋势的分析，研究国家和浙江省有关重点专项规划、区域规划和实施方案，并结合浙江省经济社会发展实际，合理确定部分指标2025年和2035年的目标值。二是基于浙江省有关指标的统计数据和科学研究方法，构建合理恰当的计量经济模型，预测出有关指标到2025年和2035年的目标值。对于主观指标，设计合理的问卷，基于实际调查数据和科学测算，深入研究未来推进共同富裕的速度和节奏，给出2025年和2035年的目标值。

三 认定标准

2021年10月，习近平总书记在《求是》发表了重要理论文章《扎实推动共同富裕》，指出共同富裕是全体人民共同富裕，是人民群众物质生活和精神生活都富裕，不是少数人的富裕，也不是整齐划一的平均主义。全体人民共同富裕是一个总体概念，是对全社会而言的，不要分成城市一块、农村一块，或者东部、中部、西部地区各一块，各提各的指标，要从全局上来看。因此，浙江2035年基本实现共同富裕是指全省整体指标实现共同富裕，这一方面允许部分地区的总指数达不到实现共同富裕的门槛值，另一方面也允许个别指标达不到实现共同富裕的门槛值。对于判断全省是否基本实现共同富裕，本书认为当共同富裕核心指标达到目标值之时就应被认定为基本实现共同富裕。同时，基本实现共同富裕的时间节点、全面实现共同富裕的时间节点一是取决于共同富裕的目标，二是取决于当前的基础条件和富裕与共享程度，三是推进共同富裕的速度和节奏。因此，实现共同富裕也是一个逐渐推进的过程，各项指标及目标值也需要根据现实情况进行动态调整。

第二节　经济高质量发展指标目标界定

在经济高质量发展指标方面，设置经济效益、创新驱动、产业升级、消费升级4个二级指标，合计8个三级指标。

一　人均GDP

人均GDP＝国内生产总值/常住人口，常用来衡量一个国家或地区的经济发展程度，是评判人民生活水平的重要参考指标。2020年，全国人均GDP为7.18万元，浙江省人均GDP达10.07万元，为全国水平的1.40倍。在常住人口不发生较大变动情形下，按照浙江省2020—2025年国内生产总值年均增长率6.2%推算，浙江省2025年人均GDP为13.6万元（2020年不变价）；按照浙江省2020—2035年国内生产总值年均增长率5.5%推算，2035年人均GDP可达到22.48万元（2020年不变价），实现人均GDP比2020年"翻一番"，基本实现共同富裕的目标安排。[①]

二　全员劳动生产率

全员劳动生产率＝国内生产总值/全部从业人员数，在效率提升方面比单纯GDP增速更能体现社会生产进步情况。2020年，全国全

[①] 浙江省2020—2025年以及2020—2035年年均增长率均通过构建浙江省实际经济增长率和全国实际经济增长率之间的计量模型，并基于全国潜在增长率推算。

员劳动生产率为13.5万元,浙江省全员劳动生产率达16.77万元,为全国水平的1.24倍。在从业人员不变情形下,按照浙江省2020—2025年国内生产总值年均增长率6.2%推算,浙江省2025年全员劳动生产率为22.65万元(2020年不变价);按照浙江省2020—2035年国内生产总值年均增长率5.5%推算,2035年全员劳动生产率可达到37.44万元(2020年不变价),实现人均生产总值比2020年"翻一番"。

三 规模以上工业亩均税收

规模以上工业亩均税收=规模以上工业行业税收总额/规模以上工业土地面积,是衡量工业经济效益的重要指标。受新冠疫情影响,浙江省2020年规模以上工业亩均税收为27.5万元,虽较2019年减少3万元/亩,但已基本恢复至2018年平均水平。根据《浙江省经济和信息化领域推动高质量发展建设共同富裕示范区实施方案(2021—2025年)》,2025年规模以上工业亩均税收预期值为37万元,较2021年增加5万元,年均增长率为3.7%。本书根据浙江省规模以上工业亩均税收历史增长数据将2025—2035年规模以上工业亩均税收年均增长率设为3.5%,2035年规模以上工业亩均税收预期值设定为52万元。

四 R&D经费支出占GDP的比重

R&D经费支出占GDP的比重=R&D经费支出/国内生产总值×100%,是创新驱动的重要指标。2020年,全国R&D经费支出占GDP的比重为2.41%,浙江省为2.88%,比全国平均水平高0.47个百分点。"十三五"时期,浙江省R&D经费支出占GDP的比重年均增长率为3.5%。按照"十三五"时期平均增速计算,"十四五"末浙江省R&D经费支出占GDP的比重可达3.42%,2035年可达4.83%。"十四五"规划指出,全社会研发经费投入年均增长7%以上，力争高于"十三五"时期。对此，本书将2025年浙江省R&D经费支出占GDP的比重目标值设定为3.45%，2035年目标值设定为5%。

五 高技术制造业增加值占规模以上工业的比重

高技术制造业增加值占规模以上工业的比重＝高技术制造业增加值/规模以上工业企业增加值×100%，是衡量高科技含量占比的重要指标。2020年，全国高技术制造业增加值占规模以上工业的比重为15.1%，浙江省为15.6%，高于全国平均水平0.5个百分点。根据《浙江省全球先进制造业基地建设"十四五"规划》，到2025年，浙江高技术制造业增加值占规模以上工业的比重预期值为19%，年均增长率约为4%。按照"十四五"时期预期平均增速计算，浙江省2035年高技术制造业增加值占规模以上工业的比重可达28.1%。考虑到目标可及性，本书参考美国和韩国对应数值，将浙江省2035年高技术制造业增加值占规模以上工业的比重预期值设定为25%。

六 数字经济核心产业增加值占GDP的比重

数字经济核心产业增加值占GDP的比重＝数字经济核心产业增加值/国内生产总值×100%，是衡量数字驱动的关键指标。2020年，全国数字经济核心产业增加值占GDP的比重为7.8%，浙江省为10.9%，高于全国平均水平3.1个百分点。根据《浙江省全球先进制造业基地建设"十四五"规划》，到2025年，浙江数字经济核心产业增加值占GDP的比重预期值为15%，年均增长率约为6.6%。按照"十四五"时期预期平均增速计算，浙江省2035年数字经济核心产业增加值占GDP的比重可达28.4%。考虑到目标可及性，以及世界主要发达国家现状，本书将浙江省2035年数字经济核心产业增加值占GDP的比重预期值设定为25%。

七 居民人均消费支出

居民人均消费支出改用全体居民生活类消费支出总额/常住人口计算，是衡量消费升级的一项重要指标。2020年，全国居民人均消费支出为2.12万元，浙江省为3.12万元，比全国平均水平高1万元。根据《浙江省消费升级"十四五"规划》，浙江省2025年城镇居民人均生活消费支出预期值为4.6万元，农村居民人均生活消费支出预期值为2.88万元，在人口结构和规模不发生较大变动情形下，浙江省2025年居民人均生活消费支出预期值为4.1万元，年均预期增长率约为5.6%。按照"十四五"时期预期平均增速计算，浙江省2035年居民人均生活消费支出预期值可达7万元。

八 恩格尔系数

恩格尔系数=食品支出总额/个人消费支出总额，是国际上通用的衡量居民生活水平高低的一项重要指标。2020年，全国恩格尔系数为30.2%，浙江省为28.5%，低于全国平均水平1.7个百分点。本书通过构建浙江省恩格尔系数自回归模型预测了浙江省恩格尔系数，根据预测结果，浙江省2025年恩格尔系数为26%，2035年恩格尔系数为21%。

第三节 城乡区域协调发展指标目标界定

在城乡区域协调发展方面，设置城乡协调和区域协调2个二级指标，合计8个三级指标。

一 城乡居民收入倍差

城乡居民收入倍差=城镇常住居民人均可支配收入/农村常住居民人均可支配收入，是衡量城乡居民人均收入差距的重要指标。

2020年，全国城乡居民收入倍差为2.56，浙江省为1.96，低于全国平均水平。根据《浙江高质量发展建设共同富裕示范区实施方案（2021—2025年）》，2025年浙江省城乡居民收入倍差预期值小于1.9，预期年均增长率为-1.57%。本着实事求是、稳扎稳打的原则，本书将浙江省城乡居民收入倍差2025年预期目标值定为1.9，将2035年预期目标值定为1.65。

二 常住人口城镇化率

常住人口城镇化率=在城镇居住半年以上的常住人口/总人口×100%，是城镇化领域的国际通用指标，有利于客观反映中国城镇化发展进程。2020年，全国常住人口城镇化率为60%，浙江省为72.2%，高于全国平均水平12.2个百分点。根据《浙江省"十四五"规划纲要》，2025年浙江省常住人口城镇化率预期值为75%，预期年均增长率为0.76%；常住人口城镇化率2035年远景目标值为80%，预期年均增长率为0.69%。本着实事求是、稳扎稳打的原则，本书同样将浙江省常住人口城镇化率2025年、2035年预期目标值定为75%和80%。

三 城乡公交一体化率

城乡公交一体化率是反映城乡基本公共服务均等化的重要指标。交通运输作为城市建设管理和发展的重要内容，将公交化发展理念从城市逐步向城乡交通领域拓展，有助于更好地满足城乡居民对美好出行的向往。[①]

四 城乡居民人均医疗保健消费支出之比

城乡居民人均医疗保健消费支出之比=城镇居民人均医疗保健消

---

① 由于缺少相关数据，暂未对2025年和2035年的目标值进行预测。

费支出/农村居民人均医疗保健消费支出,是反映城乡医疗保健消费支出的重要指标。2020年,全国城乡居民人均医疗保健消费支出之比为1.53,浙江省为1.40,略低于全国平均水平。本书基于浙江省城乡居民人均医疗保健消费支出之比的历史数据预测了浙江省城乡居民人均医疗保健消费支出之比,根据预测结果,浙江省2025年城乡居民人均医疗保健消费支出之比为1.2,2035年为1.1。

五 县域义务教育学校校际优质均衡差异系数

县域义务教育学校校际优质均衡状况采用生均教学及辅助用房面积、生均体育运动场馆面积、生均教学仪器设备值、每百名学生拥有计算机台数、生均图书册数、师生比、生均高于规定学历教师数、生均中级及以上专业技术职务教师数8项指标测算。县域义务教育学校校际优质均衡差异系数是县域义务教育学校校际优质均衡状况数据的标准差与其均值之比,是反映义务教育优质均衡发展的重要指标。[①]

六 村级集体经济收入

壮大村级集体经济是农村走共同富裕路、实现乡村振兴的根本保障。根据浙江省农业农村厅出台的《关于加强农村集体资产管理的意见》,到2025年,要基本消除浙江省集体经济年收入30万元且经营性收入15万元以下行政村,力争年经营性收入50万元以上行政村占比达到50%以上的重要目标。本书预测浙江2025年集体经济年收入30万元以上且经营性收入15万元以上行政村占比为95%,集体经济年经营性收入50万元以上行政村占比为60%,2025年之后集体经济年收入30万元以上且经营性收入15万元以上行政村占比指标不再纳入共同富裕评价体系。2035年,浙江省集体经济年经营性收入50万元以上行政村占比达到80%。

---

① 由于缺少相关数据,暂未对2025年和2035年的目标值进行预测。

七 山区海岛县人均可支配收入与全省平均之比

山区海岛县人均可支配收入与全省平均之比＝山区海岛县人均可支配收入/全省人均可支配收入，是反映跨越式高质量发展，实现全省人民共同富裕的指标。[①]

八 地区人均可支配收入最高最低倍差

地区人均可支配收入最高最低倍差＝地区内居民最高人均可支配收入/地区内居民最低人均可支配收入，是衡量地区内人均可支配收入差距的重要指标。2020年，全国不同省份间人均可支配收入最高最低倍差为3.55，浙江省不同地市间人均可支配收入最高最低倍差为1.64，不足全国平均水平的一半。本书根据浙江省不同地市的历史数据构建自回归模型，预测浙江省2025年地区人均可支配收入最高最低倍差为1.56，2035年为1.42。

九 地区居民人均消费支出差异系数

地区居民人均消费支出差异系数＝地区居民人均消费支出标准差/地区居民人均消费支出平均值，同样是衡量区域发展平衡性的重要指标。2020年，浙江省地区居民人均消费支出差异系数为0.138，2013年为0.18，年均下降3.87%。考虑到中国已经进入城乡居民消费支出差距下降期，本书将浙江省2025年和2035年地区居民人均消费支出差异系数预期值分别设定为0.11和0.07。

第四节 收入分配格局优化指标目标界定

收入分配格局优化包括劳动就业、收入财富、分配格局三个方面，共9个三级指标。

---

① 由于缺少相关数据，暂未对2025年和2035年的目标值进行预测。

一 劳动报酬占 GDP 的比重

劳动报酬是收入分配中的核心问题,劳动报酬占 GDP 的比重是反映初次收入分配格局的重要指标。根据《浙江高质量发展建设共同富裕示范区实施方案(2021—2025年)》,浙江省 2025 年劳动报酬占 GDP 的比重为 50%。①

二 城镇调查失业率

城镇调查失业率=城镇调查失业人数/(城镇调查从业人数+城镇调查失业人数)×100%,是衡量就业稳定最关键的指标之一。2020年,全国城镇调查失业率为 5.2%,浙江省为 4.65%,比全国平均水平低 0.55 个百分点。根据《"十四五"就业促进规划》,全国到 2025 年要实现城镇调查失业率在 5.5% 以内。考虑到城镇调查失业率受新冠疫情影响较大,本书将浙江省城镇调查失业率 2025 年的目标值设置为新冠疫情前平均水平,即 4.2%,将 2035 年远景目标设定为 4%。

三 技能人才占从业人员的比重

技能人才占从业人员的比重=技能人才/就业总人数×100%,是衡量就业人员平均科学素养的重要指标。2020 年,中国技能人才占从业人员的比重为 26%,浙江省为 27%,高于全国平均水平 1 个百分点。根据《浙江省"十四五"就业促进规划实施意见》,到 2025年,技能人才占从业人员比例要达到 35%,年均预期增长率为5.3%。按照示范区比全国提前 15 年基本实现共同富裕的目标安排,以及考虑到发达国家技能劳动者占从业人员总量的比重在 50% 以上,本书将浙江省技能人才占从业人员的比重 2025 年目标值设定为35%,将 2035 年目标值设定为 50%。

---

① 由于缺少相关数据,暂未对 2035 年的目标值进行预测。

四 居民人均可支配收入

居民人均可支配收入是居民人均可用于最终消费支出和储蓄的总和，即居民可用于自由支配的人均收入，是衡量收入水平的重要指标。2020年，全国居民人均可支配收入为3.22万元，浙江省为5.24万元，高于全国平均水平2.02万元。根据《"十四五"规划》精神，将浙江省2020—2025年居民人均可支配收入年均增长率设定为6.5%，将2020—2035年年均增长率设定为6%，推算浙江省2025年居民人均可支配收入为7.18万元（2020年不变价），2035年居民人均可支配收入为12.55万元（2020年不变价），实现居民人均可支配收入比2020年"翻一番"，基本实现共同富裕的目标安排。

五 房价与居民人均可支配收入之比

房价与居民人均可支配收入之比＝家庭住房总价/居民家庭可支配收入×100%，不仅可以反映人民群众从住房中获得的幸福感大小，还能反映人民群众的财富水平。[①]

六 居民人均可支配收入与人均GDP之比

居民人均可支配收入与人均GDP之比＝居民人均可支配收入/人均GDP×100%，是衡量收入分配结构的重要指标之一。2020年，全国居民人均可支配收入与人均GDP之比为44.8%，浙江省为52%，高于全国平均水平7.2个百分点。按照2025年和2035年居民人均可支配收入以及人均GDP相关目标值，本书将浙江省2025年和2035年居民人均可支配收入与人均GDP之比目标值分别设定为53%和56%。

七 家庭年可支配收入

实现共同富裕，首先就是要扩大中等收入群体的规模，而中等收

---

① 由于缺少相关数据，暂未对2025年和2035年的目标值进行预测。

入群体规模面临着比重偏低的问题。浙江作为建设共同富裕示范区，提出2022年家庭年可支配收入10万—50万元群体的比例要超过75%，20万—60万元群体的比例要接近34%。到2025年，10万—50万元群体的比例达到80%，20万—60万元群体的比例达到45%，年均预期增长率分别为2.2%和9.8%。考虑到后期"提中"难度加大，本书按照年均增长2%推算，将2035年浙江家庭年可支配收入10万—50万元群体比例和20万—60万元群体比例分别设定为97.5%和54.9%。

八 基尼系数

基尼系数是指国际上通用的、用以衡量一个国家或地区居民收入差距的常用指标，基尼系数越接近0，表明收入分配越是趋向平等。2020年，全国基尼系数为0.468。根据"两步走"战略安排，全国2025年和2035年基尼系数目标值分别为0.45和0.43，本书按照示范区比全国提前15年基本实现共同富裕的目标安排，同时参考OECD国家的基尼系数基本维持在0.4以下的现状，将浙江省2025年和2035年基尼系数目标值分别设定为0.43和0.4。

九 低收入农户人均可支配收入与农村人均可支配收入之比

减少低收入群体占比是谋求共同富裕的关键，而农村又是促进共同富裕的关键发力点。[①]

第五节 公共服务优质共享指标目标界定

公共服务优质共享包括托育服务、教育水平、医疗养老、社会保障四个方面，共11个二级指标。

---

① 由于缺少相关数据，暂未对2025年和2035年的目标值进行预测。

一 每千人口拥有3岁以下婴幼儿托位数

每千人口拥有3岁以下婴幼儿托位数=3岁以下婴幼儿托位数/总人口（千人）。从全国来看，2020年每千人口拥有3岁以下婴幼儿托位数约为1.8个。根据"十四五"规划，2025年每千人口拥有3岁以下婴幼儿托位数可达4.5个。考虑到全国托幼事业刚刚起步，本着不急于求成、不搞大冒进、稳扎稳打的原则，本书将浙江省2025年每千人口拥有3岁以下婴幼儿托位数目标值设定为4.5个。根据国家卫生健康委员会相关调查统计，全国婴幼儿在各类托育机构的入托率仅为5.5%，而发达国家在35%以上。按照浙江2035年实现发达国家入托率水平计算，浙江2035年每千人口拥有3岁以下婴幼儿托位数目标值设定为10.8个，年均增长率约为21%。

二 普惠性幼儿园在园幼儿占比

普惠性幼儿园在园幼儿占比=（公办幼儿园在园幼儿人数+普惠性民办幼儿园在园幼儿人数）/幼儿在园总人数×100%。2020年，全国普惠性幼儿园在园幼儿占比达84.74%，浙江省为88.8%。根据《"十四五"学前教育发展提升行动计划》，到2025年，全国普惠性幼儿园覆盖率达到85%以上。按照示范区比全国提前15年基本实现共同富裕的目标安排，本书将浙江省2025年和2035年普惠性幼儿园覆盖率目标值分别设定为90%和95%。

三 儿童平均预期受教育年限

儿童平均预期受教育年限主要反映一个国家或地区在一定教育发展水平状态下，学龄儿童人均预期可以接受学校教育的年数，是评价教育成就和教育发展水平的国际通用指标。根据《浙江省教育事业发展"十四五"规划》，2020年，浙江省儿童平均预期受教育年限为14.79年，到2025年可达15.5年，年均预期增长率约为

0.9%。本书本着实事求是的原则，考虑到劳动人员跨区域流动等因素，将浙江省2025年和2035年儿童平均预期受教育年限分别设定为15.5年和17年。

四 高等教育毛入学率

高等教育毛入学率＝高等教育在学人数/适龄人口数×100%。2020年，中国高等教育毛入学率为54.4%，浙江省为62.4%，较国家平均水平高8个百分点。根据"十四五"规划，中国2025年高等教育毛入学率可达60%，《中国教育现代化2035》提出2035年高等教育毛入学率达到65%的目标。同时，根据《浙江高质量发展建设共同富裕示范区实施方案（2021—2025年）》中浙江2025年高等教育毛入学率达到70%以上的目标，本书本着稳扎稳打的原则，将该指标2025年和2035年目标值分别设定为70%和75%。

五 人均预期寿命

人均预期寿命指标综合反映了一个国家或地区疾病防治和卫生服务水平，是国际上用来评价一个国家人口的生存质量和健康水平的重要参考指标之一。2020年，全国人均预期寿命为77岁，浙江省为79.47岁，高于国家平均水平。根据《"十四五"国民健康规划》，2025年，中国人均预期寿命可达到78岁。本书根据全国第四至第七次人口普查数据计算了浙江省人均预期寿命平均增长率，根据该增长率，将浙江省2025年和2035年人均预期寿命目标值分别设定为80.5岁和83岁。

六 重大慢性病过早死亡率

慢性病是影响中国人民群众健康的主要疾病。根据国家卫生健康委数据，2021年，中国居民因心脑血管疾病、癌症、慢性呼吸系统疾病和糖尿病这四类重大慢性病过早死亡率为15.3%，较2015年下降了 3.2 个百分点，降幅达到了 17.3%。①

七　每千人口拥有执业（助理）医师数

每千人口拥有执业（助理）医师数（人）＝拥有执业（助理）医师数/常住人口（千人）。2020 年，中国每千人口拥有执业（助理）医师数为 2.90 人，浙江省为 3.67 人，略高于全国平均水平。根据"十四五"规划，到 2025 年，中国每千人口拥有执业（助理）医师数目标为 3.2 人。根据《健康浙江 2030 行动纲要》和浙江省"十四五"规划，结合浙江省卫生健康事业发展实际，本书设定该指标到 2025 年的目标值为 4.3 人。按照预期平均增速来算，到 2035 年的预期值为 5.9 人。

八　每千名老人拥有社会养老床位数

每千名老人拥有社会养老床位数＝社会养老床位数/60 岁以上老年人口数（千人），是衡量养老服务供给的重要指标之一。根据《浙江省养老服务发展"十四五"规划》，2020 年，浙江省每千名老人拥有社会养老床位数 55 张，"十三五"时期年均增长率约为 2.5%。随着养老产业的进一步发展，本书将浙江 2020—2025 年每千名老人拥有社会养老床位数年均增速设定为 3%，将浙江 2025—2035 年每千名老人拥有社会养老床位数年均增速设定为 2%，据此计算 2025 年预期值为 63 张，2035 年为 75 张。

九　城镇住房保障受益覆盖率

城镇住房保障受益覆盖率＝城镇住房保障受益人数/城镇常住人口数×100%，是衡量"住有所居"的重要指标。2020 年，浙江省城镇住房保障受益覆盖率为 23.9%。根据《浙江省城镇住房发展"十

---

① 由于缺少相关数据，暂未对 2025 年和 2035 年的目标值进行预测。

四五"规划》,到"十四五"时期末,浙江全省城镇住房保障受益覆盖率预期达到25%,年均预期增长率为0.9%。随着城镇住房保障加快推进,本书将浙江省2025—2035年的年平均增速设定为1%,据此测算2035年预期目标为27.5%。

十　民生支出占一般公共预算支出的比例

民生支出占一般公共预算支出的比例=财政支出中用于民生支出的金额/一般公共预算支出总额×100%,是衡量保障和改善民生力度的指标。2020年,中国民生支出占一般公共预算支出的比例为65%,浙江省为69.72%,高于全国平均水平4.72个百分点。随着浙江省保障和改善民生政策不断落地,本书根据历史数据对浙江省民生支出占一般公共预算支出的比例进行了预测,根据预测结果将2025年和2035年浙江省民生支出占一般公共预算支出的比例目标值分别设定为75%和85%。

十一　城乡居民最低生活保障平均标准

城乡居民最低生活保障平均标准是以标准化推动基本公共服务均等化的重要举措。2020年,全国城乡居民最低生活保障平均标准5962元/人·年,浙江省为9600元/人·年,远高于全国平均水平。根据《浙江省社会救助事业发展"十四五"规划》,2025年浙江省城乡居民最低生活保障平均标准预期值为13000元/人·年,年均预期增长率为6.25%,按照这一增长率测算,浙江省2035年预期目标值可达23800元/人·年。

第六节　精神文明建设目标指标界定

精神文明建设包括文化设施、文化生活和文明素质三个方面,共7个指标。

一 每万人拥有公共文化设施面积

每万人拥有公共文化设施面积是衡量居民精神富裕的指标之一。2020年,全国每万人拥有公共文化设施面积444.1平方米,浙江省为3670平方米,为全国平均水平的8.3倍。根据《浙江省文化改革发展"十四五"规划》,2025年浙江省每万人拥有公共文化设施面积预期值为4350平方米,年均预期增长率为3.46%,考虑到后续新建公共文化设施进度放慢,本书预计浙江省2035年预期目标值可达5000平方米。

二 人均体育场地面积

人均体育场地面积是衡量居民身体素质的指标之一。2020年,全国人均体育场地面积为2.2平方米,浙江省为2.32平方米,略高于全国平均水平。根据《浙江省人民政府办公厅关于高水平建设现代化体育强省的实施意见》,2025年浙江省人均体育场地预期面积为2.8平方米,年均预期增长率为3.8%,考虑到后续新建公共体育场地进度放慢,本书预计2035年预期目标值可达3.4平方米。

三 每万人活跃志愿者率

志愿服务是社会文明进步的重要标志。根据《慈善蓝皮书:中国慈善发展报告(2021)》,2020年,全国活跃志愿者总体规模约为8649.45万人,每万人活跃志愿者率为6.13%,浙江省为12%,高于全国平均水平约6个百分点。根据浙江省志愿者服务发展现状,本书将浙江省2025年每万人活跃志愿者率预期值设定为14%,年均增长率为3.1%。考虑到浙江省每万人活跃志愿者率远超国家平均水平,本书按照2%的年均增速预测2035年预期值为17%。

四 人均教育文化娱乐消费支出占生活消费支出的比重

人均教育文化娱乐消费支出占生活消费支出的比重=人均教育文化娱乐消费支出/人均生活消费支出×100%，是衡量居民消费结构升级的重要指标。2020年，全国人均教育文化娱乐消费支出占生活消费支出的比重为9.58%，浙江省为9.23%，略低于全国平均水平。①

五 社会诚信度

社会诚信度也称社会整体诚信度和社会整体信用度，指一个国家或地区的各类主体失信与守信的整体程度，能够较好地反映出社会治理效能提升状况。据浙江省统计局数据，浙江省2020年社会诚信度为94.5%。考虑到新冠疫情对企业、个人生产经营的影响以及目标可及性，本书将浙江省2025年社会诚信度目标值设定为95%。同时，考虑到社会诚信度已经处于较高水平，提升难度逐步增加，本书将浙江省2035年社会诚信度目标值设定为97%。

六 国民体质合格率

国民体质合格率是衡量居民健康状况的核心指标。2020年，全国国民体质合格率为90.4%，浙江省为93.5%，高于全国平均水平3.1个百分点。根据《浙江省人民政府办公厅关于高水平建设现代化体育强省的实施意见》，2025年浙江省国民体质监测合格率预期值为94.5%，年均增长率为0.2%。考虑到国民体质合格率达到瓶颈期，本书按照0.1%的年均增速预测2035年目标值为95.5%。

七 有礼指数

有礼指数主要用于评价各地各部门的文明有礼总体状况，综合体现各地各部门的文化底蕴、文明程度和经济社会发展环境等情况。②

---

① 由于缺少相关数据，暂未对2025年和2035年的目标值进行预测。
② 由于缺少相关数据，暂未对2025年和2035年的目标值进行预测。

第七节 全域美丽建设指标目标界定

全域美丽建设包括生产生活和环境治理两个方面，共 6 个指标。

一 单位 GDP 能耗

单位 GDP 能耗=能源消费总量/国内生产总值，是反映能源消费水平和节能降耗状况的主要指标。2020 年，全国单位 GDP 能耗为 0.571 吨标准煤/万元，浙江省为 0.41 吨标准煤/万元，低于全国平均水平。"十四五"规划将"单位 GDP 能源消耗降低 13.5%"作为经济社会发展主要约束性指标之一，并预计 2030 年较 2020 年下降 30%左右，而《浙江省节能降耗和能源资源优化配置"十四五"规划》将 2025 年单位 GDP 能耗目标设定为较 2020 年降低 15%。综合全国及浙江省预期目标，本书将浙江省 2025 年和 2035 年的预期目标值分别设定为 0.35 吨标准煤/万元和 0.23 吨标准煤/万元[①]。

二 单位 GDP 二氧化碳排放

单位 GDP 二氧化碳排放=碳排放总量/国内生产总值，是反映能源消费水平和节能降耗状况的主要指标。[②]

三 生活垃圾分类处理率

生活垃圾分类背后蕴含着社会、经济、环境三者可持续发展的深远意义，生活垃圾分类处理率是衡量垃圾分类工作综合性评价指标。[③]

---

① 均以 2020 年可比价格计算。
② 由于缺少相关数据，暂未对 2025 年和 2035 年的目标值进行预测。
③ 由于缺少相关数据，暂未对 2025 年和 2035 年的目标值进行预测。

四 县级以上城市公园绿地服务半径覆盖率

县级以上城市公园绿地服务半径覆盖率＝公园绿地服务半径所覆盖的居住地面积/居住用地总面积×100%，是衡量城市公共服务以及居民生活水平的指标。根据《浙江省住房和城乡建设"十四五"规划》，2020年浙江省县级以上城市公园绿地服务半径覆盖率为85.6%，2025年预期值为90%。本书结合浙江实际情形，将浙江省2025年县级以上城市公园绿地服务半径覆盖率设定为90%，同时将2035年目标值设定为98%。

五 PM2.5平均浓度

PM2.5是指大气中直径小于或等于2.5微米的颗粒物，是造成肺癌、支气管炎、哮喘等疾病的关键因素，对人体健康影响巨大。2020年全国PM2.5浓度为33微克/立方米，浙江省为25微克/立方米，低于全国平均水平。根据"十四五"规划，中国2025年PM2.5平均浓度目标为29.7微克/立方米，2035年目标为25微克/立方米。本书结合全国预期目标以及按照示范区比全国提前15年基本实现共同富裕的目标安排，将浙江省PM2.5平均浓度2025年和2035年的预期目标值分别设定为20微克/立方米和15微克/立方米。

六 地表水达到或好于Ⅲ类水体比例

地表水达到或好于Ⅲ类水体比例是衡量居民饮水安全的重要指标。2020年全国地表水达到或好于Ⅲ类水体比例为83.4%，浙江省为94.6%，高于全国平均水平11.2个百分点。根据"十四五"规划，中国2025年地表水达到或好于Ⅲ类水体比例目标为85%。浙江省"十四五"规划将2025年预期目标定为95%以上。本书结合全国以及预期目标，同时考虑到浙江省地表水达到或好于Ⅲ类水体比例基数较高，将浙江省该指标2025年和2035年的预期目标值分别设定为96%和98%。

第八节　社会和谐和睦目标指标界定

社会和谐和睦包括党的建设、法治建设和平安幸福三个方面，共7个指标。

一　全面从严治党成效度

全面从严治党有助于构建风清气正的政治生态，实现不敢腐、不能腐、不想腐的战略目标，促进中国特色社会主义制度效能不断释放，增加人民群众的幸福感和获得感。2020年浙江全面从严治党的成效度为97.2%，较2018年增加1.7个百分点，年均增长0.85%。随着浙江反腐倡廉工作以及中国特色社会主义监督制度不断推进和实施，全面从严治党成效度仍有提升空间。但考虑到浙江全面从严治党的成效度已经处在较高水平，本书将2025年目标值设定为98.5%，将2035年目标值设定为99%。

二　整体智治实现率

整体智治指政府通过广泛运用数字技术，推动治理主体之间的有效协调，实现精准、高效的公共治理。实现整体智治是提升公共治理有效性的重要路径选择。[①]

三　万人成讼率

万人成讼率=法院受理的一审民商事案件数/常住人口（万人），是反映一个地区社会治理效果和社会矛盾激烈程度的核心指标。2021年浙江省万人成讼率为81.8件/万人，收案数同比下降7.1%。随着人民调解、行政调解、司法调解"三调"联动等工作不断推进，

---

① 由于缺少相关数据，暂未对2025年和2035年的目标值进行预测。

浙江省万人成讼率有望继续实现逐年下降。但考虑到通过诉讼是居民保护其自身合法权益的有力保障，不可设置过低目标。本书结合历史数据，将浙江省万人成讼率2025年和2035年的预期目标值分别设定为70件/万人和50件/万人。

四　律师万人比

律师万人比是衡量公众接受法律服务的便利程度和法治意识强弱的指标。2020年全国律师万人比为3.63，浙江省为4.6，高于全国平均水平约1个百分点。根据司法部《全国公共法律服务体系建设规划（2021—2025年）》，全国2025年每万人拥有律师数目标值为5.3人，《法治浙江建设规划（2021—2025年）》则提出2025年浙江省律师万人比目标值为5.5，预期年增长率为2.87%。本书综合国家和浙江目标值，将2025年和2035年浙江省律师万人比的预期目标值分别设定为5.5和6.7。

五　亿元生产总值生产安全事故死亡率

亿元生产总值生产安全事故死亡率=生产安全事故死亡人数/国内生产总值，是衡量生产安全的指标之一。2020年全国亿元生产总值生产安全事故死亡率为0.027人/亿元，浙江省为0.016人/亿元，低于全国平均水平。根据《浙江省应急管理"十四五"规划》，2025年浙江省亿元生产总值生产安全事故死亡率目标值为小于0.01人/亿元，2035年远景目标为亿元生产总值生产安全事故死亡率持续下降。本书按照2025年和2035年生产安全事故死亡人数较2020年下降35%和70%计算，将浙江省2025年和2035年的亿元生产总值生产安全事故死亡率预期目标值分别设定为0.007人/亿元和0.002人/亿元。

六　公众食品和药品安全满意度

食品药品安全是公共安全体系的重要组成部分，公众食品和药品安全满意度综合反映了一个地区的公共安全程度。2020年浙江省公众食品安全满意度为84.84%，公众药品安全满意度为87.8%。本书结合浙江历史数据及实际情形，将浙江省2025年和2035年公众食品安全满意度分别设定为90%和95%，将浙江省2025年和2035年公众药品安全满意度分别设定为92%和96%。

七　群众获得感幸福感安全感满意度

群众获得感幸福感安全感满意度是综合衡量居民精神状况的核心指标。"十四五"规划和浙江省"十四五"规划均将"不断增强人民群众获得感、幸福感、安全感"纳入促进共同富裕的主要指标。[①]

综上所述，浙江共同富裕指标目标值建议见表6-1。

表6-1　　　　　　浙江共同富裕指标目标值建议

一级指标	二级指标	三级指标	指标分类	2025年目标值	2035年目标值
经济高质量发展	经济效益	人均GDP（万元）	正向指标	13.6	22.48
		全员劳动生产率（万元/人）	正向指标	22.65	37.44
		规模以上工业亩均税收（万元）	正向指标	37	52
	创新驱动	R&D经费支出占GDP的比重（%）	正向指标	3.45	5
	产业升级	高技术制造业增加值占规模以上工业的比重（%）	正向指标	19	25
		数字经济核心产业增加值占GDP的比重（%）	正向指标	15	25
	消费升级	居民人均消费支出（万元）	正向指标	4.1	7
		恩格尔系数（%）	逆向指标	26	21
城乡区域协调发展	城乡协调	城乡居民收入倍差	逆向指标	1.9	1.65
		常住人口城镇化率（%）	正向指标	75	80
		城乡公交一体化率（%）	正向指标	—	—
		城乡居民人均医疗保健消费支出之比	适度指标	1.2	1.1
		县域义务教育学校校际优质均衡差异系数	适度指标	—	—

---

① 由于缺少相关数据，暂未对2025年和2035年的目标值进行预测。

续表

一级指标	二级指标	三级指标	指标分类	2025年目标值	2035年目标值
城乡区域协调发展	城乡协调	集体经济年收入30万元以上且经营性收入15万元以上行政村占比（%）	正向指标	95	
		集体经济年经营性收入50万元以上行政村占比（%）	正向指标	60	80
	区域协调	山区海岛县人均可支配收入与全省平均之比	逆向指标	—	—
		地区人均可支配收入最高最低倍差	逆向指标	1.56	1.42
		地区居民人均消费支出差异系数	逆向指标	0.11	0.07
收入分配格局优化	劳动就业	劳动报酬占GDP的比重（%）	适度指标	50	
		城镇调查失业率（%）	逆向指标	4.2	4
		技能人才占从业人员的比重（%）	正向指标	35	50
	收入财富	居民人均可支配收入（万元）	正向指标	7.18	12.55
		房价与居民人均可支配收入之比	适度指标	—	—
	分配格局	居民人均可支配收入与人均GDP之比	正向指标	0.53	0.56
		家庭年可支配收入 10万—50万元群体比例（%）	正向指标	80	97.5
		家庭年可支配收入 20万—60万元群体比例（%）	正向指标	45	54.9
		基尼系数	逆向指标	0.43	0.4
		低收入农户人均可支配收入与农村人均可支配收入之比	适度指标	—	—
公共服务优质共享	托育服务	每千人口拥有3岁以下婴幼儿托位数（个）	正向指标	4.5	10.8
		普惠性幼儿园在园幼儿占比（%）	正向指标	90	95
	教育水平	儿童平均预期受教育年限（年）	正向指标	15.5	17
		高等教育毛入学率（%）	正向指标	70	75
	医疗养老	人均预期寿命（岁）	正向指标	80.5	83
		重大慢性病过早死亡率（%）	负向指标	—	—
		每千人口拥有执业（助理）医师数（人）	正向指标	4.3	5.9
		每千名老人拥有社会养老床位数（张）	正向指标	63	75
	社会保障	城镇住房保障受益覆盖率（%）	正向指标	25	27.5
		民生支出占一般公共预算支出的比例（%）	正向指标	75	85
		城乡居民最低生活保障平均标准（元/人·年）	适度指标	13000	23800

续表

一级指标	二级指标	三级指标	指标分类	2025年目标值	2035年目标值
精神文明建设	文化设施	每万人拥有公共文化设施面积（平方米）	正向指标	4350	5000
		人均体育场地面积（平方米）	正向指标	2.8	3.4
	文化生活	每万人活跃志愿者率（%）	正向指标	14	17
		居民人均教育文化娱乐消费支出占生活消费支出的比重（%）	正向指标	—	—
	文明素质	社会诚信度（%）	正向指标	95	97
		国民体质合格率（%）	正向指标	94.5	95.5
		有礼指数	正向指标	—	—
全域美丽建设	生产生活	单位GDP能耗（吨标准煤/万元）	逆向指标	0.35	0.23
		单位GDP二氧化碳排放（吨/万元）	逆向指标	—	—
		生活垃圾分类处理率（%）	正向指标	—	—
		县级以上城市公园绿地服务半径覆盖率（%）	正向指标	90	98
	环境治理	PM2.5平均浓度（微克/立方米）	逆向指标	20	15
		地表水达到或好于Ⅲ类水体比例（%）	正向指标	96	98
社会和谐和睦	党的建设	全面从严治党成效度（%）	正向指标	98.5	99
		整体智治实现率（%）	正向指标	—	—
	法治建设	万人成讼率（件/万人）	逆向指标	70	50
		律师万人比	正向指标	5.5	6.7
	平安幸福	亿元生产总值生产安全事故死亡率（人/亿元）	逆向指标	0.007	0.002
		公众食品和药品安全满意度（%）：公众食品安全满意度（%）	正向指标	90	95
		公众食品和药品安全满意度（%）：公众药品安全满意度（%）	正向指标	92	96
		群众获得感幸福感安全感满意度（%）	正向指标	—	—

注："—"表示由于缺少相关数据，暂未对该年的目标值进行预测。

第七章 浙江共同富裕指数创设研究

创设共同富裕指数是在构建共同富裕指标体系的基础上，构建或提炼一个能够扼要反馈指标体系各指标合成信息的综合指标，以期更直观简明地呈现共同富裕示范区的建设进展。共同富裕指数是将相对庞杂的指标系统抽象，将数十个指标监测数值凝聚为一个单一值，便于在时序上比较监测，也便于对不同地区进行横向比较管理。

第一节 创设共同富裕指数的目的和意义

共同富裕指标体系从多个维度，全方位地为扎实推进共同富裕提供了参照系。不同维度的指标，体现了经济社会发展与共同富裕密切关联的方方面面的有用信息，但这些指标不能独自体现共同富裕的整体推进程度。如果只读取某一个维度或者某个具体指标，可能会导致对共同富裕推进状况的误解，而如果在任何场合都将与共同富裕相关的指标全部罗列出来，则显得冗繁和缺乏直观性，尤其是不能直观地体现整体上的进展状况。因此，有必要构建一个能够综合体现共同富裕推进程度的指数，既能在时间的维度上体现推进状况，也便于在地区之间进行对比。综合指数将与共同富裕密切相关的指标包含在内，不仅消除了呈现成果的冗余性，而且能够通过对其内部各项指标的分析，弄清不同时期或不同地区对共同富裕的主要贡献因素和可能存在的短板。

第二节　代表性发展指数的应用实践

从创设的目标和意义上看，共同富裕指数属于揭示经济社会进步情况的发展指数。国际国内已经得到较为成熟应用的相关指数，可以为创设共同富裕指数提供启示。比较具有代表性的是 HDI 和中国经济发展过程中已经成功应用过的相关指数。

一　联合国人类发展指数

HDI 是有关编制发展指数类研究经常引用借鉴的成熟指数之一，也是在世界范围内具有较大影响的综合性发展指数之一，已经连续编制并发布 30 余年。该指数是由联合国开发计划署在 1990 年推出的一个具有全球代表性的评估和评价综合指数，编制的基础是与人类享受生活质量的最低能力紧密相关的一个清单，以收入、教育和健康为重点，明确而简单。该指数是评价人类在健康长寿的生活、有知识的生活、有体面的生活三大基本维度上，整体发展成就的一个综合度量指数。编制的技术过程比较简单，将三个基本维度的成就标准化之后，得到对应领域的发展指数，然后将三个方面的指数进行几何平均，即得到综合性的 HDI。其中，健康维度以人出生时的预期寿命为代表；教育维度选取两个指标，一是 25 周岁及以上年龄人口（成人）的平均受教育年限，二是适龄入学儿童的预期受教育年限；生活质量维度以人均国民收入为代表。对于收入，HDI 采用对数值进行衡量，从而体现出收入的重要程度随其增长而降低。

HDI 的理论最高分（满分）为 1 分。在联合国对接近 200 个国家或地区统计的范围内，将 HDI 得分超过 0.8 分的分类为"极高人类发展水平"，2021 年有 66 个国家或地区在列，其中位列前五位的分别是瑞士、挪威、冰岛、中国香港和澳大利亚，这五个国家或地区在 2020 年也位于前五位，泰国、塞尔维亚、毛里求斯属于刚好超越"极高人类发展水平"的三个国家；HDI 处于 0.7—0.8 分的国家或地区被划分为"高人类发展水平"，2021 年有 49 个国家或地区在列（比 2020 年少 4 个），中国以 0.768 分处于较中间位置，在整个排序中处于第 79 位（比 2020 年前进 3 位）；HDI 处于 0.55—0.699 分的被界定为"中等人类发展水平"，HDI 低于 0.55 分的情形被界定为"低人类发展水平"，2021 年时，中、低两个组别合计 76 国家和地区。①

但 HDI 本身仅代表了三个最基本的领域，在考量全面发展方面具有较大的局限性。例如，从可持续发展的视角来看，HDI 的开发者——联合国开发计划署明确地指出，"HDI 最高的国家往往以更大的规模对地球施加更大的压力"。HDI 的编制者指出，发展是动态的，优先级和价值观会转变，所以度量标准也应转变，于是该框架下的人类发展衡量工具包在不断演变。2010 年之后，经过不平等调整后的人类发展指数（Inequality-adjusted Human Development Index，IHDI）与基本的人类发展指数并行发布，将各国内部的分配不平等纳入考虑，为解释国家和地区之间人类的相对发展情况提供了更丰富的参考素材。全球多维贫困指数也在继 IHDI 之后发布，2020 年联合国开发计划署发布了"地球压力调整后的人类发展指数"（PHDI），旨在鼓励大家朝着促进人类发展的方向前进，同时减轻地球的压力。目前，人类发展指数家族已经形成了包括综合性的人类发展指数（HDI）、经不平等调整的人类发展指数（IHDI）、性别发展指数（GDI）、性别不平等指数（GII）、全球多维贫困指数（MPI）等多种体现各个国家或地区人类发展情况的指数体系。

二 中国经济发展新动能指数

转变经济发展方式，是中国经济从高速增长转向高质量发展的必然要求。为了直观、扼要地对中国经济发展方式转变情况作出总体

---

① UNDP, "Human Development Report 2021/22: Uncertain Times, Unsettled Lives: Shaping our Future in a Transforming World", http://hdr.undp.org.

评价，中国国家统计局统计科学研究所研编了经济发展新动能指数。

经济发展新动能指数体现了29个具体指标的综合发展情况，这29个具体指标通过网络经济、创新驱动、转型升级、经济活力、知识能力五大维度，反映新产业、新业态、新商业模式（"三新经济"）的成长情况。与HDI具有上限值（1.00）不同的是，经济发展新动能指数是一个"前向开口型"的发展指数，以特定年份的发展情况为基础，此后在此基础上叠加成长，在可以预见的时间范围内不设上限值，理论上可无限增长。该指数以29个具体指标在2014年的情况为基准，加权设定为100，以后各年按指标增长情况及其权重测算累加：2015—2020年中国经济发展新动能指数分别为119.6、146.9、191.2、257.9、325.5和440.3。

目前，中国经济发展新动能指数已经由国家统计局以专题的形式进行常态化发布，成为具有官方性质的综合类发展指数之一。

第三节　创设共同富裕指数的理论依据和基本原则

中国社会主要矛盾已经转化为人民日益增长的美好生活需要和不平衡不充分的发展之间的矛盾，是编创共同富裕指数的主要理论依据。共同富裕既包括通过发展实现富裕的过程，又包含富裕状态在全部社会成员间得到体现的特征。因此，共同富裕指数需要同时体现经济社会的发展特性和平衡与协调特性。创设编制共同富裕指数应当以与之相关的党中央重要会议精神、重大决策部署、习近平总书记系列重要讲话为理论指导，既有利于体现共同富裕的理论意义，又有利于反映实践进展和成就。本书在构建共同富裕示范区指标体系的过程中，体现了党的二十大对扎实推动共同富裕做出的重大部署、习近平总书记关于共同富裕的重要论述、《中共中央　国务院关于支持浙江高质量发展建设共同富裕示范区的意见》等重要文献精神，自然构成创设编制共同富裕的理论依据。指标体系反映了发展理念、发展战略、发展方式，内容丰富，而指数是对指标体系的抽象，将数量相对较多的指标汇聚成一个综合数值，直接的理论依据是党中央对当前和今后一段时期中国社会主要矛盾的重大判断。

扎实推进全体人民共同富裕，受到社会主要矛盾的制约，但其目的又在于更好缓和或消除社会主要矛盾对人的全面发展的约束。党的十九大指出，中国特色社会主义进入新时代，中国社会主要矛盾已经转化为人民日益增长的美好生活需要和不平衡不充分的发展之间的矛盾。社会主要矛盾是时代任务的决定性因素，现在中国已经到了扎实推动共同富裕的历史阶段，同样适用矛盾理论来研究、分析和解决问题。2022年1月，习近平总书记在省部级主要领导干部学习贯彻党的十九届六中全会精神专题研讨班开班式上的重要讲话中强调："党的百年奋斗历程告诉我们，党和人民事业能不能沿着正确方向前进，取决于我们能否准确认识和把握社会主要矛盾、确定中心任务。""我们要有全局观，对各种矛盾做到了然于胸，同时又要紧紧围绕主要矛盾和中心任务，优先解决主要矛盾和矛盾的主要方面，以此带动其他矛盾的解决，在整体推进中实现重点突破，以重点突破带动经济社会发展水平整体跃升，朝着全面建成社会主义现代化强国的奋斗目标不断前进。"[1]

从适应社会主要矛盾变化、推动缓解矛盾制约的角度，可以将前述指标提炼为两部分：一部分是主要目的在于推动缓和发展不平衡矛盾的指标，对应"共同富裕"术语中"共同"的部分，可称为发展平衡性指标、富裕共同性指标等；另一部分是主要目的在于推动缓和发展不充分矛盾的指标，对应"共同富裕"术语中"富裕"的部分，可称为发展充分性指标、总体富裕性指标等。通过提炼，将浙江共同富裕指标体系的七大方面与中国当前和今后一个时期的主

---

[1] 《习近平在省部级主要领导干部学习贯彻党的十九届六中全会精神专题研讨班开班式上发表重要讲话》，http://jhsjk.people.cn/article/32329102。

要矛盾更好地结合起来,使指标体系的理论基础得到进一步完善。在文献检索和调研的过程中,本书也发现,将社会主要矛盾及其变化纳入编制有关发展指数的考量,已经具有一定的实践基础,例如"清华大学中国平衡发展指数"[①],重点考虑了党的十九大报告所指出的"平衡"与"发展"两个矛盾关键词。因此,从认识、理解并推动缓和社会主要矛盾的视角来审视共同富裕指标体系,具有理论和实践上的合理性。

因为共同富裕指数是对共同富裕整个指标体系的凝练和抽象,应明了体现两个基本功能:在整体上体现共同富裕的推动进展(可评估性),同时有利于对未来一段时期进行预测(可展望性)。

第四节 创设共同富裕指数的现有尝试

目前国内有关学者或机构编制共同富裕指数的主要逻辑步骤是:首先构建指标体系,给体系中各个指标赋予权重;其次通过相关评判标准给各个指标赋予一个"满分值"并标准化为1或100;再次将经济社会实际情况与"满分值"做比较,去量纲化并得到标准化分值;最后加权所有指标的得分,得到综合的得分。

陈丽君、郁建兴和徐铱娜(2021)[②]从发展性、共享性和可持续性三个维度构建共同富裕评价的指标体系,并采用层次分析法确定各个指标的权重,认为发展性指标合计占权重的36.33%、共享性指标合计占权重的31.62%、可持续性指标合计占权重的32.05%。对于指数的合成,采用功效函数法进行无量纲化预处理,然后按权重求和,因此该指标也是一个以100%或1为上限的评价性指标。

[①] 许宪春、郑正喜、张钟文:《中国平衡发展状况及对策研究——基于"清华大学中国平衡发展指数"的综合分析》,《管理世界》2019年第5期。

[②] 陈丽君、郁建兴、徐铱娜:《共同富裕指数模型的构建》,《治理研究》2021年第4期。

李金昌和余卫（2022）[①]从四个方面深度挖掘共同富裕的统计内涵：一是确保富裕是全面覆盖的普遍富裕，经济发展成果惠及全体人民；二是确保实实在在的富裕，经济高质量发展显示实质性的成效，国内生产总值不断提升并有效转化为居民收入，国家经济实力雄厚，人民生活殷实；三是确保富裕可持续，形成环境友好、生态保护基础上的富裕；四是确保富裕是有助于实现人的全面发展的富裕，物质文明和精神文明相统一。参考《浙江高质量发展建设共同富裕示范区实施方案（2021—2025年）》和相关研究成果，该研究提出2035年各个指标的目标值，采用功效函数方法对各个指标进度值进行去量纲化处理，并通过加权求和得出共同富裕监测评价系数。以浙江为例，从共同富裕过程和共同富裕结果两个方面进行的评价显示：2015—2020年全省共同富裕（综合性的）过程指数从71.71分提高到80.87分（满分为100分），（综合性的）结果指数从77.92分提高到82.17分（满分为100分），2020年区域协调发展过程、地区发展差异结果、社会稳定状况结果三个项目得分为满分（100分）。

席恒等（2022）[②]认为，共同富裕本质上是共同程度和富裕程度的均衡，是国民财富的"共同程度"与"富裕程度"所形成的合力，运用几何合力计算方法从富裕和共同两个大的维度，分年度计算。对于"富裕指数"直接采用国家统计局提供的"居民人均可支配收入"作为代表，"共同指数"则采用基尼系数的变体作为代表。在其计算中，浙江2019年共同富裕指数为0.976，位列31个省份的第1位，北京以0.546的分值位列第19位，西藏以0.314的分值位列第31位。

当前学术界所建议编制的共同富裕指数或者尝试编制的共同富裕指数，实质上是相对于理想中的满分标准而言，现实的得分程度、指数的逻辑上限非常明确。

[①] 李金昌、余卫：《共同富裕统计监测评价探讨》，《统计研究》2022年第2期。
[②] 席恒等：《共同富裕指数：中国现状与推进路径》，《海南大学学报》（人文社会科学版）2022年第5期。

第五节 浙江共同富裕指数创设思路

一 创设综合指数的指标体系基础

共同富裕指数体现推动共同富裕的实践过程及其实现程度，是对一系列活动及其成就的综合体现。编制指数的前提条件是，在全部经济社会活动中，把与扎实推进共同富裕密切相关且易观察的部分明确出来，进行专门监测，即形成一个完整科学的共同富裕指标体系。本书构建的浙江共同富裕指标体系，是创设共同富裕指数的基础。该指标体系的构建，在实践层面上遵循既体现鼓励继续做大经济社会发展的"蛋糕"，又要求更好地分配好"蛋糕"，体现并促进人人享有更多、更直接、更实在的获得感、幸福感、安全感，不断促进人的全面发展和社会文明进步。

浙江共同富裕指标体系的构建思路及具体结果参见本书前述章节。概括地说，该指标体系是一个由主干、分支、末梢形成的三级指标树。其在充分考虑中国经济社会发展基本国情、浙江率先垂范发展特色的基础上，从七大方面形成共同富裕的主体支柱，即7个一级指标；各个一级指标由2—6个二级指标支撑，各个二级指标再由若干三级指标构成，合计共56个三级指标。指标体系的七大方面分别是：经济高质量发展，由经济效益、创新驱动、产业升级、消费升级四个测量维度下的8个三级指标支撑；城乡区域协调发展，由城乡协调、区域协调两个测量维度下的8个三级指标支撑；收入分配格局优化，由劳动就业、收入财富、分配格局三个测量维度下的9个三级指标支撑；公共服务优质共享，由托育服务、教育水平、医疗养老、社会保障四个测量维度下的11个三级指标支撑；精神文明建设，由文化设施、文化生活、文明素质三个测量维度下的7个三级指标支撑；全域美丽建设，由生产生活、环境治理两个测量维度下的6个三级指标支撑；社会和谐和睦，由党的建设、法治建设、平安幸福三个测量维度下的 7 个三级指标支撑。可以看出，与当前和今后一段时期中国社会面临的主要矛盾相对应，指标体系既体现缓解人民日益增长的美好生活需要与不充分的发展之间的矛盾，又体现缓解人民日益增长的美好生活需要与不平衡的发展之间的矛盾，兼顾发展的充分性和平衡性。

基于指标体系，采用恰当的方法逐层赋予指标权重，最终得到七个主要方面对于共同富裕的相对权重。即首先赋予三级指标各元素在构成二级指标中的权重，再赋予各个二级指标对于一级指标的权重，最后赋予各一级指标权重。可采用层次分析法，通过专家打分的方式，获得各个指标的相对重要性，并参考国内相关学者的研究，形成权重系数。

根据编制共同富裕指数的两大原则：一是可对历史进展作评估，及时掌握共同富裕的整体实现程度；二是可对未来作展望，设立指数增长目标。因此，可从两个不同的视角创设共同富裕指数。本书将两种视角下的共同富裕指数分别定义为目标实现型共同富裕指数、定基成长型共同富裕指数。

二 目标实现型共同富裕指数

共同富裕指数的预期功能之一是，综合把握共同富裕的整体实现程度。结合共同富裕的目标要求，对指标体系中所有的指标赋予目标值，当所有的指标监测读数均不低于目标值时，评定为满分，意为实现共同富裕。可将满分标准化为 100，或者 1（100%），表示共同富裕目标实现。而在全部指标均达到目标值之前，各指标的监测值按一定的权重规则和去量纲规则合成为一个数值，表示相对于满分的得分，即相对于预期目标而言，观测时点的实现程度，当实际状态接近目标状态时则取值趋近于 1（或者设定为百分率单位时取值为 100）。

该指数的显著特征是，取值具有上限，当所有指标的监测值都达到或高于预期目标值时,指数达到满分值(如100或1)。这类体现满意标准实现程度的指数,在经济社会分析中比较常见。前述人类发展指数,以及基尼系数、泰尔指数、恩格尔系数、性别差距指数等,这些指数在逻辑上体现为局部与整体之间的关系,也可以将其称为"比值型"指数,即实现值与目标值的比值。指数的计算,对理想状态具有较强的"知晓性"假定,需要事先明确各个指标的理想目标值。目前,与共同富裕监测评估相关的指数编制探索中,采用比值型指数的建议较多。由于要求指数编制者对于目标状态的取值非常清晰,并且目标状态下的取值具有稳定性,该种方式编制的指数较为适用对特定时期的观察评估,尤其是对于不同的主体(如省、区、市)在特定时期内的成效评估对比,便于得出不同主体各自相对于最优秀者(获得"满分者")的相对得分。

目标实现型共同富裕指数的创设思路如下:

明确共同富裕指数由指标体系的七大方面(7个一级指标)得分的加权和构成:

$$CPCI = \sum_{i=1}^{7} W_i \cdot X_i \qquad (7-1)$$

其中,$CPCI$ 表示共同富裕指数,W_i 表示第 i 个一级指标在总评价中的权重,$\sum_{i=1}^{7} W_i = 1$;X_i 表示在观测期第 i 个一级指标实际得到的评分。直观起见,设定共同富裕指数的满分为100 [Max($CPCI$) = 100,即以%为单位],最低分为0。

要获得 $CPCI$ 的得分,前提条件是明确 X_i 的评分和权重向量,其中权重向量通过层次分析法和文献调研法确定。X_i 的评分依赖于其包含的二级指标的评分(记为 X_{ij})及其权重(记为 W_{ij});而需要得到二级指标的评分,又需要进一步扩展至三级指标的评分及其权重。然后,通过从三级到一级逐级递归的方式,获得最终的 $CPCI$。

三级指标是具体量化的指标,具有不同的计量单位(不能直接加减或者对比运算),并且是从不同的方向影响总目标的实现,因此,需要将三级指标去量纲化,然后才能通过加权等方式将得分反馈至二级指标。根据前述理论依据和指标体系各元素的特征，将体现缓解"发展不充分矛盾"的指标规定为正向指标，如人均生产总值、城镇化率、人均预期寿命等，从统计中得到的这些指标的实际数值越大，表示发展得越好（其中一些指标在理论上具有取值上限，如居民人均服务性消费支出占比、每千人口拥有 3 岁以下婴幼儿托位数等）；将体现缓解"发展不平衡矛盾"的指标规定为负向指标，如恩格尔系数、基尼系数、GDP 能耗、安全事故死亡率等，经济对这些指标录得的数值越低，代表发展得越好；将既可能体现缓解"发展不充分矛盾"，又可能缓解"发展不平衡矛盾"的指标规定为中间指标，这些指标的实际统计数在特定的区间，表示发展状态较好。

对于缓解"发展不充分矛盾"的（正向）指标，参考 HDI 的模式，单个指标通过以下方式去量纲化：

$$IDX_k = \% \cdot \frac{\text{指标 } k \text{ 的统计录得数} - \text{指标 } k \text{ 的容许最低值}}{\text{指标 } k \text{ 的目标值} - \text{指标 } k \text{ 的容许最低值}} \quad (7-2)$$

$0 \leq IDX_k \leq 100$，如果指标 k 的统计录得数大于其目标值，则令式（7-2）恒等于 100。各指标的目标值可设定为恰好达到共同富裕时的取值，容许最低值可设定为超越贫困状态但尚不充分的某一取值。对于收入类的指标，联合国开发计划署在计算人类发展指数时，采用了自然对数的形式，认为这有助于在收入达到较高水平之后，自动降低其相对于其他指标的重要性。本书在计算收入类指标时，参照联合国开发计划署的做法，在以"元"为计量单位的基础上取自然对数。例如，计算浙江人均 GDP 在 2020 年时的单项指数：对于省级层面上的人均 GDP 这一正向指标，假设达到 22.48 万元（按照 2020 年的不变价格）时达到共同富裕对于该单项指标的要求；假设人均 GDP 低至 35000 元时为最低容许值，则浙江 2020 年人均 GDP（100700 元）对应的得分为：$IDX_{gdppc,2020} = \% \cdot \frac{\ln(100700) - \ln(35000)}{\ln(224800) - \ln(35000)} = 56.82$，其他正向指标类似的方式得到无量纲得分。对于缓解"发展不平衡矛盾"的（负向）指标，采用以下简便计算方式求得无量纲值：

$$IDX_m = \% \cdot \frac{\text{指标} k \text{的理想最低值}}{\text{指标} k \text{的统计录得数}} \quad (7-3)$$

例如，对于城镇调查失业率，假设共同富裕要求其单项满分为4%以内，而浙江2020年为4.65%，则单项得分为86.02。

对于适度指标，采用与适度值的偏离度的倒数来测量。

最后，通过分层加权求和，逐级得到反馈至上一级的综合分值，最终得到 CPCI 综合数值。

CPCI 的预期读数范围是（0，100]。

三 定基成长型共同富裕指数

共同富裕指数应当具有的另一个功能是，综合体现发展建设进展。在此视角下，明确扎实推进共同富裕的起点（如全面建成小康社会时的经济社会基本情况），设定为成长基数100，以后各期在经济社会领域取得的发展成就按相应的规则持续叠加，使得指数随着经济社会的发展而不断增长。定基成长型指数也是一种比较常见的、体现发展状况的指数，指数按照规则随时间而变动（增长），如国内生产总值、GDP指数、上海证券综合指数等，指数在理论上没有上限（这一点显著区别于目标实现型指数）。

定基成长型共同富裕指数的创设思路如下：

首先需要明确共同富裕指数由指标体系的七大方面（7个一级指标）得分的加权和构成：

$$CPCI = \sum_{i=1}^{7} W_i \cdot X_i \quad (7-4)$$

但与式（7-1）不同的是，定基成长型共同富裕指数没有上限，可以永续增长，其起点得分即为100（如对应于全面小康社会状态），对于该指数达到何值时可分别表示扎实推进共同富裕取得实质性进展、基本实现共同富裕、实现共同富裕，根据各项目标要求进行加权计算。由于指标分为三层，同样采用递归的办法，从三级到一级依次得到。

构建定基成长型指数的意义在于立足当前，展望未来。具体地看，定基成长型共同富裕指数，具有以下几个方面的优势。

第一，参照系恒定，不需要根据经济社会发展的情况频繁修订参照系。对于跟踪理解不断前向发展的指标，可能在我们当前的认知范围内设定的目标状态，并不一定是这个指标在整个历史发展脉络中的最优情形，即参照系的选择可能并不始终合理（例如假设省级层面人均 GDP 的目标值是 22.48 万元）。与其不断地修正参照系，以使得指数得分保持在特定的范围内，倒不如不对指数设定上限，任其按照规则成长。

第二，定基成长型共同富裕指数，既允许不同主体在同时点的横向对比，又允许在历史脉络中纵向比较。比值型指数的一个典型缺陷是难以直观地进行跨时期比较（如目标实现型共同富裕指数）。为了设定比值型指数的合理范围，在编制时通常会将采集数据的时间跨度、空间范围等作限定，以便确定在特定范围内各个指标取值的浮动情况。总的原则是根据数据在整个样本范围内的表现，在分母端设定一个"目标值"，然后在分子端计算出体现发展状态的"实际值"，从而得出"理想的实现程度"。这种方式多用于对过去某段时期或某些时期的情况作评价，指数越接近于 1（或者采用百分数设定时的100），表明发展状态越好，指数越小则发展越差。然而，一旦时间跨度（或空间范围）发生变化，就需要在新的时期范围（或空间范围）内重新设定"目标值"，从而可能使得对比规则具有差异，也就难以直接通过该类指数来评判研究对象不同时期范围的表现变化。

例如，参照线性功效函数的设定方式，① 某一经济社会发展领域（X）的比值型发展指数 DIX，将分母端的"目标值"设定为基于统计判断的最大值与最小值的差（$X^{max} - X^{min}$），分子端设定为该领域统计的实际录得数与最小值的差（$X - X^{min}$），将计算得到的比值数进行百分化之后，作为发展指数用于评价发展目标实现情况。假设某一年度（如 2015 年），对于数值越大表明发展越充分的 X 领域，人均

---

① 封婷：《综合评价中一种凹性指数型功效函数》，《统计与信息论坛》2016 年第 7 期。

发展水平的最大值为7125个单位（即$X^{max}=7125$），人均发展水平的最差情形为1500个单位（即$X^{min}=1500$），某地统计录得数值为6000个单位，由以上方法计算得到的发展指数为80，即$DIX=\%\cdot(X-X^{min})/(X^{max}-X^{min})=\%\cdot(6000-1500)/(7125-1500)=80$；随着各个地区在$X$领域的发展水平继续推进，到2020年，该地的人均发展水平提高到8000个单位，但整体上可能实现的最大值（或全国范围内的最高值也有所提高，达到12000个单位）、最小值也有所提高，达到2000个单位，此时，按照前述方式计算得到的发展指数变化至60，即$DIX=\%\cdot(X-X^{min})/(X^{max}-X^{min})=\%\cdot(8000-2000)/(12000-2000)=60$。即2020年与2015年的情形相比，尽管该地在$X$领域的人均水平发生了非常显著的增长，由6000个单位增长至8000个单位，增幅达到33%，但发展指数却从80降至60。这使得指数在描绘发展态势时，不够直观，即难以让公众理解，为什么所有的情形都朝向进步的方向变化，但发展指数却发生下降。其中的主要原因在于参照系发生了变化，即计算2020年情形时所认定的"目标值"与2015年时的"目标值"并不相同。这就使得2020年的指数值与2015年的指数值具有不同的含义，难以直接描述二者的优劣。

从实践上看，比值型发展指数（如HDI），一个重要的用途体现在观察不同主体在不同年份的位次变化（因为在同一个年度，各主体的参照系是相同的），有进必有退。而对于同一主体在不同年份的增长趋势，按年份独立计算的指数往往不能直接提供信息，而需要对相关的参数（基准）调整之后重新进行计算。对于某个具体年份（如2010年）的指数值，就会出现因编制年份的不同而不同的情况（如中国2010年的HDI值在2011年、2016年、2020年三个年度人类发展报告中分别为0.682、0.700和0.699）。

第三，定基成长型指数，可以在直观上体现经济社会不断前向发展，永续进步。设有（或者隐含）逻辑上限的指数，在直观上难以体现永续的"发展"（最直观的表现是，无论进行多少轮评估编制，得到的指数值可能都差别不大,因为参照系变化并且设定了取值限度,如人类发展指数)。尽管从技术过程上看,以100%或者1作为上限的指数具有即期性或历史性,是各个主体之间相对地位的对比,本身不具有依照其对未来态势做出预测的基础。但是,共同富裕并非在各个省或者各个市之间进行相对比较,因为是全体人民的共同富裕,不应出现类似浙江省20××年的共同富裕指数在31个省份中上升了多少位的表述,尽管在共同富裕示范区建设试点过程中可能做一些参考性的对比(如果指数易引起区域间或者群体间的"锦标赛",则与共同富裕的理念不相符合)。因此,共同富裕指数与HDI、小康指数等具有区别,其应当弱化区域间相对地位的比较,而应强化不同区域通过共同发展而迈向富裕的成长性。在全国和各个地方的经济社会发展实践中,都有制定五年规划或者其他发展计划的传统,如果创设的指数不能展望未来,则其难以用于指导扎实推进共同富裕的实践。当前和下一期的指数编制所依赖的参考条件发生变化,两期的指数数值对比没有意义。例如,在使用HDI等相对型指数时,不能基于当期值(如0.761)的分析来规划通过某些方面的努力,争取到2025年提高到0.770,由于参照系发生了变化,可能0.770反而比0.761代表更低的发展水平。

概括地说,目标实现型共同富裕指数,是站在未来一个特定的状态上回看当前;定基成长型共同富裕指数,是立足于当前展望未来。

第六节 共同富裕指数的数值测算过程

一 逐级确定指标体系各因素的权重

采用客观赋权与主观赋权相结合的方式,逐级获得指标的权重。在客观赋权方面,主要参考张彬斌(2009)[1]、郭峰等(2020)[2]所

---

[1] 张彬斌:《基于层次分析法的人才测评》,《重庆工学院学报》(社会科学版)2009年第11期。
[2] 郭峰等:《测度中国数字普惠金融发展:指数编制与空间特征》,《经济学》(季刊)2020年第4期。

采用的层次分析法，通过访谈专家打分的方式获得各级指标在各自准则下的相对重要性矩阵，量化得到较为客观的权重。参考构建指数的同类相关研究，[①] 获得同类指标在现有文献中的赋权，并把既有文献中的这些赋权整理为参考信息，邀请专家进行第二轮咨询，调整通过计算得到权重值。

根据以上方法，可以获得七大方面一级指标的权重，以及可分别获得各个二级指标对于其所在一级指标的权重。进一步地，按照同样的方法获得各个三级指标对于其所在二级指标的权重。

二 目标实现型共同富裕指数计算方法

采用式（7-1）—式（7-3），代入各级指标权重，使用本书测算的《基本实现共同富裕的目标值界定问题研究》获得各个具体指标的目标值，将（2035年的）目标值标准化为满分100，逐级递归至目标层，可以计算得到当前浙江省目标实现型共同富裕指数的数值。当获得各个指标的监测统计数值之后，代入上述公式，计算出具体的指数数值。

该指数较适用于以共同富裕为锚，将全省作为一个整体，实时掌握当前发展状况相对于理想目标的实现程度。

对于浙江省内各地市而言，建设共同富裕示范区的发展起点、发展分工有差异，不便直接针对每一个地市都计算一次目标实现型共同富裕指数。但在充分考虑各地经济社会发展基础、各类资源禀赋等起点差异的基础上，通过进一步明确各地市在全省发展建设共同富裕示范区过程中的角色，以协同推进为原则，对各个指标针对不同地区落实差异化的目标值，则可以得到分工协同条件下，各地区的目标实现型共同富裕指数。需要说明的是，由于分工协同推进的

[①] 魏婕、任保平：《中国各地区经济增长质量指数的测度及其排序》，《经济学动态》2012年第4期；向书坚、郑瑞坤：《中国绿色经济发展指数研究》，《统计研究》2013年第3期；许宪春、郑正喜、张钟文：《中国平衡发展状况及对策研究——基于"清华大学中国平衡发展指数"的综合分析》，《管理世界》2019年第5期。

过程中，各地的目标任务不同，则可能出现两地经济社会发展水平差异明显，指数却相近或相同的情况。

三 定基成长型共同富裕指数计算方法

定基成长型共同富裕指数，不仅适合于全省作为整体性的监测工具，也适合于各个地市直接用于独立监测。该指数的优势在于，监测时不需要（像目标实现型共同富裕指数那样）考虑"目标值"的设定问题，有助于动态地监测各地市推进共同富裕的进展情况，不存在参照系不确定性的扰动。在获得浙江省全省或各地市指标数据的情况下，可借助设定的计算步骤，算出全省及各地市指数的具体数值。

第七节 共同富裕核心指数及其测算结果

可以将最能代表共同富裕建设进展情况的少数指标提炼出来，构建共同富裕核心指数，即在所有指标中抽取核心指标，按照前述过程，构建两类指数的核心指数。核心指标的选取，遵循四个基本原则：一是基础数据的获取更加便利，如直接利用统计系统的常规性统计数据；二是基础数据测量的客观性，尽可能减少主观指标的使用、尽可能减少需多步计算间接而得指标的使用；三是指标具有普适性，如全国各地都在使用的统计指标、数据获取方式及含义无异议；四是指标数量尽可能（在完整指标体系的基础上）精简。

基于上述思路，共同富裕核心指数所依赖的基础指标及其权重见表7-1。其中，指标筛选自本书提出的完整指标清单，权重的获取方式同前（且七大一级指标的相对权重保持不变）。

表 7-1　　　　　　　　　共同富裕核心指数

序号	核心指数指标		体现的一级指标	
	指标名称	权重	指标名称	权重
1	人均 GDP	12.6	经济高质量发展	21
2	恩格尔系数	8.4		
3	常住人口城镇化率	11	城乡区域协调发展	11
4	城镇调查失业率	8.8	收入分配格局优化	16
5	居民人均可支配收入与人均 GDP 之比	7.2		
6	高等教育毛入学率	7.6	公共服务优质共享	19
7	人均预期寿命	8.6		
8	城乡居民最低生活保障平均标准	2.8		
9	每万人拥有公共文化设施面积	6.5	精神文明建设	13
10	每万人志愿者率	6.5		
11	地表水达到或好于Ⅲ类水体比例	10	全域美丽建设	10
12	亿元生产总值生产安全事故死亡率	10	社会和谐和睦	10
合计		100		100

注：(1) 各个指标的监测计量单位同指标体系对应项目；(2) 核心指数指标的权重为总权重，即占共同富裕总体评价的权重。

针对 2019 年和 2020 年浙江省"目标实现型共同富裕指数—核心指数"（CPCI-Tcore）的试算结果，以及针对 2025 年的预期目标对应的"目标实现型共同富裕指数—核心指数"试算结果见表 7-2。

表 7-2　浙江省目标实现型共同富裕指数—核心指数试算结果

年份	2019	2020	2025*	2035
目标实现型共同富裕指数—核心指数	71.68	74.68	85.00	100.00

注：*表示预测值。

表 7-2 的计算结果表明，以 2035 年基本实现共同富裕为满分 100，根据浙江省 2020 年目标实现型共同富裕指数—核心指数值为

74.68，如果在2025年达到本书预测的预期目标，则2025年目标实现型共同富裕指数—核心指数可望达到85。

在表7-2的计算中，关键参数设置及来源如下。一是各指标的理想目标值（即2035年的目标）设定来自本书（第六章）的有关研究，假定各个指标达到2035年的预期值时为单项满分值（100）；核心指标在2025年的预期目标也来自该章的设定。二是在计算过程中，货币型指标按元（2020年价）计量并取自然对数，包括人均GDP、城乡居民最低生活保障平均标准两个指标。三是为了使指数计算结果显示较"紧凑"，对正向指标的下限、区间取值正向指标的下限、负向指标的上限进行了"不能容忍"临界（即触及0得分时的指标值）设定，包括：全省人均GDP下限为35000元（即统计录得此值或小于此值时，单项得分为0，其他设定的含义类似）、恩格尔系数上限为35%、常住人口城镇化率低于40%、城镇调查失业率上限为6.9%、居民人均可支配收入与人均GDP之比下限为0.4、高等教育毛入学率下限为31%、人均预期寿命不可低于55岁、城乡居民最低生活保障平均标准下限为3500元、每万人拥有公共文化设施面积下限为1200平方米、每万人志愿者率下限设为5%、地表水达到或好于Ⅲ类水体比例下限为65%、亿元生产总值生产安全事故死亡率上限为0.55人/亿元。设定依据是参考了最不发达地区、最不发达国家的相关情况。此设定仅作为去量纲计算的技术性需要（使得2025年的阶段性目标指数值达到85），如果不进行此种设定，指数的大小会发生改变，但其含义本身不会发生改变。

以2020年的情形定基，针对2021年浙江省"定基成长型共同富裕指数—核心指数"（CPCI-Bcore）的试算结果，以及针对2025年、2035年的预期目标对应的"定基成长型共同富裕指数—核心指数"试算结果见表7-3。

表 7-3　浙江省定基成长型共同富裕指数—核心指数试算结果

年份	2019	2020	2021	2025*	2035*
定基成长型共同富裕指数—核心指数	96.64	100.00	98.60	121.73	175.15

注：2021年的定基成长型指数值比基期略低，主要是因为部分指标采用了2020年的值代替，而未代替的一些指标表现略不及2020年（如失业率等）；*表示预测值。

表7-3的结果意味着，在各指标的意义不发生变化的情况下，当定基成长型共同富裕指数—核心指数达到175.15时，浙江省基本实现共同富裕。

第八节　共同富裕指数及其核心指数应用前景展望

目标实现型共同富裕指数、定基成长型共同富裕指数及其核心指数，主要功能均在于从整体上监测浙江共同富裕示范区的建设进展情况。其中，定基成长型共同富裕指数可以直接计算出各个地市的数值，而目标实现型共同富裕指数则需进一步明确各地市在各指标上的发展建设目标后，算得指数数值。考虑不同地市发展情况差异以及发展分工差异，适用于全省的权重矩阵，并非对于所有的市都恰好适宜，因此，将省级层面的指数演绎至下一级行政区划应用时，可能会降低精准性。不过，这几乎是所有发展指数均具有的特性。

指数的监测功能应大于考核功能。以省级指数计算框架为蓝本，计算获得的地市级或市县级指数，尽管可在同一层级进行大致比较，但如果作为地方政绩考核依据，则需谨慎。定基成长型共同富裕指数，本书建议以2020年全面建成小康社会时各指标的读数为基数，但各地市在该时的经济社会发展程度并不一样，例如，人均收入较低的地市在未来几年的增长率可能更大，而收入水平较高的地市在未来几年提升公共服务质量的能力可能更强。尽管可以参照前述模型，对每一个地市都计算出定基成长型共同富裕指数，但该指数应主要用于各地市在整体上的监测管理，而避免在地区间展开竞赛（但如果确需进行评比考核，由于指数体现的是各方面情况的加权综合，实际上亦可在一定范围内直接应用）。

在实践中，其他领域的定基成长型指数也多用于对发展情况的监测，而作为考核依据运用时，由于基期情况不一致，仅体现大致可比原则。例如，（1）本章第二节所介绍的"经济发展新动能指数"以 2014 年各指标的情形定基并加权至 100，以后各年在此基础上增长，目前国家统计局每年发布全国指数，如果各省份以此指标体系及权重计算本省指数，则由于各省份在 2014 年的发展情况具有差距，分省份指数则包含了由于基础差异而引起的增长能力差异。因此，"经济发展新动能指数"适宜作为宏观层面上的监测性指标，用于体现相对于基期的进展情况。（2）对于确需考核的情形，并不必然需要在指数设定时就充分考虑不同区域的起点差异，利用指标加权指数的大致可比特性已基本足够。国家发展和改革委员会、国家统计局、环境保护部、中央组织部联合制定的《绿色发展指标体系》和《生态文明建设考核目标体系》，在本质上是形成一个定基成长型发展指数，可将其称为"绿色发展综合指数"。该指数涵盖 55 个具体指标，并以 2015 年为基期按一定权重加权至 100，由于各省份在起点时差异明显（有些省份环境治理空间巨大），可能导致同等程度的绿色转型努力产生的"绿色发展综合指数"增长差别较明显。指数是多个指标的综合，通过权重调整之后，在一定程度上会降低特定领域的突出优势或明显劣势的影响，年度分省份指数值大致可比较，尽管可能会在一定程度让某些省份感到不公平。

如确需从考核考评的角度，增强地市、市县级指数的横向比较的"公平性"，建议从各地在全省推进共同富裕示范区发展建设过程中的角色定位着手，基于不同的主体功能，划定各地市、各市县在各指标上的发展目标，或者对各地设置不同的权重。例如，一些地市的主体功能在于创新集聚、大力发展高等教育,为全省建设共同富裕示范区提供智力保障和新动力策源地;一些地市、县市的主体功能可能在于生态涵养,不搞大开发大建设;一些地市提供面向全球的开放窗口,而另一些地市需要为相对较低收入者提供充足的增收机会;等等。因此,不同区域主体在全省总体推进共同富裕示范区建设过程中的分工和协作着力点并非一致,从而在各个指标的目标值设定、指标权重设定上应当有所差异。在对全省总目标的通盘考量下,基于各地基础情况以及功能定位,设置差异化协同化的地市级目标,有助于进一步增强指数的横向可比性。

第三篇
实现路径篇

第八章　把以人为本作为推动共同富裕的根本要求

习近平总书记在论述扎实推动共同富裕的总体思路时指出，要"坚持以人民为中心的发展思想，在高质量发展中促进共同富裕"，推动共同富裕的首要原则便是"鼓励勤劳创新致富"[1]。党的二十大报告提出，到2035年中国发展的总体目标之一是"人的全面发展、全体人民共同富裕取得更为明显的实质性进展"。因此，浙江建设共同富裕示范区应当将人民的发展需求放在首位，努力提升人力资本，为更多人创造尽可能公平的勤劳致富机会。国家发展和改革委员会在解读《中共中央　国务院关于支持浙江高质量发展建设共同富裕示范区的意见》时表示，对支持浙江高质量发展建设共同富裕示范区进行谋划部署时，首要便是从目标导向出发，"全方位聚焦以人为核心的共同富裕，重点从人的物质生活、精神生活、生态环境、社会环境和公共服务等方面进行谋划部署"。在这一目标导向的指引下，浙江建设共同富裕示范区的出发点和落脚点都应当以人为本，保障全体人民能够参与共同富裕建设，分享共同富裕成果。为实现这一目标，首先需要为大多数具有劳动能力的人创造勤劳致富的机会，从多方面入手提升劳动者的人力资本，这既是保障社会不同阶层之间具有合理的流动性、稳步提升居民收入、确保社会稳定发展的关键，也

---

[1] 习近平：《扎实推动共同富裕》，《求是》2021年第20期。

是提升全要素生产率、促进高质量发展的关键；其次是要进一步优化人口发展战略，结合中国人口结构演变趋势，重点完善幼儿托育和养老保障，同时加大对弱势群体和特殊群体的保障能力，努力做到共同富裕"人人享有"。

第一节　以人为本建设共同富裕示范区的重要方向

建设共同富裕示范区要实现"做大蛋糕"和"分好蛋糕"二者的协调兼顾。面临国际发展格局的重大变化和国内发展路径的重要调整，"做大蛋糕"意味着应当坚定不移地追求高质量发展，增强综合创新实力，建设现代化产业体系。中国经济发展路径正在逐渐由出口需求牵引转向以国内大循环为主体，由技术引进和本土化改造使用转向科技自立自强。这种发展格局的重大变化其背后是就业岗位和劳动力技能需求的重要调整，更深层次的是对人力资本需求的重要变迁。"分好蛋糕"则意味着在分配问题上要尽可能保障大多数人的基本权利和利益。随着前期各类改革性和资源性红利的逐步释放，想要高质量做大增量的难度逐步提升，同时前期效率优先模式下累积的差距问题逐步显现。在此情况下，如何进行合理分配至关重要。改善分配不仅要围绕税收、社保等进行优化，而且应当以促进人的全面发展为重要目标，关注制约人口长期健康发展的因素，通过优化分配制度，缓解少子化、老龄化等问题带来的隐患。

一　产业升级转型带来岗位技能需求变化，推动共同富裕需加快完善人力资本培育体系

2010年中国15—59岁劳动年龄总人口规模达到峰值，根据中国人口与发展中心的预测，中国人口总规模将在"十四五"时期相继

经历零增长、负增长，而 60 岁及以上的老龄人口规模则将逐渐增大。[①] 尽管劳动年龄人口总量下降意味着支撑中国过去 20 多年高速发展的重要因素之一人口红利已然消失。但实际上，随着潜在经济增长率下行和产业结构转型，经济发展模式内生性决定了劳动力的供给和需求在总量上是平衡的，而劳动力市场所面临更为重要的问题是劳动者技能与岗位需求之间的不匹配。[②] 迈入新发展阶段以来，在供给侧结构性改革、创新驱动发展等一系列重大战略的作用下，中国的产业结构正处于快速升级转型阶段，现代化产业体系正在逐步构建。在这一阶段，新技术被快速发展和应用，企业生产模式正在进行重大变革，这必然会导致劳动力市场上旧岗位的破坏和新岗位的创造。失去工作岗位的劳动者与新生岗位之间的技能不匹配，以及传统教育培养体系下新进入劳动力市场的劳动者技能与科技快速变革下新生劳动力技能需求的不匹配，很容易导致结构性失业规模的扩大。如果无法针对这种技能劳动力供需不匹配的情况对人力资本培养机制进行调整和完善，那么很有可能导致结构性失业规模长期处于较高位置，甚至导致技能不足的劳动力退出劳动力市场，从而给扩大中等收入群体和经济高质量发展带来不可忽视的负面冲击。因此，面对中国现阶段的劳动力人口特点和产业升级转型，推动共同富裕的重要着力点之一就是加快发展适应于现阶段和未来产业发展的人力资本培育体系，这种培育体系既包括普通高等教育和职业技能教育，也包括失业劳动者的技能再培训。

二 人口结构老龄化、少子化特征突出，推动共同富裕需有效提升老幼人群保障水平

伴随着劳动年龄人口数量的下降，中国人口结构转变体现出的两

[①] 张许颖、李月、王永安：《14 亿人国家：迈向高质量发展的未来——中国人口中长期预测（2022）》，《人口与健康》2022 年第 8 期。

[②] 蔡昉：《中国面临的就业挑战：从短期看长期》，《国际经济评论》2022 年第 5 期。

大特征是老龄化与少子化。第七次全国人口普查数据显示，60岁及以上人口占比为18.70%，相比于第六次全国人口普查，该比重上升了5.44个百分点。同时，由于第一波"婴儿潮"出现在1962—1973年，平均每年新出生婴儿2700万名，未来十年中国将处于退休人口规模高峰，这意味着人口老龄化的特征以及随之给劳动力市场带来的冲击将持续加深。与此同时，第七次全国人口普查数据显示中国的总和生育率为1.3，远低于2.1这一人口更替水平的总和生育率。生育率的持续下行反映了现阶段适龄生育群体"不敢生""不愿生"的问题。尽管国家层面对人口生育政策一再放松，但新生儿规模并没有达到预期的反弹效果，其背后的原因包括育儿成本高企，以及女性在职业发展和生育之间难以平衡等问题。[1] 老龄化和少子化这两大特点导致中国的人口结构演变将呈现类似倒三角形的情形，这种人口发展模式对于潜在经济增长率将会产生负向影响。为了减弱这种影响，需要相关的保障性政策发挥重要作用。研究表明，生育和幼儿养育阶段的保障措施对欧洲扭转低生育率发挥了重要作用。[2] 政府部门通过再分配手段，在不同收入群体间实现生育保障的优质化和均等化，有助于促进人力资本初期培育的均等化，促进人的发展起点的相对公平，从而推动共同富裕。同时，对劳动能力减退的老龄人口通过再分配政策实现保障水平的均等化也有助于缩小不同收入群体之间的差距，推动共同富裕发展。

总体来说，无论是从提升人力资本、促进经济高质量发展这一"做大蛋糕"的角度来看，还是从"提低""扩中"这一"分好蛋糕"的角度来看，推动共同富裕都应当将出发点和落脚点放在以人为本、促进人的全面发展上。考虑中国现阶段的主要问题和现实条件，以人为本的重点包括加快完善人力资本培育体系，加强社会保

---

[1] 张乐、陈璋、陈宸：《鼓励生育政策能否提高生育率？——基于生育成本缺口递增的视角》，《南方人口》2022年第1期。
[2] 迟明、解斯棋：《21世纪以来欧洲生育率反弹成因分析及其对中国的启示》，《人口学刊》2022年第4期。

障体系发展，特别是实现"幼有所育""老有所养"的民生兜底和保障水平均等化发展等方面。

第二节 浙江人力资本培育体系发展现状与问题

提升人力资本水平是绝大多数劳动者获取勤劳创造财富能力的重要途径。因此，浙江完善人力资本培育体系一方面要为个体创造更多的职业技能提升途径和发展机会，另一方面要与产业结构升级转型路径保持基本一致，从而在劳动者技能供给与需求层面熨平结构性失业，构建一个健康的、具有活力的劳动力市场。因此，本部分将从三个层面来进行分析，首先是浙江存量人力资本及培育体系现状，其次是浙江产业结构及人力资本需求，最后简要分析浙江现阶段人力资本培育体系需关注的重点问题。

一 浙江存量人力资本及培育体系现状

人力资本作为一个经济学概念，指的是体现在劳动者身上的资本。因此，决定人力资本水平的因素主要有两个方面，一是劳动者本身的规模，二是劳动者所具备的知识、技能水平以及健康状况等。图8-1展示了浙江1978—2021年人口自然变动的情况。人口规模构成了劳动力规模的基础，可以发现浙江人口死亡率相对平稳，人口自然增长率的变动主要由出生率决定。自进入21世纪以来，浙江的出生率基本在10‰左右，且大部分时间在10‰以上，人口自然增长率则保持在5‰左右。但是2020年和2021年连续两年出生率大幅下降至7‰左右，导致2020年人口自然增长率仅为1.29‰，2021年的人口自然增长率进一步下滑至1‰。这种趋势如果进一步延续，将意味着浙江未来少儿人口规模快速萎缩，其对经济社会发展的负向影响则会在未来一段时期逐步显现。

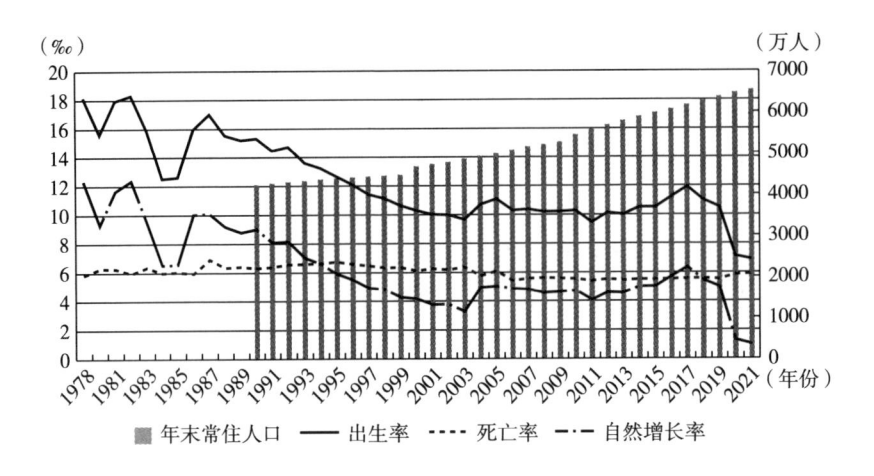

图 8-1 浙江人口自然变动情况（1978—2021 年）

资料来源：《浙江统计年鉴（2022）》。

图 8-2 展示了浙江 2020 年的分性别人口年龄结构。以 5 岁为一个年龄段进行划分，可以发现，浙江各年龄阶段的性别分布相对均衡，但 25 岁及以下的人口规模迅速下降。其中，45—54 岁人口、25—34 岁人口占比较高，这种相差大概 20 年的人口规模高峰与人口学中的回声效应有关。但是值得注意的是，10—14 岁的人口规模并没有显著扩大，也不足以构成一个人口规模峰值。这意味着这种相差 20 年的人口回声效应在 30—34 岁人口和 10—14 岁人口间明显减弱，即便考虑到女性生育年龄的推迟和近年来生育政策的调整，0—9 岁的人口规模也没有显著回升。这种人口结构的演变趋势与 2020 年以来人口自然增长率的快速下滑相互印证，说明人口规模和人口结构作为影响经济社会发展的重要慢变量正在发生根本性的转变。因此，提升个体的知识技能水平和身体素质，对于提升浙江整体的人力资本水平和推动经济高质量发展非常重要。

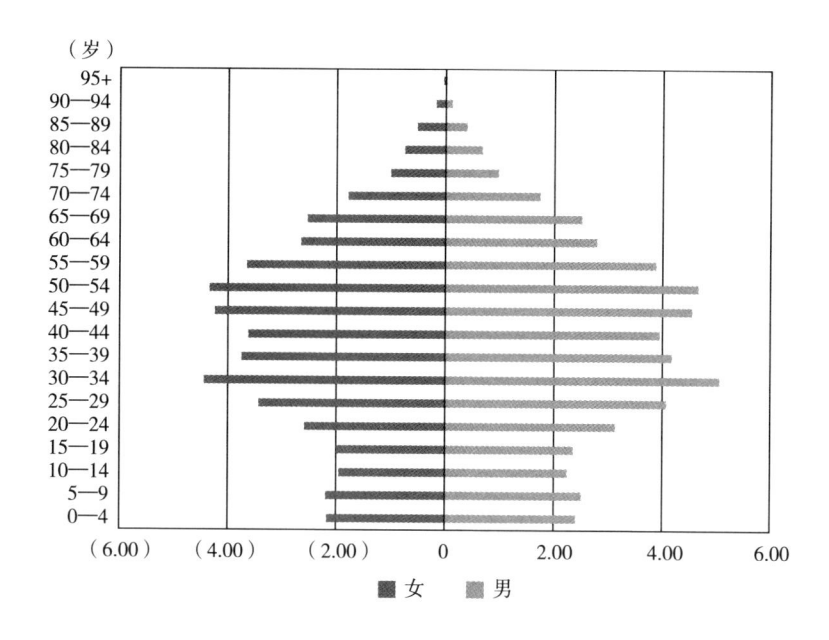

图 8-2 浙江人口年龄结构（2020 年）

资料来源：《浙江统计年鉴（2022）》。

接受教育是提升人力资本最重要的途径。第七次全国人口普查数据显示，2020 年全国 15 岁以上人口的平均受教育年限为 9.91 年，浙江为 9.79 年，略低于全国平均水平。为进一步分析浙江省内不同地区的人口受教育程度，表 8-1 展示了浙江分地区 3 岁以上人口受教育程度占比。尽管这一年龄范围与劳动力年龄范围有一定的差异，但是仍然能够基本反映劳动力的人力资本水平。可以发现，各地区受教育程度为小学和初中的人口占比最高，这与浙江省平均不到 10 年的受教育年限相一致。其中杭州和宁波作为经济水平较为发达的地区，接受专科及以上教育的人口占比相对较高。

表 8-1　浙江分地区 3 岁以上人口受教育程度占比（2020 年）

单位：%

	未上过学	学前	小学	初中	普通高中	大学专科	大学本科	研究生
全　省	3.92	3.15	27.05	33.53	14.92	8.69	7.86	0.86

续表

	未上过学	学前	小学	初中	普通高中	大学专科	大学本科	研究生
杭州市	2.70	3.22	21.21	26.95	15.79	12.48	14.94	2.71
宁波市	2.44	2.89	26.59	35.72	14.11	9.05	8.45	0.75
温州市	6.15	3.38	30.07	32.63	14.81	7.59	5.00	0.38
嘉兴市	3.30	3.05	28.56	36.00	13.46	8.15	7.02	0.45
湖州市	2.79	2.89	31.07	34.90	14.37	7.32	6.25	0.42
绍兴市	2.54	2.74	26.36	37.18	15.58	7.79	7.37	0.43
金华市	3.96	3.48	23.88	38.83	16.08	8.23	5.19	0.36
衢州市	6.78	3.63	29.11	32.37	15.41	6.69	5.67	0.34
舟山市	2.88	2.47	29.98	33.31	12.94	8.92	8.79	0.71
台州市	6.01	3.10	31.60	32.75	14.68	6.85	4.73	0.29
丽水市	4.72	3.45	31.50	33.57	14.71	6.44	5.34	0.27

资料来源：《浙江统计年鉴（2022）》。

尽管浙江以平均受教育年限衡量的人力资本水平偏低，但浙江历年公布的教育事业统计公报显示，2010年浙江初中毕业生升入高中的比例就已经达到了97.97%，高中阶段的毛入学率达到了92.5%，高等教育毛入学率达到了45%。到2021年，浙江初中毕业生升入高中的比例为99.24%，高中阶段教育毛入学率为98.7%，高等教育毛入学率达到了64.8%。这表明2010—2021年，浙江教育事业实现了高水平基础上的快速发展。浙江基本建成了包括学前教育、义务教育、高中阶段教育、普通高等教育、特殊教育、成人教育与职业培训等在内较为完善的教育体系，但同等阶段的不同教育事业发展仍存在较大差异。以高中阶段教育为例，2021年浙江省初中毕业生升入普通高中和中等职业教育的比例为53.8∶46.2，从人数规模来说基本均等。但值得注意的是，中等职业教育的软硬件设施明显弱于普通高中。具体而言，普通高中的生师比为11∶1，而中等职业教育的师生比为14.6∶1；普通高中的专任教师学历合格率为99.8%，中等职业教育为97.8%；普通高中生均校舍建筑面积为36.04平方米，生均图书为 64.2 册，而中等职业教育的相应指标分别为 23 平方米和 39.1 册，远低于普通高中，反映了普通高中和中等职业教育之间办学条件发展的不均衡。但整体而言，2021 年浙江学前三年到高中阶段的 15 年教育普及率已经超过了 99%。因此，浙江现存的初中及以下受教育水平的劳动力人口多数为已经超过符合受教育年龄的人群，而尚处于受教育年龄阶段的人群基本可以保障 15 年的受教育水平。现阶段的发展重点应当集中在普通高中教育和中等职业教育均衡发展，以及进一步提升接受高等教育的适龄青少年占比等方面。

二 浙江产业结构及人力资本需求

根据 2021 年浙江分行业规模以上企业就业总人数可知（见表 8-2），19 个大类行业当中，制造业、建筑业、租赁和商务服务业、批发和零售业的就业人数显著高于其他行业，是稳定宏观就业水平的重点行业。同时，这几个行业集中了较多受教育水平偏低的劳动者，制造业的 700 多万就业者中，超过 50% 的就业者受教育水平为初中及以下，超过 25% 的就业者受教育水平为中专及高中。建筑业的 400 多万就业者中，48.60% 的就业者为初中及以下受教育水平，30.16% 的就业者受教育水平为中专及高中。这些行业不仅就业人员队伍庞大，而且增加值占比相对较高，是浙江过去经济发展过程中的重要支柱行业。随着劳动力成本上升，传统的制造业行业正在逐步丧失其比较优势，制造业向高技能化转型是现代化产业体系的重要趋势。这一发展趋势必然伴随着低技能岗位的减少和高技能岗位的增多，而劳动者的技能水平无法自动适应产业转型中的技能升级。因此，在这一过程中一方面低技能劳动力可能会陷入失业的困境，使得有望成为中等收入的群体停留在低收入阶段；另一方面也会由于高技能劳动力不足而制约产业升级，阻碍经济高质量发展。

从高人力资本水平群体的就业分布来看，信息传输、软件和信息技术服务业中具有本科学历的就业人员占比为 55%，具有研究生及以上学历的就业人员占比为13.01%；科学研究和技术服务业中具有本科学历的就业人员占比为49.07%，具有研究生及以上学历的就业人员占比为9.86%；教育行业中具有本科学历的就业人员占比为54.96%，具有研究生及以上学历的就业人员占比为11.16%。这三大行业与数字化转型、创新驱动等重大战略密切相关，但是现阶段其就业规模和增加值占比均不高。因此，浙江应当有针对性地进一步提升本地符合受教育年龄人群的教育水平，同时加强对全国乃至世界高水平人才的吸引力。

表8-2 浙江分行业增加值占比、工资水平及就业人员受教育水平结构（2021年）

	就业总人数（万人）	研究生及以上	大学本科	大专	中专及高中	初中及以下	平均工资（元）	行业增加值占比（%）*
农、林、牧、渔业	/	/	/	/	/	/	/	3.09
采矿业	0.91	0.00	6.59	9.89	26.37	57.14	83304	36.75**
制造业	734.55	0.97	8.58	12.88	26.13	51.44	84663	
电力、热力、燃气及水生产和供应业	12.36	6.07	42.72	25.32	17.15	8.74	172732	
建筑业	414.55	0.33	7.37	13.54	30.16	48.60	68307	5.75
批发和零售业	91.80	1.61	22.84	29.71	28.17	17.67	102252	11.93
交通运输、仓储及邮政业	44.02	0.68	16.72	24.60	28.37	29.62	106887	3.06
住宿和餐饮业	30.96	0.23	7.33	18.02	33.98	40.44	58809	1.60
信息传输、软件和信息技术服务业	43.49	13.01	55.00	24.03	6.65	1.31	236649	6.43
金融业	/	/	/	/	/	/	/	8.38
房地产业	45.49	1.45	18.20	19.76	21.79	38.80	98572	7.21

续表

| | 就业总人数（万人） | 不同受教育水平就业人员占比（%） ||||| 平均工资（元） | 行业增加值占比（%）* |
		研究生及以上	大学本科	大专	中专及高中	初中及以下		
租赁和商务服务业	124.37	0.75	9.96	13.99	32.40	42.90	79841	2.99
科学研究和技术服务业	24.86	9.86	49.07	28.20	9.17	3.70	157201	1.85
水利、环境和公共设施管理业	10.44	0.48	6.51	7.66	13.89	71.46	58086	0.55
居民服务、修理和其他服务业	9.13	0.22	6.02	12.60	22.67	58.49	60844	0.92
教育	2.42	11.16	54.96	15.70	13.22	4.96	133540	3.19
卫生和社会工作	7.58	3.03	27.97	41.56	16.75	10.69	116421	2.36
文化、体育和娱乐业	4.49	4.68	34.97	23.39	22.05	14.92	122711	0.65
公共管理、社会保障和社会组织	/	/	/	/	/	/	/	3.29

注：*为行业增加值数据为各行业所有企业增加值总和，其他各项指标均为规模以上企业数据，**为工业部门整体增加值占浙江生产总值的比重。

资料来源：《浙江统计年鉴（2022）》。

三 需要关注的重点问题

综合分析浙江现阶段的人口结构特征、人力资本存量水平、教育事业发展现状以及产业发展对就业人员技能的需求特点，可以发现，为了提升劳动力技能水平与产业发展技能需求之间的匹配度，避免产业结构升级转型过程中结构性失业的攀升，为更多人创造勤劳致富的机会，需要进一步处理好以下两个方面的问题。

一是处理好职业教育与普通学历教育之间的关系。一方面，现阶段对于大多数人来说职业教育相较于普通高中教育的层次更低，是难以获得普通高中教育资格情况下的无奈之选，但培养高水平职业技术工人对浙江未来产业升级至关重要。因此，需要加快提升职业技能教育水平，提升职业技能工人的收入水平。另一方面，推动职业教育发展需要量力而行，避免过度挤压普通高中教育升学途径，导致学生资源外流。

二是处理好职业技能需求转变与劳动者技能培训之间的关系。职业技能的培训不仅要关注新生劳动力，而且要关注在产业转型升级过程中，因技能水平低而失业的劳动力和个体从业者。这类职业培训既要发挥政府部门的引导作用，又要充分发挥企业的主观能动性，在为更多的劳动力提供技能学习机会的同时，降低企业的用工负担。

第三节　浙江人口健康发展保障体系现状与问题

社保体系是现阶段中国规模最大的民生保障系统。按照中国现行的社会保障制度，社会保障体系主要包括社会保险、社会救助、社会福利、社会优抚以及住房保障等几个方面，基本涵盖了一个普通人步入社会之后的就业、医疗、养老等重要方面，以及社会中的弱势群体和特殊群体所需要的基本保障，完成了对民生的基本兜底职能。但更进一步地，一方面考虑到浙江人口发展现状，另一方面考虑到建设共同富裕示范区应当注重人的全面发展，因此在社保体系的基础上应当进一步针对幼儿和老年群体大力推进"幼有所育"和"老有所养"。

一　浙江幼儿生育现状与育儿友好型社会建设

根据第七次全国人口普查数据显示，2020 年浙江常住人口总量占全国人口的比重为 4.57%，居全国第十位。相较于第六次全国人口普查，人口增量在全国人口增加的 25 个省份中居第二位，仅低于广东，人口增长态势呈现"低出生、低死亡、高流入"的特征。尽管浙江是人口流入大省，且流入人口多数是具有劳动能力、技能水平偏高的青壮年群体，但这并不意味着浙江的人口结构足够健康合理。第七次全国人口普查数据显示，浙江人口总和生育率已经降到了1.04，低于全国平均水平。因此，从长期来看，浙江内生人口新增动力不足，育龄人群呈现"不想生""生不动"的态势。同时，伴随着全国生育率的下行，依靠人口流入的模式也将变得不可持续。

研究显示，尽管中国的生育政策对于人口出生率产生了持续显著的影响，但经济社会发展、生育成本增加、女性面临的职场压力等都是导致生育率长期走低的重要原因。[①] 近年来，尽管在国家层面生育政策已经从放开二孩进一步升级到放开三孩，但是实际上对于生育的激励效果并不十分显著。特别是对于经济水平相对发达的地区，由于生活压力较大以及生育将会给女性职业生涯带来多种负面影响，生育政策的激励效果进一步减弱。此外，对于生育的保障性政策措施的调整显著滞后于生育政策本身的调整。现行的生育保险政策在浙江各市之间存在一定的差异，以杭州市为例，领取生育津贴需要满足以下条件：符合国家规定的生育条件、生育时可享受杭州市职工医保待遇、申领时已在杭州市连续缴纳职工医保费满6个月（最新修改，之前为12个月）、申领时限为生育后次年年底前。换言之，只有职工医保参保人员才能够享受生育保险，城乡居民医保则不包括生育保险。此外，根据现行的生育保险规定，在职工领取生育津贴的同时，企业不给职工发放工资并不违法，这意味着生育保险缴纳基数较低的职工很有可能在产假期间只能拿到远低于正常工资水平的津贴。同时，男性缴纳的生育保险并不能因配偶生育而领取生育津贴。此外，随着人口流动性的提高，适龄生育群体当中的流动人口比重进一步提升。在难以长期获得双方父母育儿帮助的情况下，学龄前儿童的养育对于适龄生育群体而言明显存在困难，特别是对

[①] 计迎春、郑真真：《社会性别和发展视角下的中国低生育率》，《中国社会科学》2018年第8期。

于职业女性而言，会明显成为阻碍女性事业发展，甚至是导致女性遭受职场歧视的关键因素。

浙江在部署推动共同富裕示范区建设的十大标志性成果时提出将打造育儿友好型社会（"浙有善育"）作为其中一项，并提出了一系列改进方向，旨在降低浙江群众的生育、养育、教育成本，包括优化生育休假制度、保障女性生育权益、针对三孩家庭进一步降低养育成本、将灵活就业人员纳入生育保险范围等。但还有一些现实问题需要进一步解决，如女性由于生育在职场所需承受的隐性成本，如何有效降低学龄前儿童托育的成本，如何通过生育保障基金的全面统筹进一步保障流动人口在生育时可以享受的权益。

二 浙江老龄化发展现状与老年友好型社会建设

根据图8-2可知，2020年浙江的人口结构中45—59岁人口占比较高，这部分人群将在未来15年，即到2035年成为60岁及以上人群，也就是宽口径下的老年人口，而这15年正是浙江建设共同富裕示范区的时期。因此，如何解决好即将到来的老龄化问题，完成浙江在部署共同富裕示范区建设时提出的老年友好型社会（"浙里康养"）这一标志性成果非常重要。表8-3展示了2020年浙江各市65岁及以上的人口规模和占总人口的比重以及养老服务机构床位数，在一定程度上反映了各地区的老龄化负担。可以发现，从绝对规模来看，经济较发达地区即杭州市、宁波市和温州市的老龄人口规模较大，均超过了百万级别，但从占比来看，由于经济较发达地区的流入人口较多，且以青壮年为主，因此老龄人口占比低于衢州市、舟山市、绍兴市等地。另外，还可以从养老服务机构数及床位数观察不同地市间的养老压力差异。用65岁以上人口与养老服务机构的床位数计算比值，可以反映养老床位的紧张程度。可以发现，浙江省11个地级市中，温州市的养老服务机构床位最为紧张，此外，杭州市、嘉兴市和绍兴市的养老服务机构床位数也相对紧张。

表8-3　　浙江省各地区65岁及以上人口规模、占比及养老服务机构床位数（2020年）

地区	合计（人）	男（人）	女（人）	老龄人口占比合计（%）	男（%）	女（%）	养老机构数（家）	养老服务机构床位（张）	65岁及以上人口/养老服务机构床位
浙江省	8566349	4154681	4411668	13.27	12.34	14.28	2026	381099	22.48
杭州市	1391404	667396	724008	11.66	10.74	12.66	299	50773	27.40
宁波市	1184189	568861	615328	12.59	11.60	13.68	277	67334	17.59
温州市	1121085	554624	566461	11.71	10.93	12.60	272	23418	47.87
嘉兴市	758584	360509	398075	14.05	12.81	15.39	87	30767	24.66
湖州市	522540	250167	272373	15.52	14.32	16.80	180	30358	17.21
绍兴市	854178	418165	436013	16.21	15.51	16.93	107	31658	26.98
金华市	817097	398648	418449	11.59	10.73	12.55	138	44143	18.51
衢州市	420138	209633	210505	18.46	18.04	18.89	149	24241	17.33
舟山市	197848	91140	106708	17.09	14.90	19.53	88	10289	19.23
台州市	913942	438857	475085	13.80	12.75	14.94	304	47672	19.17
丽水市	385344	196681	188663	15.37	15.21	15.54	125	20446	18.85

资料来源：《浙江统计年鉴（2021）》《浙江统计年鉴（2022）》。

养老服务机构床位紧张程度仅仅可以反映人口老龄化后社会所面临的其中一个问题，远远无法代表未来15年浙江省人口老龄化进一步加深后将面临的问题全貌。如何围绕养老服务建立养老资金、养老服务机构、护理人员等多方要素之间的高效匹配和运营，让老年人就近享受基本养老保障是浙江省需要长期持续努力解决的问题。此外，随着人口流动水平的提升，经济欠发达地区，特别是农村地区青壮年人口流出较多，导致出现空巢老人的现象较为普遍。这些地方的老年人既没有儿女在身边，又缺乏相应的社会保障，在养老方面面临的问题非常突出，需要整个社会养老体系进行更加人性化的制度设计来解决。

三 "浙有善育"和"浙里康养"需解决的重点问题

浙江省将"浙有善育"和"浙里康养"作为建设共同富裕示范区的十大标志性成果以来，围绕这两大目标推出了一系列具体的制度性安排和保障措施。尽管二者都属于广义上的社会保障范畴，但是解决思路有所不同。"浙有善育"所要实现的目标应当是扭转当下适龄生育群体的低生育意愿，想要从根本上解决这一问题则需要为适龄群体降低生育成本，特别是尽可能为女性减轻生育带来的负面影响。现阶段生育成本主要由家庭自行承担，随着教育成本、住房成本的高企，生育对于一个男女双方都需要工作的普通家庭而言变得越来越不经济。因此，实现"浙有善育"需要进一步完善相关制度设计，为激励生育调动更多的资源，给予适龄生育人群以恰当的实际支撑。"浙里康养"需要解决的问题则是尽可能全面均衡地为各地区的老年人提供基本养老保障，让各方面的养老服务变得就近可及。实现这一目标不仅需要成立更多的养老服务机构，建立更大的养老资金池，更重要的是探索更加合理的适老化发展模式，让老龄化人群不仅仅是社会的负担，同时也是社会的财富。此外，特别需要注意的是，在老年群体方面要格外关注农村和山区的少数群体，为他们提供基本的养老保障。

第四节 以人为本建设共同富裕示范区的政策建议

推动共同富裕的出发点和落脚点始终是以人民为中心，而实现共同富裕的两大重要抓手是经济高质量发展和分配制度的不断完善，从而保证在经济稳定增长的过程中让更多人分享增长的成果。因此，以人为本推动共同富裕首先应当保障更多的人拥有勤劳创造财富的机会，而实现这一目标则需要保障人力资本培育的相对平等，从而做到起点公平，尽可能消除劳动者由于受教育机会不平等而导致的收入不平等；其次，以人为本推动共同富裕还需要着力在保障过程公平的基础上促进结果的相对公平，利用再分配机制和构建更加广泛意义上的社会保障体系，解决经济社会发展过程中面临的难点问题。结合浙江省人口发展现状特点，应当把重点放在缓解少子化和老龄化带来的负面影响。围绕上述两个方面，具体政策措施可以从以下四个方面着手。

一是大力推进职业教育和普通教育融会贯通发展，加强职业教育的类型定位，消除大众对于职业教育为低层次教育的认知。进一步提升职业教育的办学水平和教学质量，在校园建设和教师队伍培养等软硬件设施提升方面向职业教育倾斜，显著缩小职业教育与普通教育之间的办学条件差距。建立产业发展和职业教育之间的紧密联系，通过实施"引企入校"改革引导龙头企业深度参与职业学校的课程设置、教材开发以及教学设计等环节，形成与企业真实生产环境相一致的培养模式。建立职业教育学生到企业进行实习实训的常态化机制，通过采取吸引企业进驻校园、校园办学深入企业等方式实现校企一体化发展，优化校外导师对学生的实际指导效果，推动入企实习的规范化发展，保障学生在实习期间获取合理报酬的合法权益。打通职业教育和普通学历教育之间的流通和升学机制，使职业教育体系可以实现顺畅的进入和退出，减轻学生和家长接受职业教育的顾虑。

二是健全终身职业技能培训制度，大力完善技能再培训体系，有效缓解结构性就业矛盾。建立就业结构和就业质量监测体系，特别是针对近年来持续扩大的灵活就业和零工经济，形成有效的就业监测和保障体系。完善失业登记制度，将保障范围向非户籍常住人口延伸，根据失业登记台账形成相应的职业技能培训体系。拓宽终身职业技能培训的资金来源渠道，建立政府、企业、社会等多元化投入机制，利用失业保险基金、企业和社会捐助等方式多渠道筹措培训资金。围绕高校毕业生、农民工、过剩产能企业职工等重点群体，强调企业在培训中的主体作用，建立政府引导、企业参与、市场化运行等多方面协同组织配合的机制，开展大规模、成体系的职业技能培训。

三是大力降低适龄生育群体的生育和养育成本，建立较为完善的生育支持政策体系。围绕学龄前婴幼儿成长阶段需求特点建立全过程的配套保障机制。将大力发展婴幼儿照顾服务纳入浙江省经济社会发展规划，通过完善相应的政策支持，引导社会力量积极参与，加大对婴幼儿照顾服务专业人才的技能培养，规范行业发展，逐步实行相关行业从业人员职业资格准入制度。根据实际需求和地区经济实力，有条件地建设一批托育服务机构，鼓励用人单位为职工提供托育服务。进一步提升对女性就业合法权益的保障水平，推动在生育保障方面的男女平等，适当延长男性的陪产假，鼓励男女双方以家庭为单位与用人单位协调产后假期安排，协商确定有利于照顾婴幼儿的灵活休假和弹性工作方式。强调用人单位在生育友好方面应当承担的社会责任，保障男女职工在承担养育责任方面相对平等的休假权益。

四是大力推动经济社会的适老化发展，根据人口老龄化国家发展战略积极推进浙江省人口老龄化发展战略。积极拓展为社会老龄化发展提供保障的融资渠道，减轻现阶段对于现收现付体系的过度依赖。构建更加具有弹性的养老金收支系统，建立个人缴费与未来养老收益的关联渠道，激励个体为未来储蓄。应对社会老龄化程度的加深，充分发挥基层社会组织的作用，发展社区服务，使养老服务就近可及。推动数字化技术对于养老服务的支撑作用，通过对老年人住所的适老化数字化改造，建立自动预警体系，以更加节省人力的方式加强对独居老人的日常监护。促进养老服务机构的专业化发展，在保证公办养老服务机构为最需要养老服务的人群提供兜底性保障的基础上，鼓励新建养老服务机构的专业化和多样化发展，完善养老服务机构的老年护理功能。

第九章　把科技创新作为推动共同富裕的重要动力

党的二十大报告指出，"中国式现代化是全体人民共同富裕的现代化"，坚定了全党全社会扎实推动共同富裕的信心和决心。党的二十大报告也为共同富裕实现路径提供了科学指引，即"坚持科技是第一生产力、人才是第一资源、创新是第一动力，深入实施科教兴国战略、人才强国战略、创新驱动发展战略，开辟发展新领域新赛道，不断塑造发展新动能新优势"。

科技创新支撑共同富裕具有丰富的理论和现实基础。在理论方面，熊彼特的创新理论将技术创新作为内生变量，阐释了经济增长率差异的原因和经济持续增长的可能，创新扩散带来的溢出效应和创新系统内部的要素互动为区域协调提供了理论指导。在此基础上，科技创新从促进经济增长、带动消费升级和引领高质量发展等方面支撑共同富裕建设。在实践方面，浙江省在共同富裕示范区建设过程中，以改革创新为根本动力，深入实施创新驱动发展战略，以解决区域差距、城乡差距、收入差距问题为主攻方向，以强化高质量发展建设共同富裕示范区科技创新支撑为主线，涌现出一系列先进做法，并取得一定成效。

科技创新支撑共同富裕建设的理论基础和实践探索，构建了科技创新支撑共同富裕建设的实现路径。本章将以科技创新支撑共同富裕为主线，从理论和实践两方面，论述科技创新在共同富裕建设中的作用，为谋划科技创新支撑共同富裕提供战略参考。

第一节　科技创新促进共同富裕的理论基础

自熊彼特提出创新理论以来，科技创新受到各国学者和政府的高度关注，创新活动是促进经济增长的关键要素，通过对原有均衡状态的"破坏性创造"，实现产业升级、生产率提升和高质量发展。同时，创新成果也会向周边扩散，形成辐射带动效应。创新主体、制度和环境要素之间的相互作用，共同形成创新体系，有助于地区创新能力的提升和协调发展。因此，对科技创新的相关理论分析，有助于明晰其支撑共同富裕的底层逻辑，为政策设计和制度改革提供理论基础。

一　理论演进和综述

（一）熊彼特创新理论

1912年，奥地利经济学家熊彼特在《经济发展理论》一书中，最早提出创新理论，他认为，创新是一种新生产函数的建立，通过生产要素和生产条件的重新组合，实现经济增长。之后，熊彼特先后在《经济周期循环论》和《资本主义、社会主义与民主》两部著作中，从创新的视角分析了经济周期和经济增长，并逐渐构建起创新理论的完整框架。

综合来看，熊彼特创新理论包括以下内容：第一，创新是推动经济发展的原始动力。创新是破坏经济平衡的力量，其本质是创造性破坏（creative destruction），而创造性破坏为经济增长提供了根本动力。第二，企业家是创新的主体。企业家通过生产要素的创新组合实现创新，进而打破原有的市场均衡，创造获取超额利润的机会。企业家具备敏锐的洞察力和创新意识，且愿意承担创新带来的风险。熊彼特的早期研究强调具有创新意识的个体企业家与社会惯性之间的斗争，对经济发展产生重要影响，后期研究则强调大型企业中

"合作性"企业家精神的重要性。第三,经济周期是通过创新打破原有均衡并建立新均衡的过程。经济发展是一个动态均衡状态,企业家通过创新活动,打破原有的竞争均衡状态,创新产品不断在市场上占据优势,逐渐形成新的均衡状态,并开始下一个经济周期。第四,经济增长是通过经济周期的变动来实现的。每一个经济周期都始于创新活动对原有均衡状态的破坏,而创新的创造性破坏,主要通过改进产品和技术来实现。[①]

(二)创新扩散理论

创新扩散是指某个社会或经济体中,个人或企业采用一项新技术的过程,或是新技术代替旧技术的过程。罗杰斯的《创新的扩散》对创新的扩散过程和影响因素进行了详细研究,并将影响潜在创新采用者的特性分为五类:创新的相对优势、与潜在创新采用者当前行为模式和社会规范的相容性、创新的复杂性、创新潜在采用者测试和检验的难易程度、被测试后评价的难易程度。[②]

创新扩散过程一般遵循典型的 S 曲线,对创新采用初期,用户随时间增长速度较为缓慢;随着潜在采用者的增加,扩散速度进入快速增长期;而到创新扩散后期,扩散速度再次趋于平缓。不同创新成果的扩散速度之间存在明显差异,影响扩散速度的因素也较为复杂。新技术收益是影响创新扩散的最重要因素,而创新和扩散过程的交互反馈则会不断提升新技术收益。网络效应反映了一项新技术对消费者的价值在一定程度上依赖于该技术被其他消费者采用的程度。采用新技术的成本,不仅包括新技术的价格成本,还包括配套投资成本和技术学习成本。信息和不确定性,既包括直接与新产品相关的知识和潜在采用者信息,也包括决策者的经验信息。市场相关因素,包括市场规模、产业集中度以及规制环境等,均会对新技

[①] [美]约瑟夫·熊彼特:《经济发展理论》,贾拥民译,中国人民大学出版社 2019 年版。

[②] [美] E. M. 罗杰斯:《创新的扩散》(第五版),唐兴通、郑常春、张延臣译,电子工业出版社 2016 年版。

术扩散速度产生影响。①

（三）区域创新系统

弗里曼（1987）②在研究日本依托科技政策实现经济发展中，最早提出"国家创新系统"的概念，伦德瓦尔和纳尔逊等（1993）③对国家创新系统相关理论进行了完善。在吸收国家创新系统理论基础上，库克（1992）④在《区域创新体系：新欧洲的竞争规则》一文中正式提出区域创新系统。在国内，柳卸林教授从1997年开始，在国家科委工业司的支持下，与澳大利亚学者Turpin等开始了区域创新系统的研究，并通过对比中国与澳大利亚不同地区的发展，探讨区域经济发展与科学技术发展的联系。作为国家创新系统的重要组成部分，区域创新系统的研究具有重要的政策意义。在中国情境下，区域创新系统建设的关键因素有：①一个以企业为创新主体的创新结构体系；②一个开放的、可利用全球和国内各种资源的知识获取体系；③一个有区域特色的产业创新系统；④面向创新管理的政府工作方式；⑤适宜创新的环境和基础设施。⑤

关于区域创新系统的研究有两个重要分支，一是"三螺旋"理论，二是区域创新生态。受到DNA双螺旋结构的启发，Etzkowitz和Leydesdorff（1995）⑥提出了三螺旋创新理论，该理论的主要内容是：创新系统的演化方向主要由大学—产业—政府三者间的关系决定，三

---

① ［挪］詹·法格博格、［美］戴维·C.莫利、［美］理查德·R.纳尔逊主编：《牛津创新手册》，柳卸林等译，东方出版社2021年版。

② Christopher Freeman, *Technology, Policy, and Economic Performance: Lessons from Japan*, Pinter Publishers, 1987.

③ Nelson, Richard, *National Innovation Systems: A Comparative Analysis*, Oxford University Press, 1993.

④ Cooke, "Regional Innovation Systems: Competitive Regulation in the New Europe", *Geoforum*, No. 3, 1992.

⑤ 柳卸林：《区域创新体系成立的条件和建设的关键因素》，《中国科技论坛》2003年第1期。

⑥ Etzkowitz H., Leydesdorff L., "The Dynamics of Innovation: From National Systems and 'Mode 2' to a Triple Helix of University - Industry - Government Relations", *Research Policy*, No. 2, 1995.

者都是创新的重要主体，且三者之间不是一个稳定的关系，而是会随着社会形态和市场组织形式的变化而变化。区域创新生态系统源于美国的区域创新实践，2004年，美国总统技术顾问委员会发布的《维护国家的创新生态系统、信息技术制造和竞争力》中指出，创新生态系统在国家创新和技术进步中扮演重要角色，通过创新生态系统内各要素的动态互动，实现技术进步和经济发展，并维持经济繁荣和保持全球领导地位。

二 科技创新促进经济增长

创新是引领发展的第一动力，创新活动是打破经济均衡状态的重要力量，通过创新将新产品推向市场，并在市场中逐渐占据优势，进而形成新的均衡状态。而创新活动之所以能够打破原有均衡，是因为其产生具备优势的创新成果，如更高质量的产品、更高效率的流程、更有效的组织方式、更低的制造成本等，进而提升整体生产效率。换言之，创新对均衡状态进行破坏性创造的过程，也是经济增长的过程。

科技创新在经济发展中扮演重要角色，首先，科技创新激发企业能动性。企业家通过创新获得一定时间内的市场垄断，并以此赚取超额利润，为了维持市场地位和企业持续收益，企业需要不断投入资金开展创新活动，进而推动经济的持续增长。对于部分潜在竞争者而言，则需要通过创新实现对在位者的挑战。其次，科技创新的正外部性促进周边地区经济发展。科技创新具有典型的外部性，不仅对当地经济增长具有促进效果，而且通过溢出效应促进周边地区的经济增长。在科技创新促进经济增长过程中，创新成果伴随着人才和资本等要素的流动，扩散到不同地区，进而带动不同地区的经济增长。最后，科技创新促进要素流动，资本等要素具有逐利性，会流向经济活动效率更高的地区。科技创新的最终结果是提高生产效率，因此，创新活动越活跃的地区，往往能够聚集更多人才和资本，进一步提升当地创新能力和经济水平。同时，要素流动的过程也是创新扩散的过程，将创新成果在短时间内扩散到更多地区。

三 科技创新带动消费升级

消费升级是指消费结构的转型和升级，是各类消费支出在消费总支出中的结构升级和层次提高，直接反映了消费水平和发展趋势。党的二十大报告进一步明确"我国社会主要矛盾是人民日益增长的美好生活需要和不平衡不充分的发展之间的矛盾"。消费升级正是满足人民美好生活需要的直接体现，也是中国实现高质量发展的推动力量，科技创新在促进社会消费升级方面具有重要作用。

科技创新在很大程度上带动不同区域的消费升级，一方面，科技创新通过提供更多高质量产品和高端生活方式，满足人民对高端消费的需求。随着科技和经济水平的不断提升，人民对物质的需求也趋于多元化，科技创新成果使生活更加便利化和智能化。例如，高铁技术的发展，极大地缩短了城市之间的旅行时间，促进了地区之间的交流合作以及跨地区消费；冷链物流等技术的不断成熟，满足了人民对不同地区的新鲜食材的需求。另一方面，科技创新拓宽了人民的生活方式，并激发新的消费需求。科技创新活动具有广泛的影响，不仅通过其创新成果惠及民众，也会带动互补产品的发展，进而增加人民对互补产品的需求，反过来推动其创新发展。特别是在社会发展趋于平台化和生态化的背景下，科技创新对消费升级的促进作用更加明显，如直播带货平台的兴起得益于移动互联网和智能手机的发展，进而将传播销售模式转为线上，加速服务行业的发展。

四 科技创新引领高质量发展

中国由高速增长阶段转向高质量发展阶段，党的二十大报告强调，"中国式现代化的本质要求是：坚持中国共产党领导，坚持中国特色社会主义，实现高质量发展……"为新时代下高质量发展指明了方向。坚持创新驱动发展战略，以创新引领高质量发展，是实现高质量发展的重大举措，也是推动共同富裕的关键路径。

科技创新从多个方面促进经济高质量发展，首先，科技创新有效促进产业升级。产业的繁荣发展是经济健康平稳发展的基础，产业升级是产业从低附加值向高附加值转型的过程。创新活动能够创造更有价值的产品和服务，并通过将创新成果商业化，培育和壮大具有高附加值的产业，实现产业高端升级。其次，科技创新支撑供给侧结构性改革。供给侧结构性改革强调提高供给质量，调整经济结构，进而实现要素的最优配置，科技创新不仅通过对已有产品和服务的改进实现供给质量的提升，而且可以创造出全新产品来满足客户需求，提高要素使用效率，实现经济更好发展。最后，科技创新助力实现绿色低碳发展。绿色低碳是高质量发展的核心要义，而科技创新则是实现绿色低碳的关键路径。科技创新有效提升能源利用效率，降低单位 GDP 的能耗；通过创新提升废气和污水的治理技术，降低污染物排放；科技创新对新能源技术的开发和利用，代替传统能源对资源的依赖，降低对环境的污染和破坏，最终实现绿色低碳发展。

第二节　浙江科技创新支撑共同富裕的典型做法与成效

2021 年 6 月，印发《中共中央　国务院关于支持浙江高质量发展建设共同富裕示范区的意见》，浙江被赋予先行探索高质量发展建设共同富裕示范区的重大使命。浙江通过深入落实创新驱动发展战略，以科技创新支撑共同富裕示范区建设，涌现出一系列创新性的典型做法，并取得一定成效。

一 强化政府顶层设计，以制度促进科技创新

顶层设计是政府的重要职能，浙江省政府立足自身发展优势和产业特色，以强化共同富裕示范区科技创新支撑为主线，系统谋划高质量战略性布局，出台多项政策文件，优化创新创业环境，为科技创新支撑共同富裕示范区建设提供制度保障。一是强化部省联动，争取国家政策支持。浙江按照"建立上下联动、高效协同的落实机制"思想，积极与各部委开展协调联动。科技部和省政府联合印发《推动高质量发展建设共同富裕示范区科技创新行动方案》，争取到国家在打造支撑城乡区域协调发展的全域创新范例等四方面14条改革授权和支持政策。财政部会同浙江省财政厅成立部省联动协调专班，建立健全财政部与浙江省之间的工作协同机制，明确2022—2025年的实施路径和具体举措，并对应成立18个项目组。二是健全制度建设，形成完善的保障体系。编制完成"十四五"科技创新发展规划及各专项规划，构建形成"2+9+10"科技创新规划体系。出台《浙江省高新技术产业开发区（园区）评价办法》，进一步完善高新区考核评价和争先创优机制，实行差别化创建和认定标准。研究出台《浙江省"扩中""提低"行动方案》，推动率先基本形成以中等收入群体为主体的橄榄型社会结构，到2025年，浙江家庭年可支配收入10万—50万元群体比例要达到80%、20万—60万元群体比例要达到45%。三是引导要素下沉，支持县域科技创新。出台《科技赋能山区海岛县跨越式高质量发展实施方案》，实行项目、平台、人才、资金重点倾斜支持。设立山区海岛县高质量发展科技专项，总金额和资助强度比上年翻番（总金额从1500万元增加至5000万元，支持强度从平均150万元/项增加至300万元/项）。出台《关于进一步支持省际创新飞地建设和发展的指导意见（试行）》，支持山区海岛县到上海、北京、深圳等创新资源富集区建设"创新飞地"17个，累计引入高端人才430余人，入驻优质项目192个。探索科

技成果"转移支付"新方式,在山区海岛县实施一批新技术新产品新业态应用工程,推动科技成果向创新薄弱地区有效转移。

二 发挥全域创新优势,推动地区协调发展

浙江始终坚持推动区域创新协调发展,加快构建全域创新体系,通过促进项目、平台、人才、资金等创新资源流动,不断增强全域创新支撑共同富裕能力,有效破解创新发展不平衡难题。一是探索建立争先创优机制,推动市县高质量发展。完善以"科技创新鼎"和党政领导科技进步目标责任制考核为抓手的争先创优机制,持续深化"两市两县两区"全面创新改革试点,支持杭州市、新昌县等国家创新型城市和创新型县(市、区)开展科技创新支撑共同富裕试点,推动创新型市县高质量发展。获批国家创新型城市8个、国家创新型县(市)5个,分别居全国第3位和第1位,新昌"小县大创新"改革经验影响全国。全省90个县(市、区)中R&D占比超过3%的由2017年的7个增长到2020年的25个。二是构建科技赋能山区跨越发展新机制,补齐区域协调发展短板。设立山区海岛县高质量发展科技专项,为当地特色主导产业发展提供重点项目支持。如实施景宁县"高山冷水茭白绿色可持续发展关键技术研究与示范"项目,培育出2个适合高山种植的优质高产茭白品种,新增效益2175万元。推进"科创飞地""产业飞地"建设,支持山区海岛县到上海、北京、深圳等创新资源集聚地区布局建设"创新飞地",在科技项目申报、人才团队评定、创新载体认定等方面给予政策支持。三是深化科技特派员制度,推进科技惠农富民。以科技特派员制度作为带动欠发达地区脱贫致富的重要抓手,助力全省乡村振兴战略实施。探索开展科技特派员社会化市场化服务模式专项行动计划,启动科技特派员管理服务数字化平台建设,不断提升科技特派员精准服务水平,科技特派员等创新服务模式成为全国改革样板。省市县三级共派遣科技特派员2.4万人次,累计推广新品种新技术1.8万

多项次，在全国率先实现"乡乡都有科技特派员"，带动脱贫人数超过8000人。例如，科技特派员助力缙云县发展黄茶产业，推广黄茶新品种1.35万亩，年产值近1亿元，带动293户村民人均增收1.1万元。

三　推动有为政府和有效市场更好结合

浙江始终坚持有为政府和有效市场相结合，聚焦科技创新重点领域，开展关键核心技术攻关，着力推动创新链产业链深度融合，不断夯实共同富裕的产业基础。一是大力度推进关键核心技术攻关，加快实现高水平科技自立自强。聚焦"互联网+"、生命健康、新材料三大科创高地建设，推进"尖峰""尖兵""领雁""领航"计划，加快取得一批填补空白、引领未来的重大成果，打造全国有影响力的科技创新中心。构建关键核心技术高效攻关机制，坚持"谁被卡谁出题、谁出题谁出资、谁能干谁来干、谁牵头谁采购"，建立健全关键核心技术攻关"倒逼、引领、替代、转化"四张清单机制。推行"揭榜挂帅"、"赛马制"、创新联合体等组织方式，加快突破一批"卡脖子"关键核心技术。浙江在数字安防、结构生物学、高端磁性材料等领域技术水平领跑全国，累计取得349项进口替代成果，有力提升产业基础高级化和产业链现代化水平。二是充分发挥企业的创新主体作用，激发企业创新活力。聚焦三大科创高地领域建立科技企业梯次培育机制，持续实施科技企业"双倍增"行动计划，支持科技领军企业联合产业链上下游大中小企业等优势科研力量组建创新联合体，建立企业科技"积分转授信"机制，在全国率先推出"浙科贷""创新保"等专属融资服务项目，全面激发企业创新活力。高新技术企业从2016年的0.77万家增加到2021年的2.86万家，实现翻两番；科技型中小企业数从3.16万家增长到8.6万家。国家制造业单项冠军、专精特新"小巨人"企业数量均居全国第1位。三是培育壮大高新技术产业，塑造产业竞争新优势。推动国家高新区设区市"全覆盖",深化高新区"亩均论英雄"改革,建立高新区亩均研发投入和亩均税收"双亩均"考核制度,全力推动科技创新和产业提升双联动。高新技术产业增加值占规模以上工业增加值的比重从42.1%提高到62.6%。8个国家高新区和53个省级高新区创造了全省超四成的规模以上工业增加值、超五成的高新技术产业增加值,成为高新技术产业集聚发展的主阵地。

四 发挥数字先行优势,数字赋能创新发展

依托浙江数字产业集聚优势,持续深化科技创新数字化改革,发挥数字技术对科技创新的赋能作用,提升创新活动协同共享效率,促进传统产业转型升级。在此基础上,推动数字化改革在民生领域的应用,实现数字创新赋能品质生活,更好地满足人民群众多样化的美好生活需要。一是打造"科技大脑+未来实验室"新范式,提升科技创新协同能力。构建"1+5+N"(科技大脑+5个核心业务板块+"浙里关键核心技术攻关"等N个重点应用)科技创新数字化改革体系架构,构建高效协同的项目攻关组织体系,实现项目管理和断链断供技术风险管理的"两闭环"。推动科研机构的创新资源数字化,形成与"科技大脑"交互协同的数字化"未来实验室",实现与其他创新主体资源共享,已建成"科研仪器设备开放共享'一网办''一指办'""浙里加计扣除""职务科技成果转化在线"等应用场景。累计集聚大型科研仪器1.4万多台(套),帮助企业便捷享受研发费用加计扣除额2093亿元,促进"浙江拍"成交项目数达1258项、金额5.29亿元。二是推动企业数字化转型,全面赋能产业转型升级。浙江省是最早以政府为主导推动企业数字化转型的地区之一,立足制造业集聚的产业优势,实行分级数字化转型,鼓励大企业设置独立的数字化转型部门,引导中小企业进行数字化外部合作,支持小微企业开展数字化外包业务。依托数字产业集聚优势,推动数字化与实体经济的深度融合,赋能传统产业高端化、绿色化发展。

例如,安吉县围绕白茶产业发展需求,打造白茶全产业链大数据中心,通过利用区块链技术,实现白茶全产业链智慧化监管,有效促进白茶增产增收、提升品质。三是推动数字技术在民生领域的深度应用,助推社会资源普惠共享。浙江省以"互联网+政务服务"为抓手,持续推进"四张清单一张网"和"最多跑一次"改革,政府数字化转型在审批服务领域率先突破。推动人工智能、区块链、5G/6G等技术在制造、农业、医疗、教育、交通等重大场景中的应用,推动优质教育、医疗等社会资源共建共享普惠均等。例如,开发运用"浙里办"App,汇聚全省医院诊疗挂号、交通违法办理、缴罚、缴学费、公共支付等1705项便民惠企应用,注册用户突破7800万人。首创并应用健康码,建设完成全国首个省域全覆盖、全贯通的"健康大脑",用户达4940.28万人。

五 推进科技体制改革,加大科研人员激励力度

浙江始终坚持开放创新、体制改革,打破制约创新活力释放的制度藩篱,促进科研人员成为"扩中"主力军。一是以增加知识价值为导向,加快科研人员"扩中"。以"扩中提低"改革为切入口,深入推进科研院所薪酬制度改革,加快建立以知识价值为导向的收入分配机制,拓宽科研人员等中等收入群体增收渠道,推动形成知识创造价值、价值创造者得到合理回报的良性循环。二是科技成果转化改革先行先试,畅通成果转化渠道。支持浙大、浙工大、杭电、省农科院、中国水稻所5家单位开展赋予科研人员职务科技成果所有权或不低于10年的长期使用权试点,初步成效明显。如省农科院通过进一步精简科技成果转化流程,成果转化时间比赋权前平均缩减3—5个月;浙工大2021年成果转化质量大幅提升,建立科技成果"先用后转"机制,进一步提高成果转化效率,依托网上技术市场3.0平台已汇聚7家高校院所的288项"先用后转"成果。三是深化科研经费管理改革,以授权松绑激发创新活力。改革财政科研经费

管理制度，将数学等纯理论基础研究项目间接费用比例提高到60%，项目承担单位可将间接费用全部用于绩效支出，并向创新绩效突出的团队和个人倾斜。深化省自然科学基金项目"负面清单+包干制"试点，在浙大等25家单位开展试点工作，试点项目数225项，试点经费1.9亿元。

第三节 科技创新支撑共同富裕的实现路径

创新是引领发展的第一动力，也是实现共同富裕的关键，浙江以科技创新赋能共同富裕示范区建设，发挥"有为政府"的积极作用，强化企业在创新和经济发展中的主体地位，依托数字化优势，带动全域范围实施创新驱动发展战略，为中国实现共同富裕探索了有益经验。为此，结合共同富裕的典型做法，凝练科技创新支撑共同富裕的实现路径，为以中国式现代化全面推进中华民族伟大复兴提供战略参考。

一 科技创新支撑共同富裕必须坚持创新第一动力

习近平总书记在党的二十大报告中强调，"必须坚持科技是第一生产力、人才是第一资源、创新是第一动力"，再一次将科技创新提升到新的高度。共同富裕是社会主义的本质要求，是中国式现代化的重要特征，[1]必须坚持创新作为第一动力，将科技创新作为实现共同富裕的关键路径。一是深入实施创新驱动发展战略。新一轮科技革命和产业变革方兴未艾，国际竞争的底层逻辑是科技竞争，将创新驱动发展战略全面融入经济社会发展之中，以制度保障创新驱动发展顺利实施，强化高水平自立自强，抢占科技创新"制高点"。二是以基础研究突破关键核心技术。基础研究是整个科学体系的源头，

---

[1] 习近平：《扎实推动共同富裕》，《求是》2021年第20期。

是科技创新的供给侧。现阶段中国面临的高端芯片、光刻机、高端数控机床等"卡脖子"技术，很大程度上都是基础研究不足造成的。强化国家战略科技力量，加大对基础研究支持投入力度，提高基础研究占全部科研经费的比重，加快关键核心技术突破的步伐。三是以产业创新推动价值链攀升。中国建成世界最为完整的产业体系，但是从全球价值链来看，诸多产业仍处于价值链中低端。通过建立健全产业创新机制，鼓励和引导产业自主创新，提高产业附加值，强化产业链资源配置能力，实现产业升级和全球价值链的地位提升。四是以创新联合体主推产学研合作。创新联合体是由领军企业牵头主导，按需求联合能够优势互补的大学、科研院所及其他企业开展创新活动的组织。创新联合体能够面向市场需求，能够有效发挥企业和高校优势，通过推动产学研深度融合，实现技术突破和攻关。

二 科技创新支撑共同富裕必须强化政府主导作用

政府是科技创新的重要推动者，也为创新活动的开展提供制度保障，在推动高质量发展建设共同富裕示范区的过程中，通过持续优化政府职能，全力构建有为政府，引导和推动科技创新活动，有效防范和化解创新中的重大风险。一是以制度体系保障科技创新。完善的制度保障体系是创新工作顺利开展的前提，通过构建和完善制度体系，营造宽松包容的创新环境，强化研发投入预算的保障力度，确保财政科技支出只增不减；优化税收优惠政策，加大对重点企业以及关键共性技术难题突破的支持力度；提高对创新失败的容忍度，鼓励新兴技术探索与创新。二是以政府研发投入应对市场失灵。政府研发投入在促进基础创新，突破关键共性技术方面具有重要作用，充分发挥财政资金的引导作用，将科技创新作为财政支出的关键领域。发挥政府研发投入的杠杆作用，鼓励和引导产业投资基金、私募股权投资基金等各类社会资本参与科技创新，共同提高对企业研发活动的支持力度。三是以考核激励政策落地实施。将研发投入强度纳入经济高质量发展综合评价指标体系，引导各级政府加强以科技创新引导高质量发展。同时，综合运用政策宣讲、考核激励等方式，确保各市区县研发投入保持正增长，并为重大项目开展优先提供金融以及基础配套设施服务。

三 科技创新支撑共同富裕必须突出企业主体地位

企业是自主创新的主体，也是实施创新驱动发展的主力军，在依托科技创新实现共同富裕中，有必要培育壮大市场主体，强化各类企业在创新中的协作与互补，充分突出企业的主体地位。一是以领军企业带动产业发展。领军企业是行业发展的排头兵，立足当地产业和资源优势，精心谋划部署产业发展，培育和引进科技领军企业。对领军企业创新活动给予适当支持和资源倾斜，鼓励领军企业建设研发中心，提升对高端创新人才等资源的集聚能力。引导领军企业牵头成立创新联合体，协同开展技术攻关，带动全产业的技术进步。二是以中小企业激发创新活力。中小企业是科技创新的重要源泉，贡献了70%的技术创新，通过持续优化营商环境，破解中小企业发展困境，激发中小企业创新活力。建立健全中小企业培育长效机制，加强"双创"平台建设，提升科技型中小企业孵化能力。加快培育"独角兽""专精特新"和"小巨人"，强化对创新型企业金融支持力度，完善投资退出机制，引导和鼓励社会投资流向科技型中小企业。三是以生态系统强化优势互补。构建以企业为主体，大学、科研机构、政府、金融等中介服务机构为系统要素的创新生态系统，促进创新主体之间的互利共生和优势互补。提升创新主体合作创新意愿和能力，构建科技创新平台实现创新要素的匹配和优化组合。融合产业链—资本链—创新链的有效资源协作，建立开放式科研成果转移转化模式。

四 科技创新支撑共同富裕必须把握区域协调发展

党的二十大报告强调"促进区域协调发展，深入实施区域协调发展战略、区域重大战略、主体功能区战略、新型城镇化战略，优化重大生产力布局，构建优势互补、高质量发展的区域经济布局和国土空间体系"。区域协调发展是共同富裕的基本特征，科技创新支撑共同富裕，必须发挥地区科技创新的比较优势，建立优势互补、高质量发展格局。一是以顶层设计增强区域协调。政府不仅要加大欠发达地区的基础设施建设力度，完善交通等配套设施，还要营造良好的营商环境，提高政府的服务能力培育优质企业带动区域经济发展。在充分调研的基础上做好顶层设计，为整个区域制定发展规划，统筹各地方政府的功能定位和产业分工，协调各地区具体实施方案。二是以特色产业构建比较优势。各级政府要立足于实际，努力打造重点突出、特色鲜明、优势互补的板块经济。明确地区的发展定位，统筹发展格局，充分发挥地方优势，打造特色产业。积极推动区域间的良性互动，促进要素跨地区跨部门跨行业有序流动，优化区域生产力布局，促进区域协调发展。三是以机制改革促进城乡融合。统筹实施区域协调发展战略和乡村振兴战略，加快建立健全促进城乡融合发展的体制机制和政策体系，推动城乡基础设施互联互通、公共服务普惠共享。引导技术、人才等向城乡流动，深入实施科技特派员和农村工作指导员制度，促进城乡要素自由流动、平等交换和公共资源合理配置。完善财政转移支付制度，创新"飞地经济"合作模式。

五 科技创新支撑共同富裕必须推动数字赋能发展

数字化进程不断加速，中国数字经济蓬勃发展，截至2021年，数字经济规模超45万亿元，占国内生产总值的比重近四成，[1] 共同富裕建设将在数字时代快速推进。数字经济既是一种数字技术，也是一种数据要素，成为科技创新支撑共同富裕中不可或缺的要素。

---

[1] 王政：《中国数字经济规模超45万亿元》，《人民日报》2022年7月3日第1版。

为此，科技支撑共同富裕需要充分发挥数字技术的赋能作用。一是以数字技术提升公共服务。优质共享的公共服务是共同富裕的典型特征，也是有为政府的重要体现，依托数字技术实现公共服务的提质增效成为实现共同富裕的重要路径。积极开展"城市大脑""智慧城市"等数字化场景建设，打造数字公共服务综合场景，精确做好民生需求分析，实现高水平的供需对接。持续优化电子政务平台建设，有序推动民生、医疗、金融等领域的数据共享，实现"最多跑一次"改革的全面覆盖。二是以数字场景服务科技创新。数字技术的推广和应用，衍生出一些新的数字场景，成为服务和驱动科技创新的新动能。推动科研仪器设备进行数字化管理，提升科研设备的开放共享水平，促进科技创新数据的集成与共享，提升创新效率和资源利用率。打造"科技大脑""未来实验室"等科研范式，加快大数据、云计算和人工智能等技术的推广和应用，开发科研成果转化平台，促进高校和企业的科研合作与成果转化，提升科技创新整体效能。三是以数字融合赋能传统产业。传统产业转型升级是实现制造强国和高质量发展的重要任务，促进数字技术和实体经济深度融合，赋能传统产业转型升级。积极制定并出台相关政策文件，引导和鼓励传统产业的数字化转型，拓展数据要素在各个领域的应用范围，提高数据资产的赋能强度。建立健全传统产业转型服务制度，研判数字技术与传统产业融合的重点、难点和风险点，开展共性数字技术攻关，以数字技术赋能传统产业转型升级。四是以普惠效应促进成果共享。数字经济的可共享性和低边际成本等特征，加快了数据要素的传播速度，有助于发展成果的全民共享。通过平台的网络化协作运营，降低中小微企业入市门槛，为各类市场主体提供公平参与经济活动并共享数字经济红利的机会。加快农村新型基础设施建设，积极推动智慧农业，驱动农业增产提质，尽快实现电商平台农村的全覆盖，畅通农产品销售渠道，提高农民收入水平。

第十章 把内外协同作为推动共同富裕的有效抓手

共同富裕是一项系统工程，具有长期性、复杂性、艰巨性等特征。实现共同富裕必须充分调动各方资源，不仅要加强地区内统筹，推动区域内均衡发展，还应扩大开放，借势外部资源条件，以内外协同为抓手，全面激发区域协调发展内生动力。从内部来看，缩小地区内发展差距是共同富裕的应有之义和主攻方向。当前中国迈上全面建设社会主义现代化国家新征程，社会主要矛盾转化为人民日益增长的美好生活需要和不平衡不充分的发展之间的矛盾，缩小城乡、地区和收入"三大差距"成为扎实推进共同富裕的关键。从外部来看，扩大高水平开放是实现共同富裕的必要依托和时代要求。一方面，深化区域一体化发展能够促进生产要素优化配置，[1]通过空间拓展、合作加深和流动性扩大反哺本地经济，推动实现共同富裕；另一方面，推进高水平对外开放是新形势下培育经济发展新动能的必要途径，不仅能够提升贸易利得水平，巩固共同富裕的物质基础，还有利于缩小"三大差距"，有助于提升本地共同富裕水平。[2] 在扎实推进共同富裕的探索中，浙江始终坚持内外协同，不仅致力于推动省内城乡和区域协调发展，不断缩小省内发展差距；还积极融入

---

[1] 刘乃全、胡羽琦：《区域一体化可以缩小城市间收入差距吗？——来自长三角地区的经验证据》，《浙江社会科学》2022年第10期。

[2] 张二震、李远本、戴翔：《高水平开放与共同富裕：理论逻辑及其实践路径》，《南京社会科学》2022年第4期。

长三角区域一体化发展，推进高水平对外开放以深度融入全球产业链，为高质量建设共同富裕示范区提供了强劲动力。

第一节 有序推动省内城乡和区域协调发展

浙江坚持统筹城乡和区域一体化发展，取得一系列显著成果，省内城乡一体化发展水平稳步提升，"四大建设"取得阶段性进展，山区和海洋经济加快发展，但在城乡融合发展体制机制、农村资源要素保障、"四大建设"发展成效、山区和海洋经济发展动能等方面仍有提升空间。未来，浙江应进一步探索完善城乡融合发展新机制、加快推进城乡资源要素自由充分流动、持续推动"四大建设"迭代升级、培育壮大山区和海洋经济新动能，持续提升省内协调发展水平。

一 浙江推动省内城乡和区域协调发展的进展与成绩

（一）城乡一体化发展水平稳步提升

一是高质量乡村振兴持续推进。实施科技强农、机械强农行动，农业生产综合能力显著提升。持续深化"千万工程"，积极建设新时代美丽乡村，农村人居环境整治取得突出进展。二是新型城镇化加快推动。开展"十百千"行动，现代城镇体系不断完善。推动新时代美丽城镇建设，加快创建未来社区，老旧小区改造有序推进。三是城乡融合纵深发展。加快推进城市公共服务向农村延伸，乡村学校教共体已实现全覆盖，县域医共体建设成熟定型，城乡道路交通体系持续优化。积极推动农村转移人口市民化，"人地钱"挂钩政策逐步完善。2021年，浙江城乡居民收入倍差连续9年保持缩小态势，收入倍差水平位居全国省区第二，常住人口城镇化率和户籍人口城镇化率始终保持在全国第一方阵。

（二）"四大建设"取得阶段性进展

一是大湾区能级持续提升。积极打造杭州钱塘新区等高等级平台,加快建设"万亩千亿"新产业平台,推进开发区和产业集聚区进一步整合提升。2021年,环杭州湾经济区六市GDP总量占全省的比重达69.6%。二是大花园建设加快推进。全面打造"诗画浙江"大花园,加快十大名山公园、十大海岛公园、四条诗路建设。2021年,首批8个大花园示范县和16个"耀眼明珠"名单发布。三是大通道建设明显提速。杭台高铁、宁波舟山港主通道等一批重大项目建成,杭州西站、嘉兴机场等枢纽项目取得积极进展。2021年,全省3个"1小时交通圈"目标达成。四是大都市建设稳步推进。积极推动杭绍甬、嘉湖、甬舟等一体化发展,推进城市、乡镇、园区有机更新,唱好杭甬"双城记",打造大都市增长极。2021年,四大都市区集聚了全省94%的常住人口和95.9%的GDP。

(三)山区和海洋经济加快发展

一是山区经济持续高质量发展。贯彻落实山区海岛县跨越式高质量发展支持政策,加快培育各地特色产业优势,大力支持山区生态农业和旅游业发展。2021年,山区海岛县实现地区生产总值6964亿元,增速达8.0%,居民人均可支配收入增幅高于全省平均水平。二是海洋经济不断提质扩能。坚持实施加快海洋经济发展建设海洋强省政策意见,持续提升舟山群岛新区发展能级,积极探索海洋经济发展新机制。2021年,全省实现海洋经济生产总值9962.1亿元,较上年增长15.5%,海洋经济对国民经济增长的贡献率达到15.1%,较上年提高2.9个百分点。三是山海协作持续迭代升级。不断创新山海协作"飞地"模式,推动山海协作工业产业园建设,推进产业平台提质转型。2021年,全省新签山海协作产业项目369个,完成投资(含续建)460亿元。

二 浙江推动省内城乡和区域协调发展面临的问题

(一)城乡融合发展的体制机制仍待完善

一是进城落户农民依法自愿有偿退出农村权益制度有待进一步探

索。当前，国家积极倡导"三权分置"改革，但在资格权认定、使用权转让退出等方面尚未做出具体的实施规定。二是城乡人口有序流动的相关制度还不健全。由于农民"三权"[①]的取得仍以户籍为依据，农业转移人口落户城镇积极性不高。三是集体经营性建设用地的入市和交易仍存在不少问题。例如，不同参与主体收益分配的比例划分无明确规定，土地需被征为国有土地后才能入市交易等。

（二）农村资源要素保障明显偏低

近年来，浙江积极引导各类资源要素向农村流动，但城乡资源要素流动的障碍仍未完全消除，农村资源要素保障明显偏低，人、地、钱难题较为突出。一是人才断层和人口老龄化问题突出。大量青壮年劳动力外出经商打工，留守人员普遍年龄偏大、文化水平较低，专业人才缺乏。[②] 第三次农业普查结果显示，全省农业生产经营人员中55岁及以上的占54%，35岁及以下的占比不到5%，大专及以上学历的占比仅为1.2%。二是资源分配不均衡，农村在财政资金、重大项目、用地指标获取上与城市相比仍具有较大劣势。三是公共服务发展滞后，在儿童福利保障、社区服务、社会工作人才等方面，农村与城市之间的差距仍较为明显。

（三）"四大建设"发展成效有待提升

一是大湾区高端要素集聚能力不足。大湾区科技基础设施、国家级高新区、国家级经济技术开发区的数量和能级均与发达省份存在显著差距。截至2021年，大湾区仅有2个国家重大科技基础设施，低于北京、上海、安徽和广东；浙江有7个国家级高新区，低于江苏、广东和山东；在2021年国家级经济技术开发区综合排名前10名榜单中，浙江只有1家上榜，而江苏则有3家。二是综合性交通枢纽能级不足。各运输方式存在"相对独立、综而不合"特征，海铁联

[①] "三权"指宅基地所有权、资格权、使用权。
[②] 何立峰：《支持浙江高质量发展建设共同富裕示范区　为全国扎实推动共同富裕提供省域范例》，《宏观经济管理》2021年第7期。

运、海河联运占多式联运的比重与发达国家相比仍然较低；机场枢纽有较大提升空间，杭州萧山机场国际通航点显著少于国内主要枢纽机场；宁波舟山港大而不强，航运服务和综合环境与上海存在较大差距。① 三是四大都市区的综合实力有待提升。在长三角区域中，杭州都市区与苏锡常都市圈、南京都市圈之间仍有差距，温州都市区和金义都市区竞争力则相对较弱，聚合发展态势尚未形成。

（四）山区和海洋经济动能仍然较弱

一是山区造血能力不足。2021年，山区海岛县生产总值增长8%，低于全省的增速（8.5%），高质量发展的内生动力有待进一步激发。县域工业存在技术层次偏低、品牌竞争力较弱等问题。2021年，山区海岛县规模以上工业亩均税收仅为19.0万元，比全省平均水平低13.0万元。生态产品价值实现主要集中在乡村旅游、民宿经济、生态农业等领域，路径和手段较为单一。二是海洋经济竞争实力有待提升。2021年，浙江海洋经济生产总值为9962.1亿元，位居全国第五，仍有较大提升空间。

三 浙江推动省内城乡和区域协调发展的对策建议

（一）积极探索完善城乡融合发展新机制

一是进一步探索进城落户农民依法自愿有偿退出农村权益制度。依托试验区进一步完善宅基地使用权依法自愿有偿转让退出、集体组织成员"双备案"登记管理等创新性制度安排。二是健全农业转移人口市民化机制。科学认定省外农业转移人口规模，探索将公共服务保障力度作为省外农业转移人口市民化的认定条件。加大激励性配套政策支持力度，继续完善"人地钱"挂钩政策，推动国家激励性配套政策更多地向吸纳农业转移人口较多的地区倾斜。三是完善农村集体经营性建设用地入市制度。结合试验区前期经验和试点

---

① 新华社、中国经济信息社联合波罗的海交易所发布的《2021新华·波罗的海国际航运中心发展指数报告》。

成果，探索农村集体经营性建设用地入市制度体系，加快出台省级层面相关管理办法和政策意见，明确收益分配等环节具体实施细则。

（二）加快推进城乡资源要素自由充分流动

一是深化"两进两回"长效机制。加大农业农村对各类专业型人才的引进和培养力度，畅通人才成长渠道。充分发挥创业"领头雁"作用，强化配套政策支撑，支持有技能有管理经验的人员返乡创业。二是推动城市基础设施向乡村延伸。推动城乡基础设施统一规划、统一建设、统一管护，促进城市基础设施向村户覆盖，推动市政公用设施向城郊乡村和规模较大中心镇延伸，逐步实现城乡道路客运一体化。三是加快城乡公共服务一体化。全面推广城乡教共体、县域医共体建设，扩大城乡"一老一小"服务供给。完善城乡统一的社会保障体系和公共文化体育设施体系。四是提升县城综合承载能力。推进以县城为重要载体的城镇化建设，加大专业功能县城培育力度，促进各类资源要素在县城集聚。

（三）持续推动"四大建设"迭代升级

一是着力打造高能级战略平台。抓好首批高能级战略平台培育建设和监测评估，推进三大科创走廊和"万亩千亿"新产业平台培育建设。推动省级层面高端要素、重量级未来产业、领军企业向高能级战略平台集聚。二是迭代升级全域美丽大花园建设。持续深化"耀眼明珠"培育，加大诗路沿线重大文旅项目投资力度。健全绿色低碳循环发展经济体系，加快推进开发区绿色低碳产业链"链长制"试点建设。探索建立生态产品价值实现机制，健全 GEP 核算标准体系，积极开展"两山银行"试点建设。三是加快构建综合交通网络体系。加快打造四大都市区综合交通枢纽，深入推进世界一流强港、民航强省建设。提高海铁、公铁、江海等多式联运发展水平。四是加快提升大都市区能级。持续唱好杭甬"双城记"，扎实推进"七个之城"建设。支持温州增强综合竞争力，推动金义聚合同城化发展。

（四）培育壮大山区和海洋经济新动能

一是加快壮大海洋经济新动能。推进甬舟温台临港产业带高质量发展，积极发展海洋装备制造、海洋生物医药等产业，建好国家级绿色石化产业基地。强化海洋科技创新能力，培育海洋科创平台；推动实施海洋生物医药、电子信息等领域重点科研攻关项目；打造创新试验基地、创新创业孵化基地和科技成果转移转化中心。完善世界一流港口设施，打造世界级全货种专业化泊位群。二是推动山区跨越式高质量发展。推动传统制造业转型升级、历史经典产业挖掘提升、新兴产业培育壮大，加快形成一批百亿级规模的主导产业。支持山区数字经济发展，大力发展生态创意经济，加快建设山区海岛县特色生态产业平台。促进山海协作工程迭代升级，持续提升"产业飞地""科创飞地"建设水平，增强山区内生发展动力。加大对浙西南革命老区统筹支持力度，推动革命老区高质量振兴发展。

第二节　积极融入长三角区域一体化发展

浙江坚持全省域、全方位融入长三角一体化发展，在重大事项协同、重点领域合作、重大项目建设、重点区域共建等方面取得了突出的成效，但仍存在非核心城市对人才的吸引力较弱、与其他省份间的产业协同程度不足、地区间的行政壁垒制约一体化进程以及引领性重大项目偏少等问题。为推进长三角区域一体化向纵深发展，更好助推共同富裕示范区建设，浙江应在探索人才建设一体化机制、提升与其他省份间的产业协同程度、消除区域内的行政壁垒、强化优势领域和区域发展等方面实现新突破。

一　浙江融入长三角区域一体化发展的进展与成绩

（一）重大事项协同加快推进

一是公共服务共建共享持续扩面。浙江构建了基于"浙里办"的长三角居民服务"一卡通"专区，并持续扩大覆盖领域，已基本实现三省一市人力社保全领域通用，实现异地就医门诊直接结算互联互通，跨省交通出行、旅游观光等更多领域的便利共享也在探索推进。二是自贸试验区联动发展有序推进。联合沪苏皖组建长三角自贸试验区联盟，建设长三角期现一体化油气交易市场，构建首个以国内期货市场价格为定价基础的保税燃料油价格指数，浙沪跨港区供油常态化、跨区域产业协同发展取得突出成效。

（二）重点领域合作不断深化

一是产业链创新链融合持续深入。联合沪苏皖开展长三角产业链补链固链强链行动，组建新能源汽车等13条产业链联盟，截至2021年年底，共摸排关键核心技术（产品）断链断供风险468项，在长三角地区可实现备份超过160项。共同打造国家战略科技力量，之江实验室纳入国家实验室基地建设序列，两个大科学装置获批建设，共建长三角科技资源开放共享平台，推动成立长三角国家科技成果转移转化示范区联盟。二是数字长三角建设加快推进。牵头编制出台《数字长三角建设方案》，率先建设国家数字经济创新发展试验区，联合制定和实施重点领域标准规范。推进新一代数字基础设施建设，建成启用首个国家（杭州）新型互联网交换中心，打造长三角国家级区域数据中心集群，加快国家级超算中心和5G基站建设。推动政务数字化转型，长三角"一网通办"上线，截至2021年，105项政务服务事项实现跨省通办，30类高频电子证照实现互认。

（三）重大项目建设务实推进

一是创新创业项目蓬勃发展。积极引进创新产业项目，截至2021年，浙江在上海累计建设"创新飞地"39家，孵化、回流本省产业化项目近170个；牵头承担国家重大科技项目79项，与沪苏皖跨区域技术交易合同金额超756亿元；漕河泾海宁、张江平湖、中新嘉善产业合作园2021年完成投资达36亿元；宁波前湾合作示范区新引进产业项目148个，总投资达395亿元。[①] 二是交通基础设施项目

---

① 郑亚丽：《齐护产业链 共享"同城化"》，《浙江日报》2022年8月16日。

全面推进。杭州萧山国际机场三期已正式投运①，台州机场加快建设，嘉兴机场、开化通用机场获批；浙北集装箱运输通道工程全面开工，宁波舟山港虾峙门口外30万吨级航道扩建工程启动；金台铁路、杭台高铁、杭海城际、杭绍城际建成通车，沪苏湖铁路加快建设，沪苏嘉城际铁路正式开工；省际断头路陆续贯通，高速公路省界收费站全面取消。2021年，浙江实施长三角一体化重大项目合计落地113个，实际完成投资超900亿元，完成率达112%。

（四）重点区域共建扎实开展

一是一体化示范区建设进展突出。全面形成一体化示范区嘉善片区"1+1+N"规划体系。持续加强长三角生态绿色一体化示范区制度创新，2021年，示范区共形成46项制度创新成果，其中16条向全国复制推广。协同推动先行启动区和水乡客厅规划建设，以嘉善未来新城和祥符荡科创绿谷为核心的"一城一谷三区"高能级平台体系逐步形成。二是开放平台共建加快进行。积极参与虹桥国际开放枢纽建设，加快建设金山—平湖张江长三角科技城等重大平台，批复设立长三角（湖州）产业合作区。

二 浙江融入长三角区域一体化发展面临的问题

（一）非核心城市对高端人才的吸引力较弱

现有研究显示，② 长三角不同城市间吸引人才的动能差异明显，杭州、南京、苏州等综合实力较强的大城市人才友好型特征更为突出，位于长三角吸引人才的第一梯队，而部分中小城市由于其市场环境、就业环境、教育医疗等条件与核心城市差距较大，对高端人才的吸引力较弱，人才流失较为严重。从浙江内部来看，嘉兴市的嘉善县虽然是长三角区域一体化示范区，但由于

---

① 投运时间为2022年9月22日。
② 资料来源：上海社科院发布的《长三角地级和县级城市青年友好程度比较：从人口流动视角》报告，此研究样本未包含上海。

配套设施与杭州等核心城市存在较大差距,对高端人才的吸引力并不强。

(二) 与其他省市的产业协同程度有待提升

一是产业协同度不一。浙江与上海、江苏在产业发展上具有较高的协同水平,而与安徽的产业协同水平则明显较弱,一定程度上制约了浙江全方位融入长三角一体化。二是产业同质化现象严重。长期以来长三角各地区资源禀赋、区位条件和技术能力相近,各省市在产业选择上较为集中,同质化现象突出,不利于提升区域整体的产业竞争力。例如,浙江省嘉善县和江苏省苏州市吴江区在产业结构、主导产业等方面均存在高度相似;长三角生态绿色一体化发展示范区中有一系列以旅游业闻名的古镇,区位相近、业态相似。此外,各地"十四五"规划中的重点发展产业也存在较高的相似度,大量城市均将人工智能、生物医药、新材料、新能源汽车、高端装备等战略性新兴产业作为发展重点。

(三) 地区间的行政壁垒制约一体化进程的推进

地区间的行政壁垒不利于各地区的有机联系,导致各地区行政层面对跨区域合作的支撑不足。当跨区域合作项目涉及主体众多、内容较为复杂时,各省市均从本行政区利益出发,合作中易产生项目执行难度大、同级协商效率低、联合监督作用弱、违约可能性大等问题,尤其是生态环境、公共服务等领域。在生态环境领域,各地区生态环境一体化标准存在差异,协同推进生态环境保护的机制手段还不健全,以政府为主导的跨区域省际横向生态补偿机制尚不完善,第三方沟通协商平台和运作手段较为单一;在公共服务领域,优质公共服务资源的配置还不够合理,均衡化、便利化程度不足,共享机制仍需完善。[①]

[①] 陈雯等:《长三角一体化高质量发展:内涵、现状及对策》,《自然资源学报》2022年第6期。

（四）引领性的一体化重大项目偏少

随着长三角一体化发展迈入新阶段，重大项目成为合作中的主流与重点。浙江坚持依托重大项目建设推进长三角跨域协同提速，但在一体化战略实施中，浙江数字经济、民营经济、绿色经济等发展优势的引领和带动作用仍不明显，引领性、标杆性的一体化重大项目有待进一步增加。

三 浙江融入长三角区域一体化发展的对策建议

（一）积极探索长三角人才建设一体化机制

一是支持中小城市设立"人才飞地"。支持经济薄弱、配套基础设施水平较低的中小城市在邻近大城市设立"人才飞地"，鼓励有人才需求的优秀企业依托"人才飞地"开展人才引进、技术研发、成果转化等活动，弥补高层次人才短缺的短板。二是完善长三角人才柔性流动机制。进一步深化户籍制度改革，完善人才柔性流动的顶层设计，畅通人才柔性流动渠道。深入推进"放管服"改革，打破长三角的行政管理界限，推动区域内社会基本公共服务保障均等化。三是提高人才建设一体化的数字化管理水平。推动不同省市间人才数据平台的对接和共享，建立长三角人才数据库，利用数字技术对人才供需进行自动匹配，加强长三角区域内人才的统一调配力度，促进人才在区域内的高效流动和合理配置。

（二）着力提升与其他省市的产业协同程度

一是科学合理规划浙皖合作思路及方案。综合分析两省产业发展现状，评估产业协同基础，科学谋划合作思路，及时交流对接，确定提升两地产业互补性的方案。积极完善产业协同发展的配套政策，搭建产业合作平台，引导企业进行跨区域产业合作。二是明确各地区产业基础和资源禀赋，避免产业同质化。对于自身具有优势的同质化领域，要坚持差异化错位发展，推动产业模式和业态创新，提升产品和服务的差异化水平。对于不具有优势的同质化领域，要积极引导企业进行跨区域产业链间的重组和并购，或借助产业园区等平台，加强与优势企业或科研机构的合作。积极探索产业链"链长"型产业园区，发挥"链主"企业在产业链中的集聚与协同作用，降低资源消耗和无序竞争。

（三）推动消除长三角区域内的行政壁垒

一是要加快地方政府的角色转换。推动政府由经济的决策者向市场环境的创造者和市场秩序的维护者转变，探索跨区域合作平台与地方政府间的协调机制。改革区域内地方政府的绩效考核方式，将区域一体化发展绩效作为政府绩效考核的重要内容。二是加快推进市场监管一体化。依据《长三角市场监管一体化发展"十四五"规划》，高质量推动营商环境联建、监管执法联动、市场安全联管、质量基础联通、消费环境联创，着力解决市场体系不完善和监管不到位问题。三是发挥长三角生态绿色一体化发展示范区和跨区域重大项目的示范作用。充分发挥示范区"不破行政隶属，打破行政边界"的试验田效应，将先行先试经验向长三角其他地区复制推广。探索建立一套针对跨行政区域重大项目的合作机制，建立新的经济核算和利益分配制度，实现地区间的互利共赢。

（四）聚焦优势领域和区域全面深化长三角一体化发展

一是加快引领性重大项目建设和布局。深化数字长三角建设，推进全国一体化算力网络长三角国家枢纽节点、"感存算"一体化超级中试中心等项目建设。聚焦数字经济、生态环保、公共服务等重点领域和长三角生态绿色一体化发展示范区等重点区域，谋划实施一批重大项目，强化长三角一体化发展引领。二是深化一体化制度创新。围绕"8+1+1"重点领域，聚焦重点难点问题攻关，加快形成新一批更具含金量的制度成果。三是持续推动重点区域共建。推进杭州湾产业带和G60科创走廊联动建设，推动长三角自贸试验区联动发展，做大沪浙跨港区供油市场规模。稳步推进山区海岛县全面融入长三角一体化发展。

第三节　以开放之姿深度融入全球产业链

面临复杂多变的国际形势和新冠疫情的双重冲击，浙江坚持推动高水平对外开放，积极融入全球产业链，对外开放水平全面提升，参与共建"一带一路"成效显著，自贸试验区创新发展持续深化，但仍然面临对外开放不平衡不充分、对外开放风险防范和应对能力不足、开放平台的发展水平和引领作用不强等问题和挑战。为了更深入地融入全球产业链，高质量推进共同富裕示范区建设，浙江应以"一带一路"建设为统领部署全面开放新格局，着力提升对外开放的风险防范和应对能力，打造高水平、强引领的对外开放平台体系。

一　浙江以开放之姿融入全球产业链的进展与成绩

（一）对外开放水平全面提升

一是外贸稳增长态势持续巩固。2021年，浙江货物进出口实现快速增长，全省进出口总值4.14万亿元，较上年增长22.4%，首次跃居全国第三位，出口和进口规模均创历史新高。二是外贸新业态新模式快速发展。有序推进全球数字贸易中心建设，创新发展数字服务贸易，2021年，浙江数字贸易占对外贸易比重达到12.7%；大力推动跨境电商发展，率先实现省域跨境电商综试区全覆盖，全年完成跨境电商进出口额3302.9亿元，同比增长30.7%，占比居全国第二；市场采购贸易方式加快发展，同年市场采购贸易额增长21.6%。三是外商直接投资经受住考验。疫情压力下，浙江坚持优化营商环境，实施重大外资项目清单化闭环管理，吸纳和使用外资表现良好。2021年，全省新批外商直接投资项目3547个，实际使用外资183亿美元，增长16.2%，规模再创新高。

（二）参与共建"一带一路"成效显著

一是经贸合作取得突出进展。2021年，浙江与"一带一路"共建国家货物贸易额为 1.42 万亿元，较上年增长 22.9%，对外直接投资额 54.12 亿美元，占对外直接投资总额的 60%。二是四大枢纽功能稳步增强。数字创新枢纽加速建设，数字自贸试验区、数字金融中心、数字文化国际合作区等平台持续推进，2021 年，浙江与"一带一路"共建国家跨境人民币结算额达 1809.5 亿元，较上年增长 69.1%。贸易物流枢纽量质齐升，截至 2021 年，全省海外仓数量占全国比重超过 1/3；中欧班列全年开行 1904 列，服务能力跻身全国前三。产业合作枢纽走深走实，深入推进中国—中东欧国家经贸合作示范区建设，国家级境外经贸合作区数量稳居全国第一。人文交流枢纽成效显著，成功举办中国国际茶叶博览会等系列重大国际交流活动，累计设立丝路学院 2 所，成立"浙江—中东欧国家教育智库联盟"。

（三）自贸试验区创新发展持续深化

一是平台能级不断提升。2021 年，浙江自贸试验区固定资产投资增长 10.6%，新增注册企业增长 54.5%，实际使用外资增长 73.1%。制度创新成果丰硕，截至 2021 年，浙江自贸试验区累计形成制度创新成果共 335 项，全国首创达 113 项，31 项复制推广到全国。二是大宗商品资源配置基地建设加速推进。全力打造以油气为核心的大宗商品资源配置基地，2021 年，自贸试验区实现油品炼化能力 7100 万吨，舟山成为全球第六大加油港，跨境人民币结算量达到 9874 亿元。三是国际航运与物流枢纽地位持续巩固。宁波舟山港服务全球供应链水平持续提升，2021 年，宁波舟山港货物吞吐量连续 13 年位居全球第一，年集装箱装卸量首破 3000 万个。杭州片区成功开通浙江首条第五航权国际货运航线、运营杭州机场国际邮件交换站，自贸试验区空港服务能级稳步提升。

二 浙江以开放之姿融入全球产业链面临的问题

（一）对外开放不平衡不充分现象依然存在

当今世界正处于百年变局和世纪疫情交叠的动荡变革期，对外开放的不确定性因素显著增加。从外贸来看,浙江面临高端制造回流和低端市场分流的双重挤压,部分低端制造业正从浙江向周边的东南亚国家转移,本地企业面临外贸订单竞争加剧、产能转移等现实困境。从外资来看,2021年,制造业实际使用外资44.6亿美元,同比下降4.2%,占全省实际使用外资的24.3%,引进制造业外资占外商投资总额的比重偏低;外商直接投资集中在杭州、宁波、嘉兴三市,省内分布不均衡现象依然存在;对产业链具有带动效应的重大外资项目偏少,健康、绿色、数字、创新等新领域的国际合作仍有较大拓展空间。

(二) 对外开放的风险防范和应对能力有待提高

近年来,浙江在出口贸易、对外投资、国际经贸合作等领域走在全国前列,但外经贸企业的风险防范和抵御能力仍然不足,大而强的领军企业缺乏,真正有国际话语权的主打产品和品牌不多,合规体系和外部风险监测预警体系还不完善。自加入WTO以来,浙江一直是中国经贸摩擦的重灾区。2012—2021年,浙江共遭遇来自美国、欧盟、印度等40多个国家和地区发起的贸易摩擦案件1337起,涉案金额近400亿美元;其中原审案件794起,涉案金额近300亿美元,截至2021年仍在执行的各类原审贸易救济措施407起,占全国近八成。[1]

(三) 开放平台的发展水平和引领作用仍待提升

目前,浙江构建了中国(浙江)自贸试验区、跨境电子商务综合试验区、义乌国家贸易改革综合试验区、综合保税区、出口加工区等多个对外开放平台,承载起不同的对外开放功能。但总体来看,这些平台仍存在要素集聚能力不强、业务发展规模不大、制度创新的影响力不强、对区域经济发展的辐射和带动作用偏弱等问题。[2] 少

---

[1] 资料来源:浙江省商务厅。
[2] 杭州海关统计分析处课题组、陆海生等:《新中国成立70年浙江省对外贸易发展的历程、特征、启示与展望》,《海关与经贸研究》2020年第1期。

数国际合作园区招大引强效果不够明显，建设水平和层次偏低，开发区整合提升工作仍需要进一步加强。

三 浙江以开放之姿融入全球产业链的对策建议

（一）以"一带一路"建设为统领部署全面开放新格局

一是要不断推动双向贸易均衡发展。进一步加大对"一带一路"共建国家的市场调研和拓展力度，增大资源型原材料、特色农产品等进口，推动进出口均衡发展。二是要持续强化四大枢纽地位。强化数字创新枢纽地位，依托"数字丝绸之路"，与"一带一路"共建国家共建经贸合作示范区，扩大数字经济领域合作，推动贸易合作模式数字化转型。支持"丝路电商"发展，推动形成跨境电商新业态、新模式，培育跨境电商知名出口品牌。强化贸易物流枢纽地位，以"四港"为关键支点，推进国际开放大通道全面发展，充分发挥宁波"一带一路"建设综合试验区的平台功能，探索发展宁波—义乌港模式。高质量推进"义新欧"中欧班列货源组织、业务拓展、基础设施改造提升工作，提升"义新欧"中欧班列市场竞争力。强化产业合作枢纽地位，加快推动中国—中东欧国家经贸合作示范区创新发展，扩大中东欧商品进口。优化境外经贸合作区布局，加强国际产业合作园建设，推动境外园区与国内经济开发区、国际产业合作园"双向双园"联动发展。

（二）着力提升对外开放的风险防范和应对能力

一是积极培育对外开放新优势。大力发展新业态和新模式，加快建设全球数字贸易中心，推动数字金融、数字内容、数字物流发展；深化服务贸易创新发展，加大新服务业领域的开放合作。深入推进高水平制度开放，加强对国际高标准经贸规则的跟踪和对接，加快构建与国际通行规则相衔接的制度体系和于我有利的规则体系。二是全面提升企业核心竞争力。鼓励企业加大研发投入，实施品牌战略，培育核心竞争优势，加快建立出口产品和服务的标准化体系，持续提高出口附加值。鼓励企业开展多元化市场战略，及时巩固产业链和供应链体系中的薄弱环节。三是不断完善对外开放的风险防范体系。扎实推进基础市场调研，全面分析"浙江制造"在海外市场的竞争力、市场占有率、替代性等，针对国别和产品类型做好贸易摩擦应对预案。加强开放安全监测预警，强化境外项目风险防控，加快涉外法治工作体系建设。鼓励企业从长远考虑，注重对国内市场的培育，充分释放和挖掘国内大市场的潜力，重视内销替代和扩大进口。

（三）打造高水平、强引领的对外开放平台体系

一是高标准建设自由贸易试验区。持续推进各片区联动创新和差异化探索，强化制度创新，突出先行先试。对标"全面与进步跨太平洋伙伴关系协定"（CPTPP）、"数字经济伙伴关系协定"（DEPA）等更高水平的国际经贸规则与国内先进自贸试验区，在数字经济、知识产权、竞争中立等方面开展压力测试，进一步提高自贸试验区开放水平。全面落实并持续压缩自贸试验区外商投资准入负面清单。不断健全国际产业合作园培育体系和建设体系。二是完善对外开放平台体系建设。强化平台制度创新功能，支持各类开发区参与国家对外开放体制机制创新，推动新业态、新模式先试先行和复制推广。深化进口贸易促进创新示范区和重要进口平台建设，积极争取新一轮国家试点。支持温州、台州、义乌等地探索建设"区域全面经济伙伴关系协定"（RCEP）高水平开放合作示范区。加快建设数字贸易先行示范区，促进跨境电子商务综试区联动发展。推动各级各类开发区，尤其是国际产业园区进一步整合提升。

第十一章 把改善分配作为推动共同富裕的关键保障

《中共中央 国务院关于支持浙江高质量发展建设共同富裕示范区的意见》赋予浙江为全国推动共同富裕提供省域范例的重任，并将收入分配制度改革试验区作为四大战略定位之一，要求"在不断提高城乡居民收入水平的同时，缩小收入分配差距，率先在优化收入分配格局上取得积极进展"。构建初次分配、再分配、第三次分配协调配套的基础性制度安排，充分发挥三次分配各自的调节作用，是缩小收入差距、消除收入分配不公，同时实现居民收入与中等收入群体双倍增计划的制度保障。

第一节 三次分配的定位

一 建立按要素贡献公平参与分配的初次分配制度，是实现共同富裕的重要基础

初次分配是指国民收入在生产要素之间的原始分配，是收入分配体系的起点，也是基础性环节。初次分配的政策取向主要是解决市场扭曲和市场不完善的问题，尤其是创造公平的竞争环境，完善要素按贡献参与分配的初次分配机制。市场应主导初次分配的过程和结果，并决定各种生产要素报酬份额的大小和分配结果的合理性；而个体在初次分配中获取的收入则由拥有哪些要素以及各类要素的

边际贡献共同决定。通过更加完善的初次分配，形成勤劳创新致富的要素分配机制。

"由市场评价贡献、按贡献决定报酬"的按生产要素分配机制是决定初次分配格局的重要依据。[①] 党的十九届四中全会指出要"健全劳动、资本、土地、知识、技术、管理、数据等生产要素由市场评价贡献、按贡献决定报酬的机制"，是在按劳分配为主体、多种分配方式并存的分配制度基础上，对分配规律与生产要素构成认识的持续深化。这有利于调动各类生产要素参与生产的积极性、主动性、创造性，让各类生产要素的活力竞相迸发，让一切创造社会财富的源泉充分涌流。发挥市场在资源配置中的决定性作用是把"蛋糕"做大、实现高质量发展的决定因素。

二 增强再分配的缩小收入差距功能，是实现共同富裕的坚实保障

收入再分配是政府主导，通过税收、社会保障与转移支付来调节收入分配关系的关键环节，要着重体现公平原则。从再分配政策的倾向性而言，政府转移支付应充分发挥"提低"的作用，税收和社会保障缴费应发挥"扩中"与"调高"的作用，进而有效缩小初次分配中形成的过大收入差距。相比个人所得税和各项社保缴费，政府转移支付对收入分配的改善作用更明显。

再分配有直接调节与间接调节收入差距的双重功能。基于税收与转移支付等工具对初次分配后的收入分配格局进行直接调节，缩小收入差距，这是政府发挥分配功能的重要方式。经过调整后，大部分 OECD 国家的基尼系数下降到 0.4 以下，下降幅度达到 35%。[②] 再分配的另一项功能是保障和扩大基本公共服务供给数量与质量，缩

[①] 国家发展改革委宏观经济研究院课题组:《健全要素由市场评价贡献、按贡献决定报酬机制研究》，《宏观经济研究》2021 年第 9 期。

[②] 蔡昉:《三个分配领域的改革红利》，《劳动经济研究》2021 年第 6 期。

小基本公共服务的城乡差距与地区差距，"到2035年，全体人民共同富裕取得更为明显的实质性进展，基本公共服务实现均等化"①。通过公共服务均等化水平的提高，支撑经济增长的同时提高居民持续获取收入的能力。

再分配环节要立足中国实际。北欧再分配的福利市场经济模式反映出过高的社会保障水平会降低经济发展活力，容易"养懒人"，反而是合理的社会保障水平更容易促进收入差距的缩小。中国的再分配制度要统筹需要和可能，强调可持续性，把保障和改善民生建立在经济发展和财力可持续的基础之上，适当向低收入群体倾斜，鼓励劳动致富。

三 发挥第三次分配的社会互济功能，是推动共同富裕的重要补充

第三次分配是社会组织、企业与个人等基于自愿原则与道德准则，通过募集、捐赠等方式对收入与财产再一次进行分配，重在构建"先富帮后富"的社会环境。第三次分配的优势在于分配形式更加多样化，帮扶对象千差万别，帮扶更灵活、更具针对性，随着经济发展水平的提高与中等收入群体的不断扩大，第三次分配的规模与作用也越来越大，有效弥补市场失灵和政府失灵，市场、政府、社会与个人在分配中各司其职，形成点面结合的收入分配体系。党的十九届四中全会首次将第三次分配纳入收入分配制度体系，并明确指出重视发挥第三次分配的作用，发展慈善等社会公益事业。

第三次分配在共同富裕进程中起到三重效应：一是对初次分配与再分配形成良好的补充作用，通过款项捐赠与支援服务等，有效弥补初次分配与再分配的不足，是对收入分配格局的直接效应；二是再分配中的社会救助与社会福利事业的发展都离不开慈善事业的有力配合，因此第三次分配还对再分配机制产生增强效应；三是共同

---

① 习近平：《扎实推动共同富裕》，《求是》2021年第20期。

富裕要求物质层面与精神层面的富裕，第三次分配弘扬的互助友爱、乐善好施能够推动精神文明建设并丰富精神生活，促进社会团结与社会和谐，从而形成对共同富裕的扩散效应。

第三次分配需明确两类作用边界。一是第三次分配的功能边界，第三次分配的基本原则是自愿基础上的社会共济，改善分配的同时提升人民群众在精神领域的获得感，而非"杀富济贫"；二是政府与其他社会主体的作用边界，要坚持社会组织、企业与个人的主体作用，政府是第三次分配制度的设计者，参与第三次分配的各类主体的引领者、管理者与监督者，而非第三次分配的直接参与者。

表 11-1　　　　　　　　　　三次分配的定位

分配形式	主导方	作用	原则	目标
初次分配	市场	基础	公平竞争	形成勤劳创新致富的要素分配机制
再分配	政府	关键	强制性	构建"提低扩中"的政策体制
第三次分配	社会	补充	自愿性	构建"先富帮后富"的社会环境

第二节　规范初次分配秩序

一　按要素分配方式仍存体制障碍

浙江初次分配中劳动报酬占比偏低。共同富裕的最终指向是让居民共享发展成果，居民物质生活和精神生活的水准不断提高，而初次分配中居民劳动报酬的占比对居民收入水平起到决定性作用。浙江劳动报酬占比与全国变动趋势基本一致，经历了先降后升的倒"U"形变动：自1992年的45.4%下降至2003年的39.8%，然后是震荡调整期，最后从2011年的41.2%缓慢升至2020年的49.7%。在31个省份（港、澳、台除外）中处于中下水平，略低于全国平均水平（2020年为52.1%）。① 资本收益长期大于劳动收益，则使得以劳动为主的财富积累速度赶不上资本创富的群体，造成收入差距的扩大。而以户籍为代表的劳动力自由流动的体制障碍尚未完全消除，影响了劳动力要素的充分有效配置。

市场机制对城乡土地配置的作用发挥不充分，城乡分割特征依然突出。中国土地要素市场化改革长期滞后，尚未形成城乡统一的建设用地市场。农村经营性建设用地除部分试点以外仍难以进入一级市场，在流转中无法实现同地同价；农村宅基地产权权能仍不完整，农村居民缺乏自由的处分权，直接制约了农民财产性收入的增长，不利于共同富裕的实现。

创新要素的分配形式还有待探索。浙江是数字经济发展先行省份，2021年，浙江数字经济增加值达到3.57万亿元，位居全国第四；占GDP的比重达到48.6%，位居全国各省（区）第一。② 数据在浙江经济发展与社会治理各个领域创造价值。数据作为生产要素参与分配体现了数字经济快速发展背景下分配制度的与时俱进。而数据归属于谁、如何识别数据的贡献、怎么分配数据产生的收益等都将在实践中逐渐探索明确。而知识、管理、技术等要素参与分配机制的完善涉及提升科研人员参与科技创新活动的效果以及创新驱动问题。

二 完善要素市场，充分发挥市场的决定性作用

在现实中，市场的垄断、分割、扭曲在很大程度上阻碍了不同要素平等地参与分配，导致不合理的收入分配差距。浙江是公认的市场化程度最高的省份之一，民营经济比重高，但要素配置的市场化

---

① 浙江省统计局课题组：《共同富裕目标下的浙江收入初次分配研究——浙江省"劳动者报酬占GDP比重"偏低的原因分析及政策建议》，《统计科学与实践》2022年第4期。

② 人民网：《浙江首次发布数字经济发展白皮书》，http://zj.people.com.cn/n2/2022/0815/c186327-40081161.html。

程度仍有很大的提升空间。在推进共同富裕进程中，浙江要进一步完善要素市场，让市场在要素配置与收入分配中起到主导作用，尤其是在决定要素回报方面起到更大作用。①

（一）完善劳动力市场，促进就业公平

相比于完善的商品市场，劳动力市场的分割在全国范围内具有普遍性，成为限制劳动力自由流动的制度性障碍。

第一，深化户籍改革，稳定就业市场。浙江农业转移人口目前占全省常住人口的1/4以上，②浙江继续深化户籍制度和新型居住证制度改革，有序推进农业转移人口就业稳定愈加迫切。打造"三权到人（户）、权随人（户）走"改革2.0版，在全省范围内推广电子居住证互认制度改革，促进农业转移人口市民化，为稳定就业提供更多方案。

第二，施行就业优先政策，实现更加充分就业。充分就业是经济和社会发展的最重要目标，也影响到经济社会稳定。通过初次分配实现共同富裕须以充分就业为前提：一是结合浙江创业帮扶计划，设立以创业带动就业为主的创业引导基金，增加市场用人需求确定性，提高中小微企业的就业吸纳能力；二是根据就业技能、岗位技能和创业技能要求，结合不同劳动群体实际情况，有针对性地开展就业培训计划，提高重点群体就业水平；三是利用浙江数字经济发展优势，搭建灵活用工、共享用工等在线服务平台，支持发展各类新型就业模式。

第三，消除就业歧视，提高就业质量。一是保障妇女、残疾人等各类群体在就业创业、职业发展、技能培训、劳动报酬、职业健康与安全等方面的平等权益，实现同工同酬；二是积极引导鼓励灵活就业人员参加企业职工基本养老保险，提高参保缴费质量；三是在

---

① 李实：《共同富裕的目标和实现路径选择》，《经济研究》2021年第11期。
② 《省政府咨询委员会学术委副主任刘亭：农业转移人口市民化要以改革破题》，https://baijiahao.baidu.com/s?id=1733089951649628527&wfr=spider&for=pc。

全社会大力弘扬工匠精神，大力发展职业教育，提高技能型人才供给，提升劳动力素质。

(二) 持续优化营商环境，激发民间投资活力

打造市场化法治化国际化营商环境，更大程度激发民间投资活力，是实现富裕的前提。一是打造服务型政府，以"放管服"为抓手，以"最多跑一次"为目标，实现管得好、放到位，进一步降低行政审批在要素配置中的地位，提升政府服务满意度与要素配置效率。二是深化国有企业与垄断行业改革，健全民营企业公平竞争政策法规，降低市场准入门槛，打造有为政府、有效市场，形成国有经济与民营经济齐头并进、共生共荣的格局。三是提升普惠金融服务能力，降低中小微企业贷款难度，提高融资服务效率。

(三) 激活农村土地要素，增加农民财产性收入

作为强村富民标志性成果建设的重要组成部分，浙江在土地改革中积累了丰富经验。比如义乌市、德清县作为全国农村土地制度改革33个试点中的2个，进行了农村土地征收、集体经营性建设用地入市和宅基地制度改革三项改革。浙江全域加快推进农村宅基地制度改革试点，探索宅基地三权分置实现形式，建立"闲置农房"全域激活长效机制；制定农村集体经营性建设用地入市管理办法，推进农村集体经营性建设用地入市和建立增值收益分配机制；推进农村土地征收制度改革，稳步提高土地出让收入用于农业农村比例。从初次分配层面全面激活农村土地要素，带动农民财产性收入增加，有效缩小城乡收入差距。

(四) 完善创新要素参与分配机制，激活各类要素潜能

探索知识、管理与技术等要素价值的实现形式。充分尊重科研、技术、管理人才，提高科研人员、教师工资水平；加强知识产权保护，鼓励科研工作者研发并通过专利获取相应收入。数据要素是数字经济时代关键的战略性生产要素，浙江要担负起探索数据要素参

与分配的报酬机制构建：打破数据孤岛模式，推动政府数据公开为导向以激活数据要素市场；加快培育数据要素市场，完善数据要素参与交易与分配的法律法规，推动数据要素市场的规范化与透明化；明确数据的权属、数据的利用和保护，根据明晰的所有权划分收益。促进数据要素在高质量发展中发挥最大功用和价值。[1]

第三节　增强再分配调节力度

一　再分配政策力度不足

作为调节收入分配关系的重要手段，政府应在再分配领域充分发挥税收、社会保障与转移支付方面的作用，调节过高的收入差距与收入分配不公。二次分配依托政府调节，中国还存在流转税占比高、对低收入家庭转移支付较少、区域和城乡发展不平衡等问题。

（一）税收调节功能弱化

税收调节功能弱化是当前收入差距难以有效降低的重要因素。由于中国个人所得税覆盖范围窄，大部分群体为工薪阶层，对高收入调节力度很弱；个人所得税的税收规模小，2021年个税在全部税收收入中所占的比重为8.1%，具体到浙江，民营经济活跃，个体工商户缴纳个税突出，同时受"藏富于民"的影响，中等收入群体规模较大，2021年个税1346亿元，占总税收的12.6%，绝对量规模在各省份中仅次于广东，相对量规模高于全国年均水平4.5个百分点，但仍低于欧美发达国家的水平。导致个税对收入分配的改善作用微弱，研究[2]显示个税仅使基尼系数降低了0.0039，仅为税前收入基尼系数的0.87%。

---

[1] 李政、周希祺：《数据作为生产要素参与分配的政治经济学分析》，《学习与探索》2020年第1期。

[2] 张玄、岳希明、邵桂根：《个人所得税收入再分配效应的国际比较》，《国际税收》2020年第7期。

财产税作为调节收入差距的主要直接税税种，当前还未成为调节收入差距的主要工具。房产税在调控房产市场的同时能够较好地调节收入分配，但目前仅在上海和重庆试点，浙江尚未正式开展房产税征收；遗产税与赠与税可以有效调节收入的代际传递，但还处于研究开征阶段。

(二) 社会保障的再分配调节作用有限

浙江当前的社会保障项目覆盖了社会保险（基本养老保险、基本医疗保险、工伤保险、失业保险、生育保险等）、社会救助（基本社会救助、专项社会救助、急难社会救助）、社会福利项目、社会优抚项目以及住房保障项目等，大部分工作走在全国前列，比如构建"1+8+X"大救助体系，建成省大救助信息系统，城乡低保标准平均886元/月，位居全国省（区）第一。[①] 但在对标共同富裕示范区建设的目标要求中，浙江社会保障体系建设仍存在短板。

保障覆盖面不足、精准性欠佳。浙江数字经济引领新业态迅速发展，非正规就业规模不断扩大，劳动关系往往不明晰，以传统就业形式和企业形态为基础设计的社会保障制度下，难免存在"漏保"现象；而依赖财政转移支付的社保项目尚未覆盖非户籍人口。另外，一些低保政策的瞄准性欠佳也限制了政策的有效性。

社会保障发展不均衡突出。地区间、城乡间保障水平仍存一定差距。城乡两套基本养老保险与医疗保险制度，筹资与待遇的城乡差距依然存在。

(三) "钱随人走"的转移支付制度尚未完善

转移支付要以人为核心，完善"钱随人走"的模式。虽然浙江城乡居民转移净收入比从2016年的2.97下降到2021年的2.53，但

[①] 《浙江省民政事业发展"十四五"规划》，http://mzt.zj.gov.cn/art/2021/4/12/art_1229460743_4593386.html。

比值高于全国平均水平。① 目前部分转移支付分配已与实际人口挂钩，比如学生的流动按学籍界定相对清晰，义务教育领域的"钱随人走"在全国范围内从2016年开始实行，取得了一定的效果，② 但在其他领域人口流入与流出的界定往往不够清晰，同时对流入人口带来的公共服务成本测算与实际需要存在一定差距。虽然中央和地方间财政关系改革取得明显进展，但省级以下部门间仍未形成事权与财权相适应、支出责任与财力相匹配的理想状态，县市级地方财政民生保障压力较大，影响了可持续性。

二 充分发挥税收、社会保障与转移支付的调节作用

（一）充分发挥税收调节作用

税收作为国家财政的基石，是国家收入的主要来源，在国家治理中发挥基础性作用。在中国社会的主要矛盾发生转化后，扎实推动共同富裕进程中需要通过优化税制结构，降低间接税比重，提高直接税规模比重，更好地发挥税收在收入分配格局中的调节作用。

1. 增强个税调节作用

个税在改善收入分配差距上还有很大的改进空间，结合浙江民营经济活跃、居民收入类型多样的特点，未来在中央层面与省市级层面可以从以下几个方面增强个税调节作用。

第一，扩大综合所得征税范围，更好地适应居民收入来源多元化的特点。目前经营所得的最高边际税率为35%，低于劳动所得最高税率（45%）。而大部分经营所得实质上属于劳动收入，税率差异诱导高收入群体将劳动报酬转换为经营所得，造成税收流失。通过将经营所得纳入综合所得范围，实行相同的最高边际税率，但可适当提高最高税率的起征下限，既不增加税负，又能提高个税公平性；

---

① 笔者根据《浙江省统计年鉴》与《全国统计年鉴》计算。
② 段炳德：《促进共同富裕的财政政策选择》，《中国劳动关系学院学报》2022年第4期。

既让高收入者承担更高的税负，也平衡不同收入来源但收入水平一致的纳税人税负。[①] 此外，还要加快将各类新的个人收入形式纳入个人所得税征收范围，如网络直播、打赏以及从事各类共享经济、零工经济等取得的收入。

第二，加大个人所得税对财产性收入的调节力度。当前利息、股息与红利所得，财产租赁所得，财产转让所得等财产性收入尚未并入综合所得，且适用固定的比例税率（20%），未能体现税收的累进性。未来可以考虑将财产性收入所得改为分档累进税制，对超过一定额度的部分实行更高税率课征。对于财产性收入，还要建立多平台的信息共享机制，及时掌握高收入群体的收入动向，准确掌握涉税信息，避免偷税漏税。

第三，降低中等收入群体税负水平，强化过高收入群体税收征管。一方面，考虑社会大众普遍反映的问题，动态扩展专项附加扣除项目，并依据实际成本适当提高扣除标准或按实际扣除，可以有效降低中等收入群体税负水平。另一方面，加强对重点领域的税收征管，如家族财产信托、海外信托、资本利得等。[②] 同时针对个人所得税与企业所得税税率悬殊问题，要加强税收宣传并加强征管，抑制避税动机，强化高收入人群的税收征管，促进税收公平。

2. 发挥财产税在缩小收入差距中的调节作用

党的二十大报告提出"规范收入分配秩序，规范财富积累机制"，这意味着财产税在调节高收入上要发挥更大作用。加快建立覆盖全部财富的税收体系，[③] 浙江在全国率先开展"精准监管"试点，充分运用大数据、云计算、人工智能、移动互联网等技术，构建智

[①] 李旭红：《三次分配视角下促进共同富裕的税收政策选择》，《税务研究》2021年第11期。

[②] 冯俏彬：《促进共同富裕要发挥好税收的调节作用》，《税务研究》2021年第11期。

[③] 庞凤喜、郑铿城：《三次分配、财政政策工具与共同富裕》，《财政科学》2022年第7期。

慧税务体系,① 征管信息采集基础逐步完善。

(二) 强化社会保障的兜底保障与促进发展功能

税收虽然可以为社会保障提供一定的资金来源,但对低收入的无税者很难发挥作用。让低收入群体与广大普通群体共享发展成果是实现共同富裕的最大、最艰巨的任务。社会保障制度是社会正常运行的"安全阀"与"减震器",是实现共同富裕的基本手段之一。社会保障的特点是兜住整个社会的公平底线,覆盖范围广,对低收入群体的瞄准性更高,收入分配效应也更高。统筹探索完善社会保障的部门协调机制,让每一个生活在浙江的公民享受到普惠均等可及的社会保障权利,有效推动共同富裕的实现。

第一,提高社会民生支出水平。现有研究②发现社会领域的公共支出占 GDP 的比重与收入差距一般存在显著的负相关关系,意味着政府在社会领域的支出越多,可以越加显著地改善收入分配状况。浙江要瞄准共同富裕示范区建设的新要求,尽力而为、量力而行,积极调整财政支出结构,提高用于民生领域的支出比重。

第二,推动社会保障精准"扩面"。完善灵活就业人员的社保制度,探索出台对平台企业进行税收优惠与补贴政策来促进和引导灵活人员参加社会保险,扩大社会保险覆盖面;还应适度扩大救助覆盖面,把残疾人、困境儿童、"三留守"人员等列入关爱型救助,确保老弱病残等特殊群体得到更好保障,建立健全改善城乡低收入群体等困难人员生活的政策体系和长效机制。

缩小社会保障的城乡、地区与群体差异。结合积分制等户籍改革措施,逐步降低户籍对社会保障的享有限制,逐渐扩展到以常住人口来进行保障;同时逐步提高农村社会保险与社会救助水平,在差距较小的区县试点统一城乡低保标准等政策;探索基本医疗保险的

---

① 余丽生:《高质量发展建设共同富裕示范区的建议》,《中国财政》2021年第21期。
② 耿晋梅:《中国的社会保障支出政策调节了居民收入差距吗?》,《经济问题》2020年第7期。

省级统筹，规范基金运行与管理，提高保障水平。

(三) 加大转移支付力度，优化支出结构

转移支付要更加注重区域发展的平衡性和协调性。发挥政府间转移支付的功能，调节地区间收入差距，浙江省将资金向人口规模大、支出负担重、自身财力困难的地区倾斜，加大山区海岛县及其他财政困难县市的转移支付力度，夯实其加快发展的财力基础。

勇于探索构建体系化、集成化的"钱随人走"制度体系。转移支付要从静态视角转向动态视角，推动公共资源的配置、布局跟随人走，完善以人为核心的基本公共服务领域转移支付制度，促进转移支付资金分配与人口流动紧密挂钩，提升基本公共服务领域转移支付分配的合理性和精准度。

第四节 合理发挥第三次分配补充作用

第三次分配是初次分配与再分配的有益补充，是推进共同富裕建设中收入分配体系不可或缺的一环。第三次分配要着力激发各类群体参与积极性。慈善捐赠是第三次分配的主要形式，但在中国还处于初步发展阶段，规模很小。2020年中国慈善捐赠规模为1600亿元，占GDP的0.16%，远低于美国的2.2%。[1] 从捐赠形式来看，中国的慈善捐赠额度中约62%来自企业，26%来自个人；相比于慈善捐赠规模更大的欧美国家（70%以上的捐赠来自个人，尤其是普通民众的小额捐赠），意味着中国在群众参与度、捐赠社会风气建设方面还大有可为。未来浙江应以改革完善三次分配机制以及与之相配套的基础性制度安排为抓手[2]，大力推动慈善事业发展。

---

[1] 汤敏：《如何让第三次分配在助推共同富裕中发挥更大作用？》，《清华金融评论》2022年第3期。

[2] 余丽生：《高质量发展建设共同富裕示范区的建议》，《中国财政》2021年第21期。

一 浙江慈善事业基础扎实，但不平衡不充分问题仍然突出

浙江慈善事业具有优良的文化传统，经济基础较好、社会氛围较浓、公众参与度较高的优势，浙江第三次分配基础相对扎实。截至2022年上半年，浙江登记认定慈善组织1364家，位居全国第二；慈善信托200单，合同金额规模达到11.96亿元，位居全国第一。作为民营经济大省，浙江慈善事业的创新与发展，始终与浙商企业密切相关。企业积极奉献爱心、履行社会责任，成为近年来浙江慈善捐赠新的增长点。2021年是浙江数字化改革元年，浙江又是互联网先行区，线上捐赠便捷，全民参与"指尖公益"已成为浙江慈善事业的新生态，全面整合慈善资源，畅通民政部门与财政、税务、红十字会、慈善组织的信息共享。按照"放管服"改革精神下放基金会登记管理权限，取消全省性基金会设立分支机构、代表机构审批。2016年浙江启动"最多跑一次"改革，全省各级民政部门对慈善组织政务办事事项进行优化、简化。当前全省共有基金会938个，较2012年翻了两番。

浙江慈善事业正面临诸多挑战，这些挑战可能在全国具有共性，也可能与浙江的省情特点有关。例如，全省慈善资源不平衡，杭州、宁波两市的慈善发展指数自2018年以来稳定排在前两位，而舟山、丽水的排名靠后，在慈善捐赠规模、慈善组织数量、慈善服务水平、慈善基地建设和政府支持五个方面有显著差距。① 此外，还面临社会组织发挥的作用仍然有限，质量有待提升；资源分配缺乏协调、透明度不高，慈善活动单调、以应急与救助贫困为主以及慈善人才培养不足等诸多方面的挑战。

浙江在第三次分配领域先行先试，不断扩大慈善事业的群众基础，积极推动慈善组织创新发展，全力推进慈善事业高质量发展，努力构建组织化、多元化、智慧化、规范化的慈善事业发展新格局，

---

① 浙江省慈善联合总会：《2020年浙江城市慈善发展指数报告（精华版）》，https://www.zcf.org.cn/news/view/id/981。

将为全国作出引领、提供示范。

二 全面打造"善行浙江",合理发挥第三次分配作用

自2016年中国第一部慈善法颁布实施以来,浙江陆续出台全国首部慈善领域省级地方性法规、《关于加快推进慈善事业高质量发展的实施意见》等,为浙江慈善事业健康持续发展提供了有力的制度保障。目前来看,中国尚未形成完善的慈善事业发展环境,浙江可以鼓励各地先行先试,率先优化相关制度和政策鼓励,补齐制度短板,在推进共同富裕进程中,持续优化慈善事业发展环境,促进第三次分配发挥更大作用。

(一)完善适合国情、省情的慈善激励体系

促进慈善事业的快速发展,不仅要依赖于人民群众慈善意识的提升,更需要建立激励体系。

第一,制定各级慈善表彰制度,从精神层面营造行善光荣的社会环境。中国固有扶危济急的优良传统,行善也大多是基于赢得社会认同感和尊敬,积极做好"中华慈善奖"的推选工作,加大媒体宣传力度等,对有贡献者给予精神奖励回馈,以此强化公众的认同感与参与度,建立人人行善的良好氛围;同时提升参与者的获得感与社会认同感。

第二,健全财税支持政策,从物质层面对行善予以激励。一方面,加大对慈善公益事业的税收优惠力度,并在现有优惠政策基础上,完善实物性捐赠的税前扣除细则,比如价值确认、扣除限额、年度扣除比例等,同时完善慈善信托的财产委托环节的所得税优惠,支持税收优惠落到实处。另一方面,积极研究开征遗产税、赠与税,有效引导先富群体参与慈善事业来援助后富群体、回馈社会,对慈善捐赠起到强有力的刺激作用。

第三,加大对志愿服务的支持力度,形成人人愿意做志愿服务的社会新风尚。志愿服务是现代社会文明进步的重要标志,也是慈善

事业的重要组成部分。从制度层面规范志愿者注册和保障志愿者个人权益，不断健全完善志愿服务记录制度，强化安全保障；在物质激励层面，构建多元化的筹资机制，进一步明确社会优待和适度物质回馈，为志愿服务组织提供人身意外保险等必要的资金支持；在精神激励层面，重视完善志愿者的培训机制，尝试建立志愿者星级认证制度，构建全省统一标准对志愿者服务时间累计及服务进行评价。

（二）形成覆盖更为广泛的慈善组织体系

第一，加大力度培育慈善组织，提高慈善资源的组织能力、配置能力。慈善组织是慈善事业的载体，为培育壮大慈善力量，浙江慈善组织总数力争2025年达到1400家，全省慈善信托资金规模达到15亿元。[①] 慈善组织的数量规模与能力、公信力与透明度直接关系到慈善资源的募集、分配、使用和管理。慈善组织的质量越高，对慈善资源的动员能力就越强。一方面，政府通过提供办公场所、增加政府购买、放宽社会组织的法定代表人等方式引导企业、高收入群体积极参与设立慈善组织；另一方面，完善慈善应急协调机制，推动慈善组织规范运营，提升慈善组织专业水平。

第二，发展慈善信托，扩大慈善参与基础。慈善信托是社会各界参与慈善事业的重要载体，具有门槛较低、运作较灵活、资产增值保值、能更好体现委托人意愿等优势，是慈善事业发展的一个新的增长极。当前税收优惠政策不清晰、慈善信托资金来源单一等问题制约了慈善信托发展。杭州率先出台了《关于通过慈善信托方式开展公益性捐赠有关问题的通知》，解决了以往慈善信托架构中公益慈善组织无法直接给委托人开具捐赠票据的问题，从而得以享受税收优惠，为浙江慈善信托的发展提供了可复制、可推广的杭州经验。要推动杭州继续扛起探路者的责任，为全省及全国的慈善信托发展

---

① 新华网：《培育壮大慈善力量，浙江慈善组织总数力争2025年达到1400家》，http://www.news.cn/2021-11/08/c_1128044169.htm。

探索出更多新的路径。此外，浙江民营企业数量众多，实力雄厚，应号召广大企业家更加深入地了解和认同慈善信托，将慈善信托作为参与慈善活动、履行社会责任的重要途径，进一步丰富慈善参与方式，拓宽慈善参与渠道。

（三）打造浙江慈善品牌，形成活跃的慈善参与体系

《浙江高质量发展建设共同富裕示范区实施方案（2021—2025年）》提出"全面打造'善行浙江'"。浙江发扬"人人慈善"的现代慈善理念，打造以"慈善公益一日捐"为代表的全民性慈善活动，倡导全民参与，2021年全省"慈善一日捐"活动共募集善款3.2亿元。[①] 今后也可以针对具体的扶贫项目，诸如医疗健康、教育助学、救灾减灾、扶贫济困等实施崇善行善的公益慈善先行计划，打造形式多样的慈善品牌，吸引更广泛的参与主体。

以数智赋能推动慈善事业提质增效。一方面应鼓励发展互联网慈善，使人人公益、随手公益、指尖公益渐成潮流；另一方面要发挥浙江在数字服务领域领先的优势，搭建慈善信息统一平台，逐步推动部门互联互通、信息共享，促进社会救助信息和慈善资源、社会服务信息的对接、共享和匹配，提高慈善信息化水平，提升慈善事业救助效率。

（四）形成监管规范、促进发展并重的慈善监管体系

第一，充分发挥政府在慈善事业发展中的引导、管理、规范、监督职责。要进一步完善监管制度，提高监管和服务的质量效率，优化慈善组织认定的有关规定，积极推进慈善组织的登记认定和慈善行业优惠政策的融合，促进各类慈善组织快速发展。明确权责义务，充分发挥慈善力量在社会治理中的重要作用。

第二，引导慈善组织完善内部治理结构，提升慈善组织的公信力。一是支持慈善组织在配合政府、协调引领、行业自律等方面发挥作用，打造健康向上、竞争合作的慈善行业生态。二是加强慈善

---

① 资料来源：《浙江2022年"慈善一日捐"倡议书》。

人才队伍建设,积极推动高等院校与科研机构等加大培养慈善专业人才的力度,比如浙江工商大学英贤慈善学院已开始培养中国第一批慈善管理专业的硕士、博士,将来还可以在交叉学科、交叉领域发挥更大作用。

第十二章 浙江推动共同富裕的重大标志性成果研究

浙江提出2022年为共同富裕示范区建设机制创新年、改革探索年、成果展示年，要扎实推动共同富裕美好社会建设，聚焦国家所需、浙江所能、群众所盼、未来所向，加快打造具有全国影响、群众有感、可示范推广的十项标志性成果。这是构建推进共同富裕的体制机制上先行先试，以浙江的具体实践展现"人民对美好生活的向往就是我们的奋斗目标"的价值追求。

第一节 标志性成果认定的基本条件

一 标志性成果确定的基本原则

标志性成果要充分体现共同富裕的精神实质。共同富裕要以高质量发展为基础，循序渐进地实现全民共富、全面共富、共建共富。共同富裕既要富裕，又要全社会共享，核心是实现人的全面发展。所以标志性成果的设定既要有高质量发展来夯实物质基础的内容，也要有人民群众共享发展成果的内容。

标志性成果要具有推广价值，体现"造福浙江，引领全国"。共同富裕是社会主义的本质要求，是中国式现代化的重要特征。全国打赢脱贫攻坚战、全面建成小康社会基础上推动共同富裕示范区建设，浙江具有扎实的现实基础与发展优势，并且取得了明显成效，但是仍存在一些短板弱项,具有优化的空间。以浙江共同富裕示范区建设"探索破解新时代社会主要矛盾的有效途径,有利于为全国推动共同富裕提供省域范例,有利于打造新时代全面展示中国特色社会主义制度优越性的重要窗口"。[1] 因此,标志性成果要具有浙江特色,同时还要有推广价值,引领全国共同富裕的推进。

标志性成果既是中央赋予浙江四大战略定位的深刻反映,也是全面细化落实发展目标的行动方案。《浙江高质量发展建设共同富裕示范区实施方案(2021—2025年)》提出到2025年建设共同富裕示范区取得明显实质性进展,形成阶段性标志性成果。发展目标提出"要率先基本建立推动共同富裕的体制机制和政策框架,努力成为共同富裕改革探索的省域范例;率先基本形成更富活力创新力竞争力的高质量发展模式,努力成为经济高质量发展的省域范例;率先基本形成以中等收入群体为主体的橄榄型社会结构,努力成为地区、城乡和收入差距持续缩小的省域范例;率先基本实现人的全生命周期公共服务优质共享,努力成为共建共享品质生活的省域范例;人文之美更加彰显,努力成为精神普遍富足的省域范例;生态之美更加彰显,努力成为全域美丽大花园建设的省域范例;和谐之美更加彰显,努力成为社会和睦团结向上的省域范例"。基于宏观加微观的制度设计,技术变革加制度变革的改革路径,为浙江打造一批具有高辨识度的标志性成果。

二 标志性成果确定的必要条件

重大标志性成果的确定需要围绕浙江在经济社会发展中取得的成绩以及遇到的问题和困难来针对性地判别确定。

第一,重大标志性成果是"扬长板"的体现。即强化优势,鼓励勤劳创新致富,在持续推进浙江经济高质量发展中,在数字经济、

---

[1] 《中共中央 国务院关于支持浙江高质量发展建设共同富裕示范区的意见》,https://www.gov.cn/gongbao/content/2021/content_5621189.htm。

三大科创高地、大湾区建设、先进制造业集群体系等方面树立典型。

第二，重大标志性成果突出"补短板"。浙江在共同富裕示范区建设中仍然面临缩小地区、城乡、收入三大发展差距的重大挑战，均衡协调发展方面仍有广阔的发展潜力。浙江率先探索实现城乡区域协调发展、在优化收入分配格局上取得积极进展，将为全国层面推进共同富裕提供有效探索。

第三，重大标志性成果要反映"稳基础"。提升基本公共服务普惠均等可及是共同富裕的本质要求，是居民生活的基础，也是提升居民幸福感、获得感与安全感的重要途径。以满足人民日益增长的美好生活需要为根本目的，增强风险防控和社会保障能力，完善城乡公共保障体系，促进公共服务优质共享，重点突出大病医疗保障、养老保障、社会救助的制度完善，推动城市优质医疗与教育资源向农村扩容的成果应该予以重点打造。

第四，重大标志性成果要重创新。以改革创新为根本动力，通过创新社会、政府治理体系，突出社会主义先进文化、生态文明、社会治理促进精神共富。

第五，标志性成果是目标，突破性抓手是关键。标志性成果需要的时间更长一些，突破性抓手是着眼从改革、政策重塑、制度重塑的角度重点推进的工作，一个标志性成果后面可能有一项或一批突破性抓手支撑，针对重要抓手需要构建合理完善的指标体系进行综合评价。

第二节 标志性成果的认定方式

为扎实推进高质量发展建设共同富裕示范区，加快形成"有传播度、有辨识度、有影响力"的标志性成果，需要建立完善的评价机制，制定年度任务清单，项目化运作，机制化推进，确保工作取得实效。对于标志性成果认定，建议采用"关键性指标+标志性项目/模式"的双重认定方式。对于关键性指标,参照浙江共同富裕指标目标值、浙江各类"十四五"规划的目标值等,设定关键性指标的年度目标值,从指标值与上年相比是否有明显提升,尤其当年是否达到目标值来认定;对于标志性项目/模式,可能不会直接带动指标值的快速变动,但具有明显的示范效应,建议从建设的完成情况以及效果评估两方面来进行认定。如果关键性指标达到目标值,并且标志性项目/模式完成预期进度或该项目/模式的核心指标值普遍优于非项目/模式的对应值,即可认定达成该项标志性成果。下文给出了"10+7"项标志性成果的关键性指标与指标性项目/模式(见表12-1)。

表12-1　标志性成果的关键性指标与标志性项目/模式

标志性成果	关键性指标	标志性项目/模式
共同富裕现代化基本单元	1. 全生活链服务需求满足率 2. 群众获得感幸福感安全感满意度*	1. 未来社区 2. 未来乡村 3. 城乡风貌样板区
浙里康养	1. 每千名老人拥有社会养老床位数* 2. 每千名老人拥有社会工作者数 3. 老年人健康管理率	1. 康养联合体 2. 智慧养老院 3. 全国示范性老年友好型社区 4. 康复辅具适配服务平台
浙有善育	1. 每千人口拥有3岁以下婴幼儿托位数* 2. 普惠性幼儿园在园幼儿占比* 3. 生育率	1. 优生"八免"项目 2. 0—3岁儿童发育监测 3. "浙有善育"集成应用App 4. 便捷照护育儿服务圈
浙里健康	1. 每千人口拥有执业(助理)医师数* 2. 人均基本公共卫生服务经费 3. 人均预期寿命*	1. 国家医学中心和国家区域医疗中心 2. 省级区域医疗中心 3. 国家卫生乡镇 4. 健康促进县(区)
农村集体经济改革发展(强村富民)	1. 农村居民人均可支配收入 2. 城乡居民收入倍差* 3. 村级集体经济收入*	1. 乡村联合体 2. "飞地"抱团项目 3. "强村公司"模式

续表

标志性成果	关键性指标	标志性项目/模式
山区海岛县高质量发展	1. 山区海岛县人均可支配收入与全省平均之比* 2. 山区海岛县人均GDP与全省平均之比	1. 省级及以上开发区（园区） 2. 山海协作结对帮扶 3. "产业飞地""科创飞地"等
浙江有礼	1. 每万人活跃志愿者率* 2. 社会诚信度* 3. 有礼指数*	"浙江有礼"文明使者评选
为民办事智能速办	1. 整体智治实现率* 2. 政府履职核心业务数字化全覆盖率	"浙里办"App
"扩中""提低"	1. 家庭年可支配收入中10万—50万元群体比例、20万—60万元群体比例* 2. 居民人均可支配收入* 3. 劳动报酬占GDP的比重*	九类重点群体差别化收入分配激励
打造高质量就业创业体系	1. 城镇调查失业率* 2. 技能人才占从业人员的比重*	1. 就业困难人员动态清零 2. 山区海岛县新增就业倍增 3. 就业服务智能化全贯通 4. 高校毕业生就业创业计划 5. 就业困难人员精准帮扶计划

注：*表示该指标为浙江共同富裕指标。

共同富裕现代化基本单元：基本单元建设能够全方位促进人的全面发展和社会全面进步，关键性指标建议选取反映基本单元功能的"全生活链服务需求满足率"与综合反映居民感受的"群众获得感幸福感安全感满意度"。在标志性项目中，可以围绕基本单元建设进行认定评估，包括未来社区、未来乡村与城乡风貌样板区的建设完成率与单元数量。

浙里康养：从投入角度选取"每千名老人拥有社会养老床位数"反映投入程度与变动情况，"每千名老人拥有社会工作者数"反映社会敬老爱老建设水平；从产出角度选取"老年人健康管理率"反映老年人健康教育水平。标志性项目包括康养联合体、智慧养老院、全国示范性老年友好型社区、康复辅具适配服务平台。

浙有善育：从投入角度选取"每千人口拥有3岁以下婴幼儿托位数"与"普惠性幼儿园在园幼儿占比"，从效能角度选取"生育率"作为综合指标反映社会生育意愿的改善程度。标志性项目包括优生"八免"项目、0—3岁儿童发育监测以及"浙有善育"集成应用App、便捷照护育儿服务圈。

浙里健康：关键指标的选取考虑到群众对健康有了更高的需求，从投入角度选取"每千人口拥有执业（助理）医师数"反映人力投入水平，选取"人均基本公共卫生服务经费"反映公共卫生投入水平，最后从效能角度选取"人均预期寿命"作为健康水平的综合性指标。考虑到人民群众既要看得上病、看得好病，也要看病更便捷、服务更体贴，反映浙江医疗水平的标志性项目包括"国家医学中心和国家区域医疗中心、省级区域医疗中心"，反映省域内基层医疗水平的"国家卫生乡镇、健康促进县（区）"。

农村集体经济改革发展（强村富民）：关键性指标围绕农村收入水平与城乡差距、村级集体经济发展状况选取，具体包括"农村居民人均可支配收入""城乡居民收入倍差""村级集体经济收入"。浙江在农村集体经济改革发展（强村富民）开展了诸多创新机制和模式：鼓励乡村联合体（指多个行政村开展组团式、片区化联合建设，探索"先富村带富一片村"的共富模式）、"飞地"抱团项目、"强村公司"模式等，后两者可重点考察参与项目村村均年投资回报水平以及"强村公司"总利润。

山区海岛县高质量发展：关键指标采用"山区海岛县人均GDP与全省平均之比"表示经济发展水平状况，采用"山区海岛县人均可支配收入与全省平均之比"表示居民生活水平状况。结合《浙江省山区海岛县跨越式高质量发展实施方案》等，在标志性项目中纳入"省级及以上开发区（园区）"，在标志性模式中采用山海协作结对帮扶、"产业飞地""科创飞地"的孵化数量描绘创新模式的进展与成效。

浙江有礼：省域文明新实践是对中华优秀传统文化的传承与创新，关键指标包括：采用"每万人活跃志愿者率"衡量社会文明进步，采用"社会诚信度"衡量各类主体失信与守信的整体程度与社会治理效能，采用中宣部的"有礼指数"反映浙江有礼推进情况的工作评价。标志性项目中采用"浙江有礼"文明使者评选，通过践行社会主义核心价值观的先进模范来推进广大人民群众践行"浙风十礼"。

为民办事智能速办：数字赋能办好民生实事是提升民生服务质量的一个重要路径。关键指标构建如"整体智治实现率"反映治理主体之间的有效协调，"政府履职核心业务数字化全覆盖率"反映数字化政府服务覆盖水平。标志性项目主要包括数字化公共服务体系、数字赋能办好民生实事的"浙里办"App，通过自动审批实现秒办的项目个数、填报信息减少项目以及办理时间的减少程度来进行认定考核。

"扩中""提低"：核心指标主要包含反映中等收入群体比重的"家庭年可支配收入中10万—50万元群体比例、20万—60万元群体比例"，反映整体收入水平的"居民人均可支配收入"，反映收入分配宏观结构的"劳动报酬占GDP的比重"。在具体的标志性模式方面，重点考察《浙江省"扩中""提低"行动方案》中聚焦技术工人、科研人员、中小企业主和个体工商户、高校毕业生、高素质农民、新就业形态从业人员、进城农民工、低收入农户、困难群体九类群体的增收情况。

打造高质量就业创业体系：关键指标包括反映整体就业情况的"城镇调查失业率"，反映就业结构的"技能人才占从业人员的比重"。反映就业创业质量的标志性项目包括"就业困难人员动态清零""山区海岛县新增就业倍增""就业服务智能化全贯通"以及浙江"十四五"规划中涉及的"高校毕业生就业创业计划""就业困难人员精准帮扶计划"。

第三节 十大标志性成果的建设进展与政策建议

《中共中央 国务院关于支持浙江高质量发展建设共同富裕示范区的意见》明确了浙江的战略定位——高质量发展高品质生活先行区、城乡区域协调发展引领区、文明和谐美丽家园展示区、收入分配制度改革试验区。围绕战略定位，浙江提出要聚焦解决发展不平衡不充分问题和群众急难愁盼问题，立足为全国提供一批可学可鉴的经验做法，加快打造全国有影响、群众有感、可示范推广的十大标志性成果，这些成果既体现了现阶段促进共同富裕的价值追求和目标导向，也能有效推动共同富裕目标值的实现。

一 高质量发展高品质生活先行区的标志性成果

（一）建设共同富裕现代化基本单元，实现高品质生活

通过建设共同富裕现代化基本单元，以未来社区和未来乡村为微观抓手，加快推进共同富裕现代化基本单元建设，将其作为先行先试的基层场域，有助于把顶层设计和基层探索紧密结合，为逐步实现全体人民共同富裕作出示范。共同富裕现代化基本单元的建设也为推进城乡区域协调发展、缩小城乡差距做出重要探索。2022年5月浙江省公布了首批共同富裕现代化基本单元名单，包括28个未来社区、36个未来乡村、17个城乡风貌样板区。

为全方位打造共同富裕现代化基本单元：第一，聚力顶层设计，构建一套标准化的建设体系。从顶层设计出发，在目标任务、空间布局、工作推进机制、保障机制等方面定好"跑道"，确保"不跑偏"，为基本单元建设提供全方位的政策保障。第二，探索建立一套可持续的运行机制。充分发挥政府引导作用，充分调动市场主体的积极性，使市场在资源配置中起决定性作用，助力基本单元可持续运营。第三，推动"九大场景"落地，更高水平推进"幼有所育、

学有所教、劳有所得、病有所医、老有所养、住有所居、弱有所扶、文有所化、体有所健、游有所乐、事有所便和行有所畅",满足人民群众多样化需求。第四,以数字技术为社区赋能,形成与数字化发展路径相适应的生产方式、生活方式、治理方式,提升社区服务和社区治理的精细化水平,形成一批可推广的最佳案例。

(二) 建设老年友好型社会,打造"浙里康养"

随着人口老龄化、高龄化和家庭小型化,养老不再仅仅是家庭责任,养老保障和服务也成为重大社会问题。当前浙江常住人口6540万人,其中老年人1252万人,老龄化程度19.1%(65岁以上人口占总人口的14.2%),刚好处于全国平均水平。浙江每年净增七八十万老人,面临绝对值不断加大的挑战,同时城镇与农村老龄化不平衡也在加剧,但是浙江吸引了大批年轻人到来,缓解了老龄化程度,老龄化窗口期变长。浙江在高质量发展建设共同富裕示范区过程中,更好地落实积极应对人口老龄化国家战略,加快探索建立"浙里康养"体系,更高水平实现老有所养,将为更好地解决老龄人口问题打造样板。

浙江自1987年进入老龄化社会以来一直注重老年保障和服务体系,未来从老有所养、老有所医、老有所学、老有所为、老有所乐五个方面加快健全社会保障体系、养老服务体系、健康支撑体系,推动老龄产业发展,立足浙江省情与人口素质,尊重文化传统与生活习惯,着力构建具有浙江特色的老年友好型社会。一是大力发展康复护理和照料服务,维护老龄人口健康生活的机能,对家庭与社区生活环境进行必要的适老化改造,避免照护短板,提高老龄人口照护的可及性。二是充分考虑老年人的认知特点与行为特征,在涉老产品形态与服务形式上进行适老化的技术改造与研发,使老年人更容易获取信息和服务,缩小数字鸿沟。三是结合"浙江有礼"金名片的打造,推动社会、社区、家庭层面敬老爱老。四是充分发挥社区作用,加强心理健康专业人才队伍建设,优化老年人心理健康服务供给，全面开展"老年人心理关爱"活动。

（三）构建育儿友好型社会，打造"浙有善育"

托育服务是保障和改善民生的重要内容，事关婴幼儿健康成长，事关千家万户。2022年《政府工作报告》提出，要多渠道发展普惠托育服务，减轻家庭生育、养育、教育负担。自2019年4月国务院办公厅印发《关于促进3岁以下婴幼儿照护服务发展的指导意见》起，国家层面已陆续出台了一系列鼓励和支持托育服务发展的利好政策，当前，中国托育服务发展正处于改善管理、提高质量的关键起步期。

浙江探索完善生育成本共担机制，打造"浙有善育"金名片，着力构建高质量、一体化、全周期的"浙有善育"服务链，推动"幼有所育"从普惠可及迈向优质共享。一是完善鼓励生育的经济支持。重点探索完善生育保险制度，降低女性生育机会成本，促进女性就业平等；营造生育友好环境氛围，完善母婴基础设施设备、提供优质的母婴健康服务等来优化生育友好"软硬"环境，提升生育意愿。二是大力发展普惠托育服务体系，完善3岁以下婴幼儿照护服务规范标准，帮助家庭实现"工作—育儿"平衡。三是提升城乡学前教育发展公平性，推动普惠性幼儿园扩容工程和农村幼儿园补短提升工程，全面建成覆盖城乡、布局合理、质量保证的学前教育公共服务体系。

（四）构筑全民全程健康服务体系，打造"浙里健康"

共同富裕，健康先行。健康是国家强盛、民族昌盛的重要标志，健康梦是中国梦，共同富裕的前提是群众健康。浙江卫生健康事业取得显著成就，主要健康指标在全国已经处于前列、接近或达到高收入国家水平，为实现共同富裕提供了强有力的健康支撑。

提升全生命周期健康服务，打造"浙里健康"。第一，努力开展高水平县级医院建设，增加基层优质医疗资源的可及性与普惠性。第二，改变健康观念，增强早期筛查干预措施、推进健康体检等活动,将疾病预防关口前移,使治病转为预防。第三,重视重大疾病防控、优化防治策略、最大限度减少人群患病,优化健康制度,积极探索从传统诊病治病向全生命周期健康管理扩展,打造全生命周期健康服务"领跑者"。第四,增加基本公共卫生财政投入,提升均等化水平。

二 城乡区域协调发展引领区的标志性成果

(一) 推进农村集体经济改革发展,实现"强村富民"

农村人口仍是一个相当大的群体。在共同富裕的道路上,农民是不可忽视的关键群体,农民富裕也是中国实现共同富裕的重难点所在。浙江以农村集体经济为突破性抓手,不断深化推进以集体经济为核心的"强村富民"乡村集成改革,取得了突出成果。2021年,浙江农村居民人均可支配收入位居全国省区第一位,城乡居民收入倍差进一步缩小至1.94,农民收入实现"三个高于":农民收入增速高于城镇居民1.2个百分点,低收入农户收入增速高于农村居民4.4个百分点,山区海岛县农民收入增速高于农村居民0.6个百分点。

增强乡村发展内生动力,壮大集体经济是"牛鼻子",持续提高收入与消费水平。一是深化"三块地"改革,创新农村承包地"三权分置"实现形式,全面激活农村资源、资产、资金,让村民共享发展红利。二是依托乡村振兴,整合政府、企业、农民、市场和社会的各方力量,加速一二三产业融合发展,提升农业创新力,打响几项知名品牌,建立农民稳增长路径。三是引导城镇资金、人才进村,依靠科技力量促进城乡融合发展。

(二) 念好新时代"山海经",推动山区海岛县高质量发展

缓解城乡差距、地区差距是实现共同富裕的本质要求。浙江经济社会发展处于前列,但是全省90个县(市、区)中,山区海岛县发展相对不足,各县在经济发展水平上存在较大的差距。推动山区海岛县高质量发展,是浙江省域一体化的重点所在、现代化建设的潜

力所在，也是城乡区域协调发展的重要抓手，也将为全国脱贫市县的发展提供样板参考。

推动山区海岛县高质量发展，缩小与全省平均水平的差距，一是持续推动山区海岛县高速路与互联网等基础设施建设，形成互联互通的格局，为融入都市圈创造有利条件。二是完善协作帮扶机制，充分发挥"山""海"优势，推动生态价值有效转化，构建海陆统筹、山海互济的发展新格局。三是迭代升级产业服务体系优化营商环境，提振民营经济活力。四是合理规划公共服务功能布局，做好公共服务供给和居民个性化、精准化、品质化需求有效对接，提升基本公共服务满意度。

三 文明和谐美丽家园展示区的标志性成果

(一) 培育"浙江有礼"文明品牌，打造精神文明高地

共同富裕不仅要求物质富裕，还要求精神富裕。浙江历史悠久，人文积淀深厚，"有礼"一直是浙江人引以为傲的文化基因。推进"浙江有礼"既是中国礼仪之邦的传承，助力社会主义精神文明建设，也为高质量发展建设共同富裕示范区提供良好社会氛围与强大精神力量。

"浙江有礼"是以人的现代化为核心，适应新时代要求、彰显浙江特质、符合高质量发展建设共同富裕示范区之义的思想观念、精神面貌、文明风尚、行为规范。具体包括大力倡导爱国爱乡、科学理性、书香礼仪、唯实惟先、开放大气、重诺守信六种时代新风，同时还要培育崇尚践行十种礼节礼行的"浙风十礼"。文明创建的过程，就是持续解决城市顽疾、补齐治理短板、推动精神富有的过程。通过实施科学理论走心行动、实施传承红色基因薪火行动来提升社会凝聚力；通过树立典型，比如持续评选"浙江有礼"文明使者，引领社会风气、实施诚信文化普及行动等营造良好的生态环境；在生活实践中推行"全民学礼、人人代言"，提升思想道德素质；以杭

州亚运会为契机,开展"迎亚运讲文明树新风"等活动,增强身心健康。

(二) 为民办事智能速办,数智赋能提升获得感

高质量发展建设共同富裕示范区强调以共建共治共享提高人民群众的获得感、幸福感和安全感。优质政府服务的便捷程度是影响居民主观感受的重要变量。"为民办事智能速办"作为高质量发展建设共同富裕示范区的重要内容和数字化改革的落脚点之一,其关键在于通过"智"赋能"速",最终落脚在"办",即办实事、办好事、办让人民群众满意的事。

为民办事智能速办关键在于采用数字化手段提升居民办事的获得感,通过人工智能的自动化处理和持续性学习加快补齐服务短板、提高服务均等化水平、创新服务提供方式。当前浙江围绕居民全生命周期、全生活领域,已经梳理出首批共50件民生关键小事,包括出生4件、入学6件、就业14件、生活16件、救助7件、养老3件,并依托"浙里办"App,开发上线浙里民生"关键小事"智能速办应用,不断优化办事体验。为民办事智能速办还需要从以下几个方面入手:一是通过召开群众恳谈会、发放需求问卷、需求揭榜征集等多种形式,找准需求,解决群众所急所忧所盼。二是加强跨部门业务协同和流程再造,通过主动感知、数据共享、联办联审、智能识别等创新路径,化繁为简,压缩办理环节,减少办理手续,让办事快起来。三是通过大数据、云计算、人工智能等新一代信息技术打造变革型组织,用数据说话、用数据管理、用数据决策,通过数据共享、业务协同不断提质增效,并及时反馈办事意见。

四 收入分配制度改革试验区的标志性成果

(一)"扩中""提低",率先形成橄榄型社会结构

着力扩大中等收入群体规模是党中央从解决发展不平衡不充

分问题出发，以提高人民收入水平、缩小收入分配和基本公共服务差距为导向，通过促进更加公平的发展，实现全体人民共同富裕取得更为明显的实质性进展目标的重要部署。浙江作为共同富裕示范区，从"社会结构系统性优化"的全局出发，提出了促就业、激活力、拓渠道、优分配、强能力、重帮扶、减负担、扬新风八大路径，推动率先基本形成以中等收入群体为主体的橄榄型社会结构。

按照全面覆盖和精准施策相结合的原则，瞄准增收潜力大、带动能力强的"扩中"重点群体和收入水平低、发展能力弱的"提低"重点的九类群体：一方面，在推动八大路径全面落地的基础上，率先推出差别化的收入分配激励政策；另一方面，重点从提升人力资本均等化角度，为增强人的发展能力创造更加普惠公平的条件，提升全社会人力资本和专业技能，增强致富本领，提升低收入群体可持续的致富能力。

(二) 打造高质量就业创业体系，打响"就业创业在浙江"

就业是最大的民生，也是经济发展最基本的支撑，而高质量就业是形成"橄榄型社会"的基本前提。浙江聚焦重点人群、重点区域和重点领域，在岗位创造、能力提升、托底帮扶和公共服务等关键处持续发力，不断完善就业创业政策举措。浙江创业人员量大面广，各地不断完善创业扶持政策，进一步释放"创业带就业"的倍增效应。

打造高质量就业创业体系，重点从三个方面着手：一是优先发展吸纳就业能力强的行业产业，扩大就业容量；二是高度重视技能人才工作，大力弘扬劳模精神、劳动精神、工匠精神，通过加大就业培训提高劳动者就业技能；三是促进就业机会公平、创造公平竞争的就业环境。此外，与创业相关的灵活就业问题，需要多渠道支持和规范新就业形态，完善灵活就业的社保制度。

第四节　围绕七个先行示范补充重大标志性成果

按照标志性成果的设定原则、条件，围绕"七个先行示范"即经济高质量发展、收入分配改革、公共服务优质共享、城乡区域协调、社会主义先进文化、生态文明建设以及社会治理先行示范，对现有十大标志性成果进行补充，聚焦有效，突出重点，攻坚突破，打造共同富裕先行示范标志性成果。

一　打响"浙江制造"品牌

改革开放以来，浙江率先推进民营经济、县域经济、块状经济发展，创造了共同富裕的坚实基础。浙江经济社会发展实现了从经济大省向经济强省的跃变、从对内对外开放向深度融入全球的跃变、从总体小康向高水平全面小康的跃变。

打响"浙江制造"品牌，建设全球先进制造业基地。近年来，浙江健全完善高质量发展有效机制，围绕打造三大科创高地，推动数字经济与实体制造融合，对制造方式提档升级，提升制造业制造水平。截至2021年，浙江以149家制造业单项冠军企业（产品）居全国第一，同时培育未来工厂32家，智能工厂（车间）423家；2021年全省R&D支出首次突破2000亿元，居全国第四。[①] 未来通过提高质量、统一标准加强品牌建设等，打造名品名企名产业名产地，打响"浙江制造"。

二　打造"善行浙江"

打造"善行浙江"，完善收入分配基础性制度安排。浙江慈善事业快速发展，政策制度日趋完善，慈善组织日益壮大，慈善公益项

[①] 夏丹、苗丽娜：《浙江制造，潜心"练级"争一流》，《浙江日报》2022年6月1日第1版。

目影响力逐步提升,现代大慈善格局逐步形成。浙江慈善组织数量、慈善信托规模等慈善事业各项指标均处于全国前列。未来通过进一步落实慈善税收优惠政策,完善慈善褒奖制度,加快打造全省统一的慈善服务信息平台等方式,努力调动社会各界参与慈善事业的积极性,畅通社会各方面参与慈善公益和社会救助的渠道,引导慈善资源助力欠发达地区和困难群众共同富裕。

三 持续打造多项民生领域标志性成果

办好人民满意的教育,打造"浙里优学"。接受优质的教育,是"共同富裕"的重要内容,也是推进共同富裕建设的重要动力。浙江提出"浙里优学",打造高质量的教育体系,提高教育均等化水平,让人民群众接受"更多、更好、更便捷"的教育服务。一是扩大升学通道,延长人均受教育年限,从而提升人力资本水平,这也有助于普遍提高致富能力。二是提升教育质量,扩大优质教育资源,在全国率先推行城乡学校共同体建设等方式,着力解决城乡之间校际差异过大的问题,实现教育的优质均衡发展,缩小群体之间的教育差距。三是深化教育的数字化改革,优化公共服务平台和载体,增加优质免费的网络教育内容,构建良好的学习环境,从而使各类群体想学尽学。

推进劳动者职业技能提升,打造"浙派工匠"。高质量发展建设共同富裕示范区,离不开高技能人才队伍的培养壮大,同时技能人才占从业人员的比重也是共同富裕建设的核心评价指标之一。浙江深入实施新时代浙江工匠培育工程,开展大规模高质量职业技能培训,着力打造"浙派工匠"名片,从培养平台、培养机制及激励机制等方面,积极为技能人才构建良好的成长环境。未来需完善技能人才培育体系,提高职业教育人才培育质量,开展更加丰富的职业技能培训,争取到2025年,实现浙江技能人才总量达到1150万人左右,其中高技能人才数量超过400万人的目标。

健全住房市场和保障体系、打造"浙里安居"。"民以居为安",提高居住环境质量是推进公共服务优质共享先行示范的重要内容,也会为建设幸福美好家园、共享美好生活先行示范提供浙江经验。让全体人民实现住有所居的目标,要着力健全多主体供给、多渠道保障、租购并举的住房制度,从公租房保障、保障性租赁住房供给、共有产权房以及棚户区与老旧小区改造方面加大政府保障,同时与市场机制相结合,加以实施城乡风貌提升行动,不断改善城乡居民居住条件。

优化社会救助体制机制,打造"浙有众扶"。提高困难群众的基本生活保障质量,切实兜住兜牢基本民生保障底线,让困难群众共享改革发展成果,助力困难群众在实现共同富裕路上"一个都不掉队",这是共同富裕的应有之义。首先,构建"全面覆盖、政策集成、精准高效"的智慧救助模式,从被动救助转化为主动救助;其次,细分兜底型、支出型、急难型救助,探索发展型、关爱型等救助类型,制定实施分层分类、城乡统筹的精准救助方案;最后,量力而行提高最低生活保障标准,放宽低保认定标准、加大困难人群救助力度,实现弱有所扶、困有所助、难有所帮。

四 推进农业转移人口市民化集成改革

推动共同富裕的过程中,城乡一体化发展是短板。深入实施以人为核心、高质量为导向、面向现代化的新型城镇化战略,以数字化改革为引领,以农业转移人口对美好生活的向往为根本出发点,需要有序推进农业转移人口全面融入城市,让农业转移人口享有与城镇人口平等的权利。

推进农业转移人口市民化集成改革,实现以人为核心的城镇化。浙江常住人口城镇化率超过了70%,是重要的人口流入地。到2035年,浙江基本实现共同富裕的总目标,全省常住人口城镇化率达到80%左右。锚定农业转移人口全面融入城市的总目标,到2025年,农业转移人口落户城镇更便捷、就业收入更稳定、居住条件更安定、公共服务更优质、社会保障更有利、民主权益更平等的合理需求得到充分满足。

五 办好杭州亚运会

办好亚运会，展示浙江风采。亚运会既是体育盛会，也是文化盛宴。对外，通过亚运会向全球展示中国特色、浙江风采和杭州韵味，是外界了解中国、了解浙江文化的重要机会；对内，"办好一个会，提升一座城"，推动各地加快完善全民健身设施，提升城市管理水平和文明程度，拉近老百姓与体育的距离，不仅带来市容变化，还让市民收获实实在在的获得感和幸福感。

六 建成"无废示范省"

将生态优先、绿色发展的导向贯穿经济社会全过程，从"绿水青山"向"金山银山"高质量转化建设国家生态文明试验区，推进生态文明建设先行示范。

建成"无废示范省"，实现绿色发展和绿色生活。通过推动形成绿色发展方式和生活方式，持续推进固体废物源头减量和资源化利用，最大限度减少填埋量，将固体废物环境影响降至最低的城市发展模式。这代表的是一种先进的城市管理理念，需要长期探索与实践。浙江省绍兴市在2019年被确定为全国无废城市建设试点，为建成"无废示范省"提供了相关经验。

七 推动新时代"枫桥经验"提升

社会善治是共富之基。当前，坚持和发展新时代"枫桥经验"，构建舒心安心放心的社会环境是浙江高质量发展建设共同富裕示范区的重要内容。推动新时代"枫桥经验"提升重点从两个方面着手：一是提升统筹层次，推动"碎片化"治理向整体性治理转变，逐步实现"全市一盘棋"与"全省一盘棋",推动政府治理模式从"以政府履职为中心"向"以人民为中心"转型;[①] 二是打造一体化智能公共数据平台和党政机关"整体智治、数字政府、数字经济、数字社会、数字法治"的"1+5"全面数字化转型路线图,[②] 通过数字化提升社会治理现代化能力。

[①] 刘开君:《我国地级市政府职能转变规律及趋势》,《哈尔滨市委党校学报》2020年第1期。

[②] 中共浙江省委党校编著:《共同富裕看浙江》,浙江人民出版社2021年版。

参考文献

一 中文文献

（一）著作

《资本论》第一卷，人民出版社1975年版。

《马克思恩格斯全集》第四十六卷（下），人民出版社1980年版。

《马克思恩格斯文集》第一卷，人民出版社2009年版。

《列宁全集》第四十一卷，人民出版社1986年版。

毛泽东：《关于农业合作化问题》，人民出版社1964年版。

《邓小平同志建设有中国特色社会主义理论学习纲要》，学习出版社1995年版。

《邓小平文选》第三卷，人民出版社1993年版。

《胡锦涛文选》第二卷，人民出版社2016年版。

《习近平关于社会主义社会建设论述摘编》，中央文献出版社2017年版。

《习近平总书记系列重要讲话读本》，学习出版社、人民出版社2014年版。

习近平：《坚定信心 勇毅前行 共创后疫情时代美好世界——在2022年世界经济论坛视频会议的演讲》（2022年1月17日），人民出版社2022年版。

习近平：《紧紧围绕坚持和发展中国特色社会主义 学习宣传贯彻党

的十八大精神——在十八届中共中央政治局第一次集体学习时的讲话》（2012年11月17日），人民出版社2012年版。

《建国以来重要文献选编》第四册，中央文献出版社1993年版。

《建国以来重要文献选编》第七册，中央文献出版社1993年版。

《十四大以来重要文献选编》（中），人民出版社1997年版。

中共浙江省委党校编著：《忠实践行"八八战略"——习近平新时代中国特色社会主义思想在浙江的生动实践》，内部报告，2022年。

中共浙江省委党校编著：《共同富裕看浙江》，浙江人民出版社2021年版。

［美］E. M. 罗杰斯：《创新的扩散》第五版，唐兴通、郑常春、张延臣译，电子工业出版社2016年版。

［美］约瑟夫·熊彼特：《经济发展理论》，贾拥民译，中国人民大学出版社2019年版。

［挪］詹·法格博格、［美］戴维·C. 莫利、［美］理查德·R. 纳尔逊主编：《牛津创新手册》，柳卸林等译，东方出版社2021年版。

［匈］卢卡奇：《历史与阶级意识——关于马克思主义辩证法的研究》，杜章智、任立、燕宏远译，商务印书馆1992年版。

（二）期刊、报纸

习近平：《把握新发展阶段，贯彻新发展理念，构建新发展格局》，《求是》2021年第9期。

习近平：《在党史学习教育动员大会上的讲话》，《求是》2021年第7期。

习近平：《扎实推动共同富裕》，《求是》2021年第20期。

习近平：《全党全社会继续共同努力 形成扶贫开发工作强大合力》，《人民日报》2014年10月18日第1版。

《习近平春节前夕赴河北张家口看望慰问基层干部群众》，《人民日报》2017年1月25日第1版。

白俊红等：《研发要素流动、空间知识溢出与经济增长》，《经济研究》2017 年第 7 期。

白重恩、钱震杰：《国民收入的要素分配：统计数据背后的故事》，《经济研究》2009 年第 3 期。

蔡昉：《城乡收入差距与制度变革的临界点》，《中国社会科学》2003 年第 5 期。

蔡昉：《以农民工市民化推进城镇化》，《经济研究》2013 年第 3 期。

蔡昉：《三个分配领域的改革红利》，《劳动经济研究》2021 年第 6 期。

蔡昉：《中国面临的就业挑战：从短期看长期》，《国际经济评论》2022 年第 5 期。

陈丽君、郁建兴、徐铱娜：《共同富裕指数模型的构建》，《治理研究》2021 年第 4 期。

陈雯等：《长三角一体化高质量发展：内涵、现状及对策》，《自然资源学报》2022 年第 6 期。

《从长期大势把握当前形势 统筹短期应对和中长期发展》，《经济日报》2020 年 8 月 12 日。

迟明、解斯棋：《21 世纪以来欧洲生育率反弹成因分析及其对中国的启示》，《人口学刊》2022 年第 4 期。

董碧水：《浙江在全国率先完成脱贫攻坚任务》，《中国青年报》2016 年 1 月 25 日。

杜平：《优化收入分配格局促进共同富裕》，《浙江经济》2022 年第 2 期。

段炳德：《促进共同富裕的财政政策选择》，《中国劳动关系学院学报》2022 年第 4 期。

封婷：《综合评价中一种凹性指数型功效函数》，《统计与信息论坛》2016 年第 7 期。

冯俏彬：《促进共同富裕要发挥好税收的调节作用》，《税务研究》2021 年第 11 期。

耿晋梅：《中国的社会保障支出政策调节了居民收入差距吗？》，《经济问题》2020年第7期。

郭峰等：《测度中国数字普惠金融发展：指数编制与空间特征》，《经济学》（季刊）2020年第4期。

郭庆旺、贾俊雪：《中国全要素生产率的估算：1979—2004》，《经济研究》2005年第6期。

国家发展改革委宏观经济研究院课题组：《健全要素由市场评价贡献、按贡献决定报酬机制研究》，《宏观经济研究》2021年第9期。

国家统计局嘉兴调查队编：《嘉兴市生育三孩意愿调研报告》，2021年6月11日。

杭州海关统计分析处课题组、陆海生等：《新中国成立70年浙江省对外贸易发展的历程、特征、启示与展望》，《海关与经贸研究》2020年第1期。

何立峰：《支持浙江高质量发展建设共同富裕示范区　为全国扎实推动共同富裕提供省域范例》，《宏观经济管理》2021年第7期。

计迎春、郑真真：《社会性别和发展视角下的中国低生育率》，《中国社会科学》2018年第8期。

江小涓、孟丽君：《内循环为主、外循环赋能与更高水平双循环——国际经验与中国实践》，《管理世界》2021年第1期。

教育部：《确保到2035年实现优质均衡的义务教育》，《潇湘晨报》2022年9月10日。

金梁、周琳：《国家统计局支持浙江共同富裕示范区建设》，《浙江日报》2022年4月13日。

李春生：《中国两个城镇化率之差的内涵、演变、原因及对策》，《城市问题》2018年第1期。

李金昌、余卫：《共同富裕统计监测评价探讨》，《统计研究》2022年第2期。

李军鹏：《共同富裕：概念辨析、百年探索与现代化目标》，《改革》2021 年第 10 期。

李实：《共同富裕的目标和实现路径选择》，《经济研究》2021 年第 11 期。

李实、杨一心：《面向共同富裕的基本公共服务均等化：行动逻辑与路径选择》，《中国工业经济》2022 年第 2 期。

李旭红：《三次分配视角下促进共同富裕的税收政策选择》，《税务研究》2021 年第 11 期。

李雪松：《贯彻新发展理念，构建新发展格局》，《改革》2022 年第 6 期。

李政、周希祯：《数据作为生产要素参与分配的政治经济学分析》，《学习与探索》2020 年第 1 期。

林毅夫、巫和懋、邢亦青：《"潮涌现象"与产能过剩的形成机制》，《经济研究》2010 年第 10 期。

刘开君：《我国地级市政府职能转变规律及趋势》，《哈尔滨市委党校学报》2020 年第 1 期。

刘乃全、胡羽琦：《区域一体化可以缩小城市间收入差距吗？——来自长三角地区的经验证据》，《浙江社会科学》2022 年第 10 期。

柳卸林：《区域创新体系成立的条件和建设的关键因素》，《中国科技论坛》2003 年第 1 期。

龙小宁、王俊：《中国专利激增的动因及其质量效应》，《世界经济》2015 年第 6 期。

罗楚亮、李实、岳希明：《中国居民收入差距变动分析（2013—2018）》，《中国社会科学》2021 年第 1 期。

庞凤喜、郑铿城：《三次分配、财政政策工具与共同富裕》，《财政科学》2022 年第 7 期。

索寒雪：《多项支持政策将出台推进浙江建设共同富裕示范区》，《中国经营报》2022 年 2 月 22 日。

汤敏：《如何让第三次分配在助推共同富裕中发挥更大作用?》，《清华金融评论》2022年第3期。

王兵、吴延瑞、颜鹏飞：《中国区域环境效率与环境全要素生产率增长》，《经济研究》2010年第5期。

王少平、欧阳志刚：《我国城乡收入差距的度量及其对经济增长的效应》，《经济研究》2007年第10期。

席恒等：《共同富裕指数：中国现状与推进路径》，《海南大学学报》（人文社会科学版）2022年第5期。

许宪春、郑正喜、张钟文：《中国平衡发展状况及对策研究——基于"清华大学中国平衡发展指数"的综合分析》，《管理世界》2019年第5期。

颜银根、倪鹏飞、刘学良：《高铁开通、地区特定要素与边缘地区的发展》，《中国工业经济》2020年第8期。

余丽生：《高质量发展建设共同富裕示范区的建议》，《中国财政》2021年第21期。

张彬斌：《基于层次分析法的人才测评》，《重庆工学院学报》（社会科学版）2009年第11期。

张二震、李远本、戴翔：《高水平开放与共同富裕：理论逻辑及其实践路径》，《南京社会科学》2022年第4期。

张乐、陈璋、陈宸：《鼓励生育政策能否提高生育率？——基于生育成本缺口递增的视角》，《南方人口》2022年第1期。

张希良、黄晓丹、张达等：《碳中和目标下的能源经济转型路径与政策研究》，《管理世界》2022年第1期。

张许颖、李月、王永安：《14亿人国家：迈向高质量发展的未来——中国人口中长期预测（2022）》，《人口与健康》2022年第8期。

张玄、岳希明、邵桂根：《个人所得税收入再分配效应的国际比较》，《国际税收》2020年第7期。

张志坤：《回归以人为本 落实"五育"并举——论新时代教育评价改革的价值取向与实践导向》，《北京教育》（普教版）2020年第12期。

浙江省发展改革委办公室：《国家城乡融合发展试验区浙江嘉湖片区设立以来的经验做法、主要成效和问题建议》，《两办专报信息》第487期，2021年10月21日。

浙江省统计局课题组：《共同富裕目标下的浙江收入初次分配研究——浙江省"劳动者报酬占GDP比重"偏低的原因分析及政策建议》，《统计科学与实践》2022年第4期。

郑亚丽：《齐护产业链 共享"同城化"》，《浙江日报》2022年8月16日。

周建、杨秀祯：《我国农村消费行为变迁及城乡联动机制研究》，《经济研究》2009年第1期。

蔡昉：《实现共同富裕必须努力扩大中等收入群体》，《经济日报》2020年12月7日第1版。

王政：《中国数字经济规模超45万亿元》，《人民日报》2022年7月3日第1版。

夏丹、苗丽娜：《浙江制造，潜心"练级"争一流》，《浙江日报》2022年6月1日第1版。

（三）网络文献

《2022中国民营企业500强榜单》，http：//www.acfic.org.cn/ztzlhz/2022my5bq/2022my5bq_4/202209/t20220906_111965.html。

《"杭州这十年·西湖"新闻发布会举行》，http：//www.hangzhou.gov.cn/art/2022/9/27/art_812262_59066083.html。

《〈长三角地区人类发展进程报告〉发布：区域内部差距缩小》，https：//baijiahao.baidu.com/s?id=1715204144187250633&wfr=spider&for=pc。

《长三角一体化发展战略实施三年来取得重大成果一体化发展新局面正在

形成》，http://www.gov.cn/xinwen/2021-11/05/content_5648967.htm。

《省政府咨询委员会学术委副主任刘亭：农业转移人口市民化要以改革破题》，https://baijiahao.baidu.com/s?id=1733089951649628527&wfr=spider&for=pc。

《习近平在省部级主要领导干部学习贯彻党的十九届六中全会精神专题研讨班开班式上发表重要讲话》，http://jhsjk.people.cn/article/32329102。

《浙江：税收助力高质量发展建设共同富裕示范区》，http://www.chinatax.gov.cn/chinatax/n810219/n810739/c5181787/content.html。

《浙江出台31项举措促进民营经济高质量发展》，http://www.gov.cn/xinwen/2018-12/04/content_5345686.htm。

《浙江省民政事业发展"十四五"规划》，http://mzt.zj.gov.cn/art/2021/4/12/art_1229460743_4593386.html。

《中共中央 国务院关于支持浙江高质量发展建设共同富裕示范区的意见》，https://www.gov.cn/gongbao/content/2021/content_5621189.htm。

《中国人民银行 中国银行保险监督管理委员会 中国证券监督管理委员会 国家外汇管理局 浙江省人民政府关于金融支持浙江高质量发展建设共同富裕示范区的意见》（银发〔2022〕60号），http://www.pbc.gov.cn/zhengwugongkai/4081330/4081344/4081395/4081686/4511662/index.html。

财政部：《关于印发〈支持浙江省探索创新打造财政推动共同富裕省域范例的实施方案〉的通知》（财预〔2021〕168号），http://www.mof.gov.cn/gkml/caizhengwengao/wg2021/wg202112/202204/t20220411_3802148.htm。

戴联英、吴联峰：《决战决胜脱贫攻坚 共同富裕再立新功——中国共产党成立100周年浙江经济社会发展系列报告》，http://tjj.zj.gov.cn/art/2021/6/16/art_1229129214_4664539.html。

发改委：《加强统筹协调 扎实推动浙江示范区建设不断取得新成效》，

http://finance.people.com.cn/gb/n1/2021/0617/c1004-32133129.html。

人民网：《浙江首次发布数字经济发展白皮书》，http://zj.people.com.cn/n2/2022/0815/c186327-40081161.html。

文化和旅游部：《全国公共图书馆建设取得积极进展》，https://www.mct.gov.cn/preview/special/xy20d/9672/202210/t20221013_936433.htm。

新华网：《培育壮大慈善力量，浙江慈善组织总数力争2025年达到1400家》，http://www.news.cn/2021-11/08/c_1128044169.htm。

央广网官方账号：《2020年浙江全面从严治党成效度为97.2%》，https://baijiahao.baidu.com/s?id=1691014925729722953&wfr=spider&for=pc。

赵静、杨群、吴敏力：《1979年！全国第一份个体户营业执照在浙江核发》，https://zjnews.zjol.com.cn/zjnews/wznews/201811/t20181126_8843496.shtml。

浙江省慈善联合总会：《2020年浙江城市慈善发展指数报告（精华版）》，https://www.zcf.org.cn/news/view/id/981。

浙江省统计局：《2021年浙江省国民经济和社会发展统计公报》，http://tjj.zj.gov.cn/art/2022/2/24/art_1229129205_4883213.html。

浙江省委宣传部：《共同富裕在浙江：在浙里看见文明中国》，http://tv.citv.com/vplay/1202464.html。

中国文明网：《第六届全国文明城市（区）名单》，http://www.wenming.cn/wmsjk/cjdx_53740/qgwmcsmd/202112/t20211227_6276499.shtml。

中郡研究所：《2021年全国县域农村居民人均可支配收入监测报告》，http://www.china-county.org/zhongjunbaogao/zjbg-zz01.htm。

二　外文文献

Christopher Freeman, *Technology, Policy, and Economic Performance: Lessons from Japan*, Pinter Publishers, 1987.

Cooke, "Regional innovation systems: Competitive regulation in the new Europe", *Geoforum*, No. 3, 1992.

Etzkowitz H., Leydesdorff L., "The Dynamics of Innovation: From National Systems and 'Mode 2' to a Triple Helix of University-Industry-Government Relations", *Research Policy*, No. 2, 2000.

Nelson, Richard, *National Innovation Systems: A Comparative Analysis*, Oxford University Press, 1993.

UNDP, "Human Development Report 2021/22: Uncertain Times, Unsettled Lives: Shaping our Future in a Transforming World", http://hdr.undp.org.

后　　记

本书的完成得益于课题组全体成员的辛勤投入，各章撰写分工如下：第一章，李雪松、张慧慧；第二章，李双双；第三章，罗朝阳；第四章，孙博文；第五章，李雪松、崔志新；第六章，李雪松、罗朝阳；第七章，张彬斌；第八章，张慧慧；第九章，杨博旭；第十章，高洪玮；第十一章，李莹；第十二章，李莹。

本书的研究得到中共浙江省委重大课题"浙江省高质量发展建设共同富裕示范区研究"及浙江省重大课题"共同富裕指标体系研究"的大力支持，在此表示衷心感谢。

课题组

2024 年 10 月